JN216471

リストラされて全財産
4419円だった僕が

スゴ運。

宝くじで6億円
当てたスゴい方法

開運コンサルタント
唱田士始矢
Utada Toshiya

フォレスト出版

私はある方法を使って、
6億円の宝くじを当てました。
次のページで証拠をお見せします。

普通預金 4

	年月日(和暦)	記号	お引出し金額(円)	お預入れ金額(円)	残　高(円)
1	20--9-27			繰越残高	*39,524*
2	20--9-27	振替	*105	カード手数料	*39,419*
3	20--9-29	現金	*20,000	(664)カード	*19,419*
4	20--9-29	現金	*15,000	(664)カード	*4,419*
5	20-10-10	振込	ﾄﾄ ﾄｳｾﾝｷﾝ ﾄﾞｸ)	*599,999,790	*600,004,209*
	20-10-15	現金	*3,000,000		*597,004,209*
	20-10-15	振込	*76,453		*596,927,756*
	20-10-15	振替	*420	振込手数料	*596,927,336*
	20-10-15	振込	*33,892	カード	*596,893,444*
	20-10-15	振替	*105	振込手数料	*596,893,339*
	20-10-15	振込	*200,453	カード	*596,692,886*
	20-10-15	振替	*105	振込手数料	*596,692,781*
	20-10-15	振込	*68,374		*596,624,407*
	20-10-15	振替	*420	振込手数料	*596,623,987*
15	20-10-17	現金	*300,000	(664)カード	*596,323,987*
16	20-10-17	現金	*200,000	(664)カード	*596,123,987*
17	20-10-20	振込	ｶﾝﾍﾞｲﾝｷﾔﾘｰｼﾞﾔﾊ	*587,940	*596,711,927*
18	20-10-20	現金	*500,000	(607)カード	*596,211,927*
19	[illegible]	替	*12,250	ｶｼｷﾝｺﾃｽｳﾘﾖｳ	*596,199,677*
	[illegible]	金	*60,000,000		*536,199,677*
	[illegible]		*10,000,840		*526,198,837*
	[illegible]		残高別金利型普通預金へ切替		
	[illegible]		*50,000,000	大口定期	*476,198,837*
	[illegible]		*500,000	(664)カード	*475,698,837*

スポーツ振興くじ

明細書

照会内容は下記のとおりですので、
ご確認ください。

開催回　第362回
商品名　BIG
照会番号　0001-6100-0480
1等-1口　600,000,000円
合計　600,000,000円

払戻方法　お預かり（チケット確認）
払戻予定日　2008年10月20日
払戻予定日は変更になることが
あります。

003491
2008/10/01 10:59:20

発売：
独立行政法人日本スポーツ振興センター
お問い合わせ先：
totoお客様センター　0120-9292-86
（携帯・PHSをご利用の場合は、
098-941-8192）
http://www.toto-dream.com

スポーツ振興くじ

照合結果

照会内容は下記のとおりですので、
ご確認ください。

開催回　第362回
商品名　BIG
照会番号　0001-6100-0480
1等-1口　600,000,000円
合計　600,000,000円

払戻の際はお手数ですが近くの信用
金庫へチケットをご持参ください。

032913
2008/09/30 17:18:22

発売：
独立行政法人日本スポーツ振興センター
お問い合わせ先：
totoお客様センター　0120-9292-86
（携帯・PHSをご利用の場合は、
098-941-8192）
http://www.toto-dream.com

はじめに

私は、2008年に、ある方法を利用して6億円の宝くじを当てました。

それは「占い」です。

このように切り出すと、たいていの人は「え?」という感じで目を白黒させます。その反応には、おそらくふたつの意味が込められているのでしょう。

ひとつは、「本当に当たったの?」という確認です。実際に当せん金が振込まれた通帳を本書の巻頭に掲載しましたので、ご覧ください。

そして、「え?」に込められたもうひとつの意味は、「宝くじって、占いで当てられるの?」という疑問です。まあ、首をかしげたくなるのは当然でしょう。たいていの人は、よくて半信半疑、悪ければ100パーセント疑いのまなざしを向けると思います。

でも、ここは明言しておきたいのですが、私が占いに従って「あること」をした結果、6億円が当たったというのは紛れもない事実です。

とはいえ、実際のところは、宝くじに当せんすること自体を狙って「あること」をしたわけではありません。何が狙いだったのかというと、6億円を当てたときに限っていえば、金運をよくすることでした。つまり、金運を上げた成果として、宝くじが当たったのです。もちろん、たんなる偶然ではなく、当たるべくして当たったといえます。そうはいっても、当せんを知った瞬間には、さすがに怖くなって足が震えました。詳しくは、第1章でお話しします。

ちなみに、私がした「あること」とは、自分の運気を調べ、そのサイクルに合わせて吉方位へ行くことと、身近にいる人との相性を考慮して行動すること。たったこれだけです。でも、これを折りに触れて実行するだけで、今では自分でも驚くくらい物事がスピーディーに、しかも自分にとってプラスの方向へ動くようになりました。

ところで、宝くじの高額当せん者は、表に出てこないのが普通です。私も当初はそうでした。当せんの事実を知らせたのは家族だけで、ほかにはいっさい

BECOME FORTUNATE prologue Being Lucky!

はじめに

口外しませんでした。同様に、私が占いをしていることも、ほんの数年前までは、だれにも言いませんでした。

しかし、当せん後に、ラスベガスへの吉方位旅行をして、またしても大きな利益とすばらしい副産物を得てからは、自分が実践している占いのノウハウを公開してみようかという方向に気持ちが変化していきました。なぜなら、ラスベガス旅行をした後には、私だけでなく、同行した友人たちにも奇跡といえるようなことが起こったからです。この詳細も第1章にまとめました。

それまでの私は、ひたすら自分自身を実験台にして占いの効果を確かめ、コツコツとデータを蓄えてきました。むろん、痛い目にあったこともありますが、それもまた貴重なデータです。そんなことを10代から始め、すでに25年ほど続けて、今もデータを更新中です。

最初のうちは、自分だけを対象にして占いの実験と検証を続けていました。でも、データが蓄積されるにつれ、他人を実験台にしても大丈夫だろうという確信が得られるようになったので、相手には何も言わないで吉方位への旅行に誘い、何が起こるかを観察してみたのです。すると、予想以上によい結果が出て、得意分野で大活躍する人や、玉の輿に乗る人などが現れました。先述したラスベガス旅行は、その集大成といえるでしょう。

ちなみに、私の行動原理は次の3つです。

①楽をして稼ぎたい
②最小の労力で最大の利益を得たい
③即物的な目先の欲望を満たしたい

私は、究極の怠け者です。だから、面倒くさいことや余計なことはいっさいなし。地道な努力などは、まったくしたいと思いません。どれだけ効率よく天運を引き出せるかという点だけに焦点を絞って行動しています。

占いを信じる・信じないも関係ありません。私にとって占いとは、信じるかどうかではなく、「こうしたら、こうなる」という因果関係を明らかにするツールなのです。「コップが倒れたら、なかに入っていた水がこぼれる」というのと同じです。

はじめに

ですから、もしも占いの蘊蓄（うんちく）や細かい部分を知りたければ、そういう専門書を買ってください。この本では、「こうしたら、こうなる」というシンプルなノウハウを、超初心者でも実践できるようにお伝えしていきたいと思います。

本編に入る前に、皆さんにお願いしたいことがふたつあります。

ひとつは、この本を読んでわかったような気にならないで、実践していただきたいということです。実際の話、こうなりたい、ああなりたいと思うだけで、行動がともなわない人は、とても多いのです。たとえばですが、私が１００人の聴衆を前にして「宝くじに当たりたい人、手を挙げて」と言ったら、おそらく全員が手を挙げるでしょう。ところが、「じゃあ、宝くじを買ったことのある人、手を挙げて」と言ったら、かなりの人が手を下げるはずです。

当たり前のことですが、宝くじに当たりたいなら、まず買わなければなりません。もっと広く言うなら、幸運をつかみたいなら、相応の行動をしなければ、それを手にすることはできません。だから行動してほしいのです。

もうひとつは、この本を出発点として、自分に合った方法を模索してほしいということです。

ご存じのように、占いには多くの種類があり、流派もテクニックもいろいろです。私自身は、さまざまなものを試したうえで、いくつかの占いを統合し、自分に最もピッタリくるやり方を実践していますが、そのすべてをこの1冊で書きつくすことは不可能です。

この本では、最初の1歩となる重要なエッセンスを抜き出してご紹介しますので、それだけでも十分な効果を感じてもらえると思います。しかし、そこから先は、皆さんひとりひとりが実践を重ね、より自分に合った確かな方法を構築していただきたいと思います。

なお、私が6億円当せんの公表に踏み切ったのは、２０１３年の暮れです。もちろん、自分の運気をチェックして、吉方位への旅行も引き続き行い、このタイミングなら万事がうまくいくと読んだうえでのことです。公表の目的は、私が構築したノウハウを皆さんにお届けすること。そのためには、宝くじ当せんが格好の入り口になると思いました。

感触は今のところ上々で、公表してから2年もたたないうちに、さまざまな雑誌と日本テレビやフジテレビ、関西のローカル局などから取材を受けました。

それも、こちらから売り込みをしたわけではなく、たまたま番組で一緒になった人が「彼は面白いよ」と言ってくれたり、ほかの媒体に紹介してくれたりして広がっていったのです。これもまた、占いがもたらした成果といえます。

ちょっと失礼な表現ですが、私から皆さんを見ると、重装備で岩壁をよじ登る苦行者のように見えます。そんなことをしなくても、もっと楽に、早く行ける道があるのに……。いえ、あえて苦労をしたいという方に、無理じいをするつもりはありません。価値観は人それぞれですから。

でも、自分の運気に合わせて思い切りジャンプして、幸運をつかむ痛快さを味わってみたくはありませんか？　であれば一度試してみてください。

この本をきっかけに、皆さんの人生がどんどん開けていくことを心から願っています。

唱田士始矢（うただとしや）

２０１７年　春分の日に

もくじ

第3章 十二神獣・十二支・九星を調べる

第4章 春夏秋冬のリズムに乗れば運が開ける

第5章 運気倍増！吉方位取りの実践法

第6章　相性の吉凶と自分の性質を読む

第7章 プラスαの行動で運気を底上げする

巻末資料

GUIDE TO BECOME A MILLIONAIRE

第1章

ミリオネアへの道のり

BE MORE FORTUNATE OR LUCKY

BECOME FORTUNATE Being Lucky!

6億円に当せん！「ミリオネア」の自分にとまどう

この章では、私が6億円に当せんするまでのあらましと、その後の出来事などをお話しします。占いとの関連についても述べていきますので参考になると思いますが、とにかく一刻も早く金運を上げたいという人は、どうぞこの章を飛ばして先へ進んでください。

ではまず、当せんを知った瞬間の模様などをレポートしましょう。

それは、２００８年9月30日、午後5時過ぎのことでした。

1口３００円のｔｏｔｏＢｉｇを福岡県で10口購入した私は、東京に戻ると、窓口の女性に券を渡し、番号の照合を頼みました。

すると、どうも様子が変なのです。いつもなら5秒くらいでハズレ券が返され、それをゴミ箱に捨てて帰るのが常でしたが、そのときはなかなか返してもらえませんでした。おまけに、窓口の向こうで女性たちが何やらヒソヒソ話をしているのが見えました。

（何をしているんだろう。ハズレ券を捨てて、さっさと帰りたいのに……）

そんなことを心中でつぶやきながら、そのまま10分くらい待ったでしょうか。

ようやくヒソヒソ話が終わり、女性が私のほうに向き直ると「おめでとうございます。信用金庫へ行ってください」と小声で言い、券と照合結果を手渡してくれました。

（おや、100万円くらい当たったのかな？　ヒソヒソ話をしていたのはそのせいか）と、軽い気持ちで照合結果を見て、サーッと血の気が引きました。

そこには、「600000000円」と、8個の0が印字されていたのです。

6億円です！

私がパニックにおちいったのは、言うまでもありません。いろいろな感情が一気に渦巻き、まさにガクブル状態。まわりの人が全員、私が持っている当たり券を狙うスリに見えました。

混乱しつつも、さっそく換金しようと思いましたが、あいにく銀行の窓口が閉まっている時間帯だったので、とりあえずゲーセンへ（笑）。当時は実家暮らしでしたから、帰宅までの道すがら、両親にどう話すか、いくら渡すかを決めました。こういうことは下手に相談するより、自分から先に金額を提示したほうがスムーズだと思ったからです。私が決めた金額は、ほかの家族にまとめて1億円というもの。もっとも、そう聞かされた両親は、きょとんとするばかりでしたが。

指定された信用金庫に出向いたのは、その翌日です。特別室に案内されて、「新規口座を開かれますか？　それとも今お使いの口座にお振り込みいたしますか？」と尋ねられたことを記憶しています。その担当者も、高額当せん者を見るのは初めてなのか、驚きを隠せない様子でした。このときは、ずっと使ってきた口座のほうが落ち着けるだろうと思い、振込依頼書に大手銀行の自分の口座番号を記入して担当者に渡しました。

6億円が入金されるのは2週間後とのこと。待っている間は、そわそわ、フワフワしっぱなしで、何も手につきませんでした。ゲーセンへ行っても上の空です。

いよいよ銀行の支店長から「当せん金が振り込まれました」という興奮ぎみの電話を受けて、口座のある大手銀行へ足を運びました。応接室へ通され、そこで迎えてくれた支店長に「いくらでも融資させていただきます」と話を切り出されたのですが、とりあえず私がお願いしたのは、「テーブルに3億円を積んでもらえませんか？」ということ。それを聞き入れてもらい、この目で現金を確認して、ようやく本当に6億円が当たったのだという実感が持てたのです。

当せん金に初めて手をつけたのは、入金されてから5日後です。とりあえず、庶民の感覚では「大金」の300万円を引き出して、買い物をしようと思いました。でも、まだ舞い上がっていますから、妙な物を買いました。アクセサリーが好きなわけでもないのにブレスレットを買ったり、指輪を10個買って、全部の指にはめてみたり（笑）。

300万円の次にやってみたのは、キャッシュカードで引き出せる限度額の50万円を、毎日引き出すことです。何に使うと決めていたわけではなく、飲みに行ったり、旅行をしたり、金庫に入れて眺めたりと、行き当たりばったりです。それを何か月か続けても、通帳の残高を見ると、ほんのわずかしか減っていないのが不思議でした。

高い買い物もしました。ディーラーに勧められるまま、2000万円のポルシェのほか、アルファード、ヴェルファイア、ジープ、軽自動車、計5台を購入しました。

いちばん高額な買い物は、1億円のクルーザーです。もともと釣りと船舶が大好きで、免許を持っているくらいですから、嬉しい買い物でした。車はほとんど手放しましたが、クルーザーは今も沖縄に停泊させてあって、たまにカジキ狙いのトローリングをしています。

豪遊もしましたよ。派遣社員時代の友人を誘って、六本木あたりに繰り出しました。もちろん、私のおごりです。気に入った店に通いつめ、ひと晩に1500万円を使ったこともあります。店のシャンパンを全部開けて、飲めなくなったら最後は頭からかぶりました。バカですよね。

でも、こうしてバンバンお金を使うようになったとき、街を見る自分の目が変わったことに気づきました。たとえば高級ブランドの店や贅沢な品物を扱う商業施設など、それまでは視界にまったく入ってこなかったものが見えるようになったのです。

それと同時に、自分にはそんなに物欲がないこともわかりました。と言いますか、どんな物にせよ、簡単に手に入るようになると、欲しいと思わなくなるのかもしれません。

そういえば、とある飲料メーカーに派遣されていたときにも、似たような体験をしました。その会社には、自社製品の自販機が設置されていたのですが、ボタンを押せば、お金を入れなくても商品が出てくるのです。最初のうちは嬉しくて、一度に何本も取り出しては、机のひきだしにストックしたり、自宅に持ち帰ったりしていました。しかし、3日もすると我に返り、「こんなことしても、意味ないじゃん」と思うようになりました。必要なときに、必要なだけ手に入れば、それで十分です。当たり前ですね。

同じ理由で、コンビニ通いもしなくなりました。6億円が当たる前の私は、しょっちゅうコンビニへ行き、ムダな買い物をしていたのですが、コンビニが丸ごと買えるようなお金を持つと、もう個々の商品には興味がなくなりました。そのせいか、コンビニへもまったくといっていいほど足が向かなくなったのです。

今思えば、ずいぶんと浪費もしましたが、これも勉強のうちです。こうして私は、自分が大金を持っていることに、少しずつ慣れていきました。

BECOME FORTUNATE Being Lucky!

当せん直前の失職は、凶方位への旅行が原因か

実は、宝くじに当せんする直前、私は職場をクビになっていました。

ただ、宝くじ当せんもそうですが、クビになったこともまた、私が実践・研究している占いの見地からは、理にかなった出来事でした。

そこで、一連の出来事を述べると同時に、個々の出来事が占いの結果とどうリンクしていたかについても触れていくことにします。個々に参照ページを示しますので、詳しい意味などをすぐに知りたい方は、併読してみてください。

さて、当時の私は、某ＩＴ企業のシステム・エンジニアとして朝から晩まで働いていました。正社員ではなく、派遣社員というポジションです。

ある日、職場の上司をふくめた４人で、福岡へ出張することになりました。それがちょうど週末にかかっていたので、せっかくだから現地でさらに１泊したいと思い、自腹での延泊を許可してほしいと、その上司に申し出たのです。すると、あっさりとＯＫが出ましたので、何の不信感も抱かずに、福岡で自由なひとときを過ごしたのち、東京へ戻りました。

ところが、週明けに出社してみると、私の席がないのです。なんと、知らないうちにクビになっていました。聞くところによると、私に出張を命じた上司が、「あいつはこちらの言うことを聞かずに自分勝手な行動をする」と、たいそう怒っていたとか。

（ええ？　延泊を許可したときは、何も言わなかったじゃないか！）
と、文句のひとつも言いたいところですが、「まあ、いいか」という気持ちもありました。システム・エンジニアとしてそれなりのキャリアを積んでいたので、その気になりさえすれば、すぐに次の職場を斡旋してもらえることは明白でしたから。それに、クビにならなかったにせよ、派遣の契約期間がまもなく終了する予定ではあったのです。

とはいえ、降って湧いたように唐突な出来事でした。そこで私は、この一件が何を意味するのかについて、自分なりに考えてみることにしました。

というのも、表面的に見ればパワハラというか、あまりに理不尽な処遇だとクレームをつけてもおかしくないところですが、その上司と私は三合（生年の十二支で見た相性のひとつ。１８９ページ）で、非常に相性がよかったのです（次ページ）【図1】。

基本的に、相性のよい相手は、こちらに利益をもたらしてくれるはずですから、私に一方的なダメージを与えるというのは、どうも腑に落ちません。

また、派遣社員が出張に同行するというのは、ほとんどあり得ないことなのに、そのときはなぜか出張を命じられたのです。これも何かの予兆のように思えました。

図1　十二支と三合

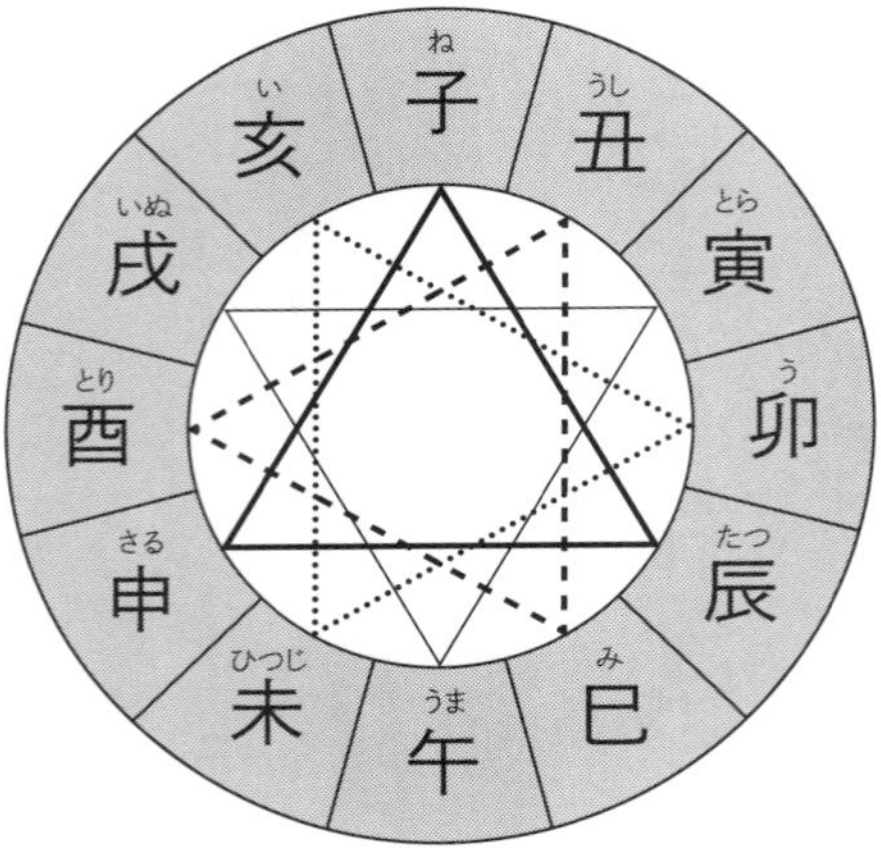

十二支を上のように並べたとき、線で結ばれた相手とは相性がよい（三合）。たとえば子年生まれの人は、辰・申と好相性。詳しくは第６章を参照。

しかも、この年は、私自身の運気が上り調子で、四季にたとえるなら、収穫の秋を目前にした夏の終わりに当たる時期でした（次ページ）【図2】。

運気のよい時期であるにもかかわらずクビになったのは、運勢学的な理由があるに違いないと思い、調べてみることにしたのです。

その結果わかったのは、福岡へ飛んだタイミングが最悪だったということです。

これは、一緒に福岡へ出張した４人のメンバーすべてに言えることなのですが、ほかの３人は、仕事を終えてすぐに東京へ戻ったから、まだよかったのでしょう。

それに比べて私は、現地での滞在日数を

図2　四季のリズムの一例

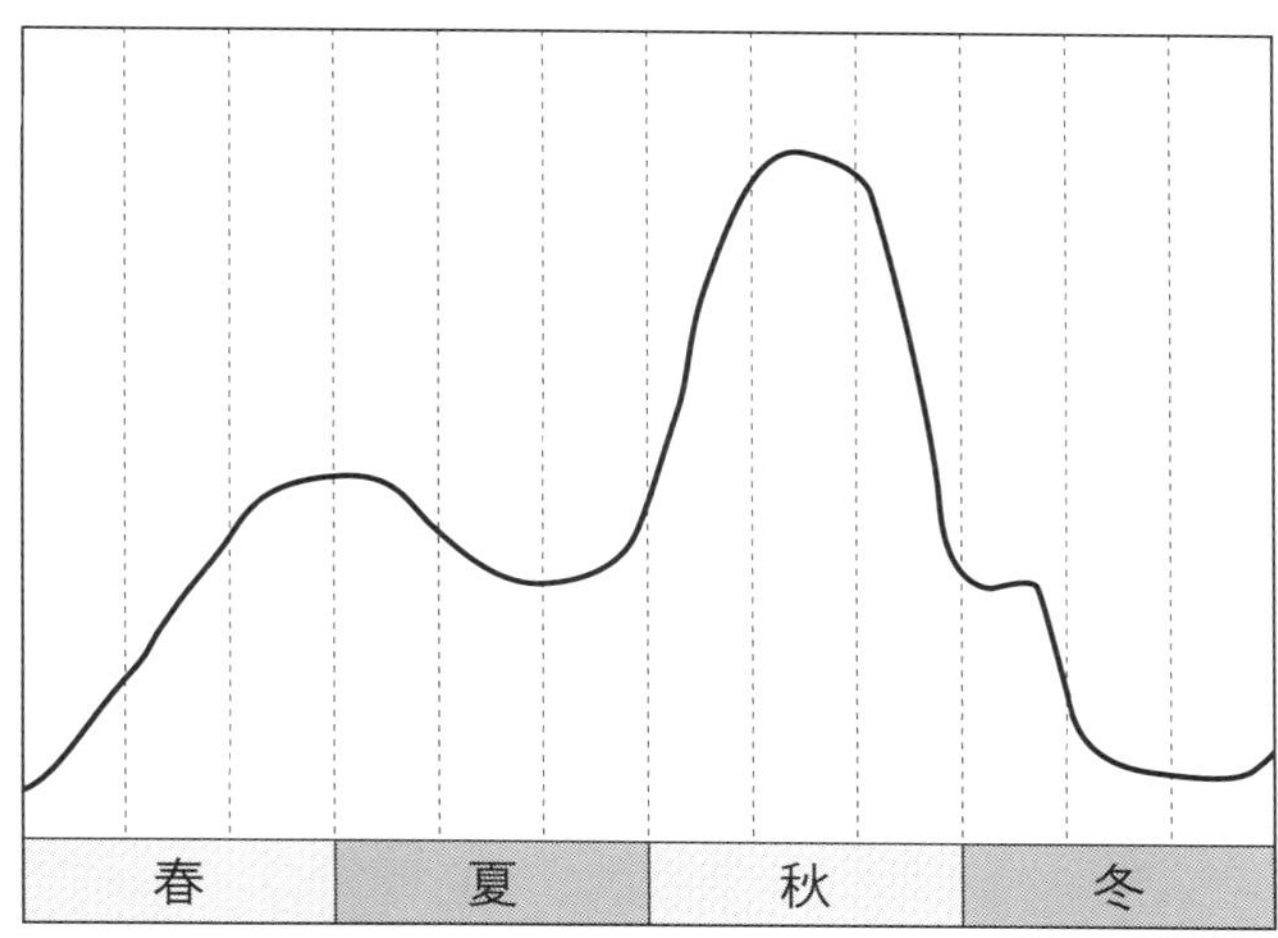

人間の運気には春夏秋冬のリズムがあり、夏または秋に頂点を迎える。
上図は玄武（げんぶ）と霊亀（れいき）の例。詳しくは第4章を参照。

もう1日延ばしたせいで、いっそう運気を悪化させてしまい、大きなダメージを食らうことになったのです。

しかも、東京から見て福岡は西に当たります。西といえば、ご存じの方も多いと思いますが、金運を左右する方位です。これがマイナスの作用を及ぼした結果、クビになり、定期収入が途絶えたという解釈が成り立ちます。また、このときに限っては、「目上から言われのない扱いを受ける」という意味もありました。

なるほど、と納得しました（次ページ）【図3】。

しかし、それだけではまだ足りません。私自身の運気が好調な時期なのですから、

図3　東京から見た福岡・青森の位置

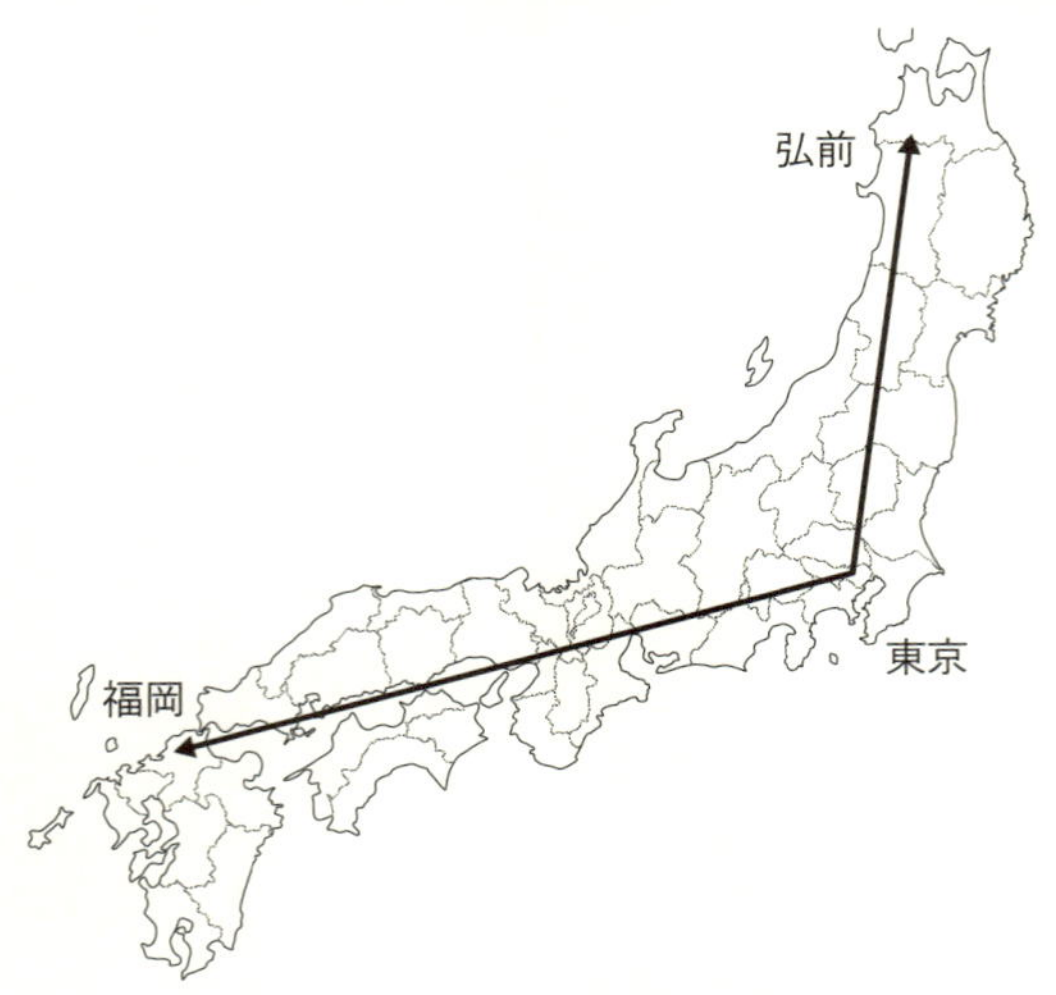

東京から見て福岡は西に、弘前は北に当たる。

「クビになりました」だけで終わるはずがないのです。そのうえ、クビにした相手は、私と相性のよい人物です。ということは、この出来事は何かの前兆かも……。そんなかすかな予感を抱きながら暦を調べ、運気を立て直すために、直近で吉方位へ移動できる日を探りました。

すると、北が吉方位となる日が見つかりました。北というのは、神仏の加護が得られる方位です（151ページ）【図18】。せっかく行くのだからと、東京から見て、本州の最北に当たる青森へ飛ぶことにしました。というのは、第5章で詳しく説明しますが、吉方位取りによる効果は、移動距離に比例して大きくなるからです。

その意味で青森は、当時の私が行ける「北」のなかで、最大の効果が期待できる場所でもありました。

ちなみに、このときは青森のなかでも弘前城（ひろさき）を目指しました。弘前城のように天守閣があるお城に行くと、運気が向上するからです（227ページ）。

そして、青森から帰京した2週間後、改めて福岡へ飛びました。もちろん、吉日・吉方位を調べたうえでのことです。先ほども触れましたが、東京から見て西に当たる福岡は、金運の方位です。しかも、国内でも遠い西の地ですから、効果も大きいはず。現地では、ｔｏｔｏＢＩＧを3000円分、購入しました。そのうちの1枚が大当たりとなったのです。

正直に言うと、当せんがわかった瞬間は、喜びというより恐怖が襲ってきました。高額の宝くじに当たるというのは、いわば神がかり的な大きな力を引き出してしまったことを意味します。そのことに恐れを感じました。あまりのショックに、1週間くらいは家から出られなかったし、1か月くらいは、かなりビクビクしながら生活していました。その後も、どうしていいのかわからないような感覚が、2か月くらい続きました。

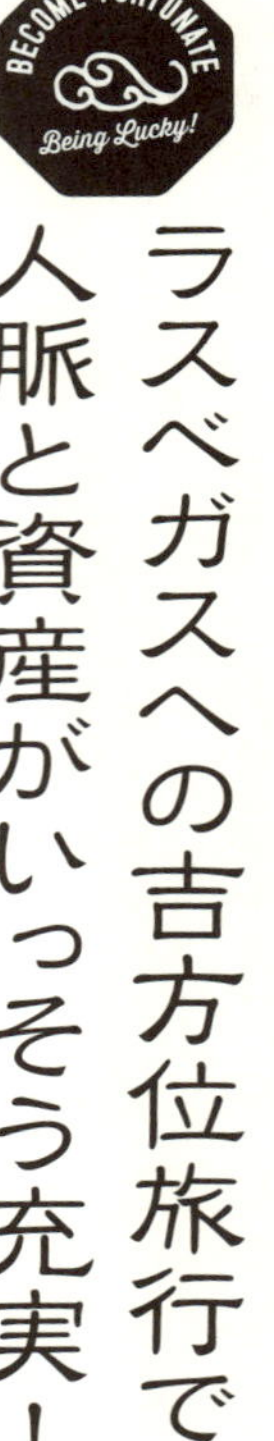

ラスベガスへの吉方位旅行で人脈と資産がいっそう充実！

繰り返しになりますが、6億円が当たったのは、自分の運気がよい時期に、しかるべきタイミングで吉方位へ飛び、そこで宝くじを買ったことが唯一にして最大の理由です。

「はじめに」でも述べたとおり、それ以前も私は、自分自身を実験台にして方位の吉凶や運気の波を調べ、データを集めてきました。そして、宝くじに当たってからは、自分のやり方が正しかったという確信を持ち、遠方へ旅行するときは必ずよいタイミングで吉方位へ向かうというルールをいっそう徹底的に実践するようになりました。

そのひとつが、ラスベガス旅行です。

ラスベガスは、東京から見ると東に当たります。東というのは、情報と仕事に作用を及ぼす方位です。つまり、よい情報、よい仕事を得るために、東へ向かうことにしたのです【図4】。

図4　東京から見たラスベガスの方位

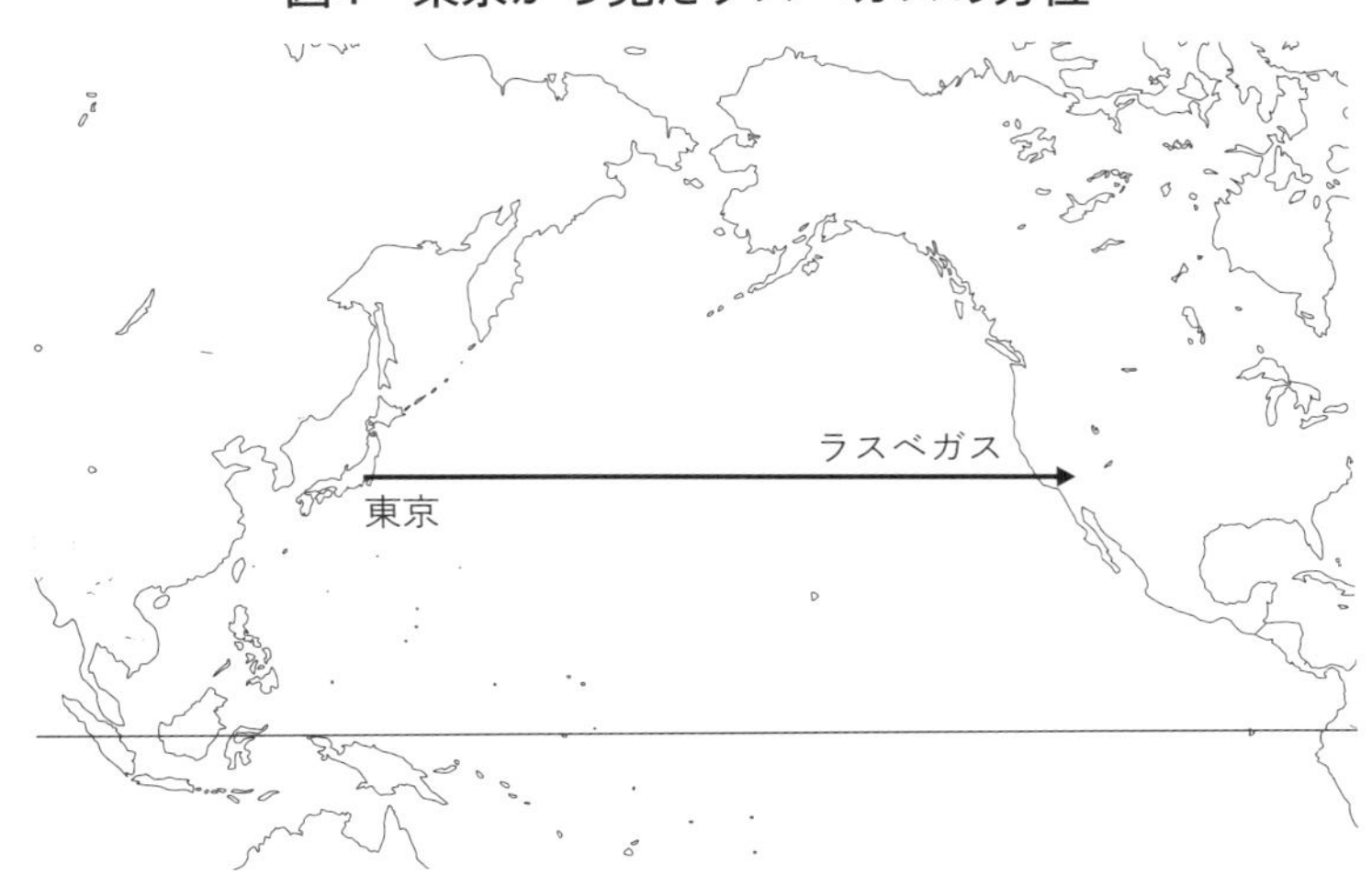

東京から見てラスベガスは東に当たる。なお、方位の解釈については182ページのコラムも参照。

東ならどこでもよかったのですが、できるだけ東京から遠い場所ということで、ラスベガスを選びました。いや、もちろん遊びたかったというのも理由のひとつです。また、そろそろ自分だけではなく他人も実験台にしてみようと思っていた時期でもあり、すでに別の旅行でトライして成果を上げていたので、何人かの友人を連れていくことにしました。

結論から言いますと、このラスベガス旅行は、よいタイミングで吉方位へ飛ぶと、どれほどすごいことが起きるかを改めて実感させてくれるものとなりました。

まず、成田からラスベガスのマッカラン空港までの所要時間が短縮されました。

普通は、乗り換えなどを入れると約13時間かかるのですが、そのときはなぜか5時間も短縮されて、成田を出発してからわずか8時間ほどでマッカラン空港に到着できました。

到着直後にも、幸運のビッグ・ウエーブを実感するようなサプライズが起きました。長距離移動の疲れと時差のせいで、かなり眠たかったのですが、せっかく来たのだからと、1回転1万円のスロットマシーンを試したところ、なんと600万円が当たったのです。「今日はツイてるぞ！」と気をよくして、ほかのカジノに行ったら、またしても600万円が大当たり。その払い戻しを待っているときに、すぐ後ろの台でもやってみたら、さらに600万円。結局、短時間のうちに2000万円くらい稼ぎました。

それだけでなく、普通なら考えられないような、素敵な出会いもたくさんありました。

ひとりは、某化粧品メーカーの会長さんです。スロットマシーンで賭けをしているときに、たまたま隣り合わせになり、当たった、外れたと騒いでいるうちに、「あなた、日本語がお上手ね」と話しかけられたのがきっかけで親しくなりました。私はそのときサングラスをかけて無国籍風の服装をしていましたから、日本人には見えなかったのだと思います。

しかし、そもそもラスベガスのスロットマシーンで隣り合わせになること自体が珍しいのです。日本のパチンコ店とは違い、向こうのカジノはかなりスカスカというか、ゆったりとした空間ですからね。そのうえ、たまたま日本人同士でもあります。そのとき私は、1億円をカジノに預けて遊んでいたのですが、1億円以上を預ける日本人は、私をふくめて5人しかいないそうです。そのうちのふたりが隣り合わせになる確率は、あり得ないほど低いはず。それが実現したのです。一気に仲よくなり、帰国後は本社とご自宅に招待され、ふたりの息子さんの結婚披露宴に出席させていただきました。当日会場へ行ってみると、なんと家族席。これには驚きました。

また、シルク・ド・ソレイユのメンバーともお近づきになりました。ショーが終わったらバックステージで記念撮影をして、みんなでレストランへ行ったり、メンバーが生活しているシェアハウスでバーベキューをしたりと、楽しい時間を過ごしました。

まるで別世界へワープしたかのような展開ですが、このような変化が起こったのは、私の身の上だけではありません。先に、他人でも人体実験をするために、友人を連れていったとお話ししましたね？　その友人にも大きな変化が起こったのです。

彼は、いわゆるニートでした。知り合ったのは、私が宝くじに当たった直後です。そのころの私は、仕事をせずにぶらぶらしていたので、ママ友とランチをしたり、ゲーセンでニートっぽい人と知り合ったりすることが多かったのです。彼もそのひとりでした。

ラスベガスへ出発する前の彼は、定職に就いておらず、アルバイトもしたりしなかったりで、ゲーセンにしょっちゅう出入りするような生活でした。ところが、帰国後しばらくすると、ゲームの名人として、テレビ番組にレギュラー出演することが決まりました。

普通に考えれば、ゲームの名人というだけでテレビに出演することはありませんし、あったとしても、そのゲームが流行しているほんの一時期だけのことです。しかし、彼の場合は、4年以上にわたってレギュラー出演していました。それ以外にも、ゲーム業界でライターとして活躍するようになりましたし、土日にはイベントに出演したり、自分でも開催したりと、ニートだったことがウソのような毎日を送っているようです。

ラスベガス旅行へは何人かと出発したのですが、行き帰りの便は、各人の都合に合わせてまちまちになりました。行きも帰りも私と一緒だったのは、彼ひとりだけ。その彼が、最も大きな変化を体験したのです。

ちなみに、行きと帰り、どちらが一緒だったかは忘れましたが、バンドをやっている子にもよい変化が訪れました。そのバンドは、出発前にはほぼ無名だったのですが、帰国後には、まず海外でかなり売れるようになり、しだいに日本でも注目されはじめ、先日は、いやいやながらテレビ出演をしたという報告をもらっています。

これだけでも吉方位の効果を説明するには十分なのですが、私自身も、さらによい結果を得ることができました。

先述したとおり、東京から見て東に当たるラスベガスを目指したのは、自分にとって有益な情報や仕事を得るためでした。その情報は、帰国後に父親からもたらされました。それまでは私の前で、ただの一度も株のことなど話さなかった父親が、どういうわけか、突然株の話をしはじめたのです。私はそれをヒントに、ニューヨーク市場の株を3銘柄買いました。それが当たって、投資した金額の50倍の資産を得ることができたのです。

念のために言いますと、私のまねをして、ただラスベガスへ行くだけでは、何の効果も得られません。私が実践している方位取りは、まず自分がどの程度の運気にいるかを知ったうえで、タイミングを読んで吉方位へ行かないと、危険を招くことさえありますから注意が必要です。自分の運気を知る方法については第4章を、方位取りのノウハウについては第5章を参考にしてください。

高校受験に失敗し、ふとしたことから占いの道へ

ここで、なぜ私が占いに興味を持ったのかについて、少し述べておきたいと思います。

ひとつの大きなきっかけとなったのは、有名私立高校の受験に失敗し、中卒で学歴を終えたことでした。不合格となった原因は、数学がまったくできなかったことです。ほかの教科はともかく、数学については学ぶこと自体が無意味に思えて、興味も意欲も湧きませんでした。「社会へ出てからレジを打つときに数学なんかいらないじゃん」と思っていたくらいですから、できなくて当たり前です。おそらく試験は0点だったはず。それが足を引っぱりました。

しかし、薄々わかっていたこととはいえ、不合格の知らせを受けたときは、「オレの人生、これで終わった」と思いましたね。大手予備校の大検コースにも行ってみたのですが、その初日に、中学生にしか見えない小さな女の子が階段のところでタバコを吸っているのを見てしまい、「ああ、ここは無理……」と思って行かなくなりました。

それからは、学校でさせられるような勉強らしい勉強はしていません。適当にアルバイトをしてお金を稼ぎ、家に入れることはしないまでも、自分で使う分くらいは何とかしていました。両親からお小遣いをもらうよりは、バイトをするほうがはるかに気楽でした。

実は、受験に失敗する前から、私は家庭内で孤立していました。両親をはじめ、一族郎党の多くが某有名私立大学の卒業生で、その大学へ行くのが当たり前という環境下で育ったものの、それになじめないどころか、かなりの反発を覚えていたのです。

小学生のころは、サッカー部と水泳スクールと塾で、帰宅するのは毎日夜の12時くらい。ブラック企業で働くシステム・エンジニアなみの生活でした。しかも、自分の意思でやっていたのではなく、親にやらされていた。心身ともにパンパンで、壊れていました。

家庭の都合で転校を経験したことも、あまりよくなかったのかもしれません。転校生って、からかわれたり、いじめられたりするでしょう？　そのときの危機感をずっと抱えていたせいで、ちょっとでも何かあると、手を出すようになってしまったのです。そんなことをしたら、クラスの皆からは総スカンを食らいますよね。手を出した後で、誤解とわかったら「ごめん！」と謝りはしていましたが……。

また、学歴にこだわるわりに、ごく普通の勤め人でしかない父や、どこにでもいそうな主婦をやっている母に、矛盾や疑問を感じていた面もあります。いささか痛烈な表現を用いるなら、高学歴の持ち腐れではないかと思っていました。だって、そうじゃありませんか？　学歴を活かして活躍しないのなら、よい大学に行ってもムダというものです。

もともと私は、目先の損得につられて行動するタイプです。反対に言えば、何の利益にもならない単調なことが極端に苦手です。たとえば、マラソンや筋トレは絶対にできません。一時の気まぐれで始めたとしても、すぐにやめてしまうでしょう。

一方、目先の欲が満たされることには敏感に体が反応します。たとえば、銛（もり）とバールを持って沖縄の海へ潜ったら、面白いくらい魚介類がとれますから、一日中でも海にいられます。そんな私の目から見れば、数学の勉強をすることも、骨身を削って有名私立大学卒という肩書だけを得ることも、まったく意味がないように思えたのです。

それに比べて、占いを学ぶことは、目先の利益につながりました。

たとえば相性です。自分と相手がいれば、そこには当然、利害関係が発生します。そのときに、自分と相手の特性やお互いの相性を知っていたら、うまく立ち回ることができます。それに気づいた瞬間、相性を勉強しようという意欲が湧きました。

最初にチェックしたのは、自分と家族との相性です。家庭内で孤立していたことはすでに触れましたが、相性を調べた結果、自分の感覚とほぼ一致していました。

また、相性が目先の利益に直結すると気づいてからは、自分が会った相手を見て、「この人は何年生まれだから自分との関係はこうで……」と、常に分析して、これについてもデータを蓄積していきました。それが習慣化しているせいか、私は会った人の生年を一度聞いたら忘れません。

なお、第6章で詳しく述べますが、相性の悪い相手とは、下手に仲よくしようなどと思わないのが正解です。ある程度の距離を取り、コミュニケーションは必要最低限にとどめて淡々とつきあうほうが、お互いにとって快適ですし、運気を傷つけることもありません。

ちなみに、占いの世界とのファースト・コンタクトは、とある雑誌に載っていた占いの通販教材の広告です。ちょうど、高校受験に失敗する一方で、同年代の子たちが学力や知識をつけていくのを見て、自分も何かしなくてはという気持ちが強くなっていた時期でした。いかにもよさそうな謳(うた)い文句が連ねてある広告に心を動かされ、教材を取り寄せたのです。その教材自体は、今にしてみれば眉唾(まゆつば)ものだったと思いますが、占いを知るための入り口にはなりました。

その後、『高島易断本暦』を見て、意味のわかるところだけを拾い読みしていき、生活に取り入れるようになりました。そんなことを始めたのが、10代の終わりごろです。

20歳を過ぎたころ、より確かな手応(てごた)えを感じるような出来事が起こりました。家相上、よくない位置にあった自宅の仏壇を、私の見立てによって動かしたのです。

といっても、すんなりと移動できたわけではありません。何しろ、私とほかの家族とは基本的に仲がよくないのです。「仏壇の位置がよくないから動かしたい」と言ったら、「なぜそんなことをするんだ」「毎日お参りしやすい場所に置いてあるんだから、これでいい」と主張する両親と大ゲンカになりました。

しかし、それを力ずくで押し切って移動したところ、しばらくすると、あれほど長期間にわたって続いた家庭内の不和が徐々におさまり、静かになっていきました。

こうした小さなことの積み重ねから、「占いは使えるツール」という確信を深め、相性、家相、方位などに関する知識の習得と実践を重ねて、効果を確かめていったのです。

今にして思えば、高校受験に失敗したことは、私とってむしろよいことだったのかもしれません。というのは、学校へ行かなかったおかげで、自分の頭で物事を考え、必要があれば学習し、納得してから行動する習慣がついたからです。

私の目から見ると、小中高から大学にいたるまでの長い教育期間は、ある意味で、一面的な既成概念を植えつける洗脳期間にほかなりません。私自身は、受験に失敗して、学校で過ごす期間が短くなったおかげで、物事をニュートラルにとらえることができています。
そもそも、江戸時代くらいまでは、学校へ通っていない人のほうが多かったはずです。それでもみんな、普通に生きていましたよね。だとしたら、現代の日本人が大騒ぎしている学校とは、学歴とは、いったい何なのでしょう。よい学校を卒業しなければ、まっとうな社会人になれないというのは、ただの幻想にすぎないのではありませんか？

そういえば、両親とケンカをしているときに、「学校というのは、自力で勉強のできない人間が行くところだ。学ぶ意欲さえあれば、どこで何をしていても勉強はできる！」と、タンカを切ったことがありました。すると、両親が私を責めるトーンが下がりました。それはそうでしょう。私の言ったことは正論ですから。

もうひとつ補足しますと、私の生年月日を見てみると、日支が未で月支が丑です。何を言っているのかわからない人もいると思いますが、詳しくは188ページを見てください。十二支をぐるりと丸く配置したときに、未と丑は、ちょうど向かい合わせの位置にきます【図33】。

これは、学齢期にさしかかる6歳前後に、それまでとは正反対の「自分」を構築しなければならない生まれであることを意味します。たとえるなら、新宿から中央線に乗って東京駅に向かっていたのに、いきなり反対方向の八王子どころか、もっと離れた大月に目的地が変わってしまったようなものです。心も頭も、そう簡単には切り替えられません。それが「やんちゃ」や「不和」となって表面化していたという部分もあったのだと思います。

2008年の12年前にも宝くじに当せんしていた！

これはあまり公表してこなかったことですが、私は2008年に6億円を当てた以外に、その12年前にも高額当せんしています。公表を控えたのは、証拠がないからです。2008年の当せんについては、宝くじの照合結果が印字された紙や入金時の通帳をまだ持っていますが、この高額当せんについては、何も残っていません。

それをあえてお話しするのは、12年前というところが大きなポイントだからです。第4章で詳しく述べますが、人生には、12年をひとつのサイクルとする春夏秋冬の周期があり、それに沿って運気の波が生まれ、さまざまな出来事が起きていきます。その考えでいくと、2008年と、その12年前の1996年には、同じ運気の波が訪れていたはず。そのタイミングで、高額当せんを果たしたということです。

しかも、当たる直前には、6億円を当てた2008年と同じ方位へ旅行していました。弘前にけっこう仲のよい友人がいたので、彼を訪ねた後、九州の友人のところへ遊びに行ったのです。つまり、北へ行って神仏の加護を得て、西へ行って金運を得たことになります。もちろん、方位と時期を調べて出かけました。

しかし、当時の私はまだまだ未熟でした。宝くじに当せんしたのは自分の手柄で、神仏も運気も関係ないという気持ちになっていたのです。

でも、今ふり返ってみると、12年に一度やってくる幸運の波に乗り、正しく方位を使っていたにすぎないということがよくわかります。

また、1996年に高額当せんした後にも、吉方位へ旅行して、現地に1年ほど滞在しました。場所は沖縄です。ちょうど当せん金がどんどん目減りしていったころに、「沖縄なら100万円もあれば悠々自適で暮らせる」という情報を得て、行ってみようと思い立ったのです。

東京から沖縄というのは、当時の私が方位を使ったなかでは最大距離です。そこに1年もいたのですから、効果は絶大です。

ちなみに沖縄では、本島で少し遊んだ後、石垣島へ行き、あるご一家と仲よくなりました。その後は、ご一家が民宿を経営している八重山地方の小さな島へ渡り、そこに連泊しました。そうこうしているうちに民宿の運営を手伝うようになり、途中からは切り盛りをすっかり任されて、宿泊客の面倒を見ていました。

このご一家が、とてもユニークで才能にあふれた人たちで、私はいろいろな知識を得ましたし、人脈をつくることもできました。それも大きな財産となっています。

1年が経過した時点で沖縄を離れたのは、「100万円もあれば悠々自適」ではなかったからです。むしろお金が減っていくばかりなので、いったん東京の実家へ戻ることにしました。

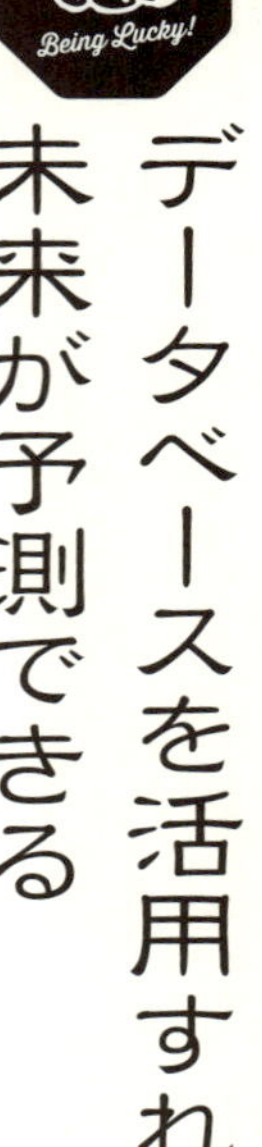

データベースを活用すれば未来が予測できる

沖縄から戻った私は、以前に少し仕事をしていたＩＴ業界で、また仕事を見つけました。沖縄へ行く前は、「未経験者ＯＫ」という会社に就職し、エクセルの入力といった簡単な雑用から始めてパソコンの扱いを覚え、システム・エンジニアっぽい仕事をするようになっていました。

今度は経験者ですから、すんなりと仕事が見つかり、システム開発やデータベースの構築に携わるようになりました。この経験も、占い結果を分析するのに役立っています。

一例を挙げれば、某土建リース会社の社長室向けのデータベースづくりにかかわったことがあります。データウェアハウス（ＤＷＨ）という手法を用いたのですが、基幹システムに蓄積された膨大なデータをいろいろな角度から抽出して、相互の関連性を見いだし、経営判断をするのに必要な資料を整えるのです。

わかりやすいたとえで言うと、キオスクの売り上げデータから「水曜日に新聞を買う40代の男性は、一緒に緑茶を買うことが多い」「チョコレートは気温が20度以下の日によく売れる」という分析結果を導くなど、単純な集計では見えなかった各要素間の関連を洗い出してくれるのがデータウェアハウスシステムです。

データの蓄積と解析を行うと、すごいことができるんですよ。

たとえば最近、自販機に「売り切れ」の表示が少ないことに気づいていますか？　これは、お客が買いに来る前に、動向を察知して品物を補充しているからです。

正確にいうと、自販機そのものを管理するのではなく、トラックに積む商品を管理しているのです。売れる商品を過不足なく積めば、ガソリン代も安くなるし、売り切れもなくなりますから一石二鳥。そうなるように積み荷を最適化するのです。

そもそも、自販機のボタンを押して商品を買うのは、９割以上がリピーターです。考えてみれば当然でしょう。たいていの人は、自分の生活圏内にある自販機を利用しますからね。自販機に蓄積されたデータを読めば、「毎朝９時にブラックコーヒーを買う人物がいる」といった習慣的な動きがわかるので、それに合わせて商品を準備すればよいことになります。

コンビニの棚を見ても、店ごとに微妙に品ぞろえが違うでしょう? あれも同じです。その店を利用する人たちが、どういうペースで何を買うかをデータベース化して、その分析結果に合わせて棚に並べる商品を変えているから、店ごとにまちまちになるというわけです。

ついでに言えば、アマゾンもそうです。データの分析結果にもとづき、ユーザーが注文ボタンを押す前に、もう配送準備を整えています。だから、あんなに早く商品が届くのです。

このように、データベースをうまく利用すれば、未来を予測することが可能となります。

私が実践している占いも同じ理屈です。10代のころから日常的に人体実験を繰り返してデータを蓄積し、自信をつけてからは他人でも試させてもらって、最小の動きで最大の効果を上げるべく、ノウハウに磨きをかけています。

方位取りの効果については、最終的に数値化できると思っています。基本的には、「個人の運気×移動距離」という計算式が成り立ちます。個人の運気については、冬の数値が最も低く、夏または秋の数値が最も高くなります（第4章）。ですから、夏や秋の時期に、長い距離を移動して吉方位に向かえば、最大の効果が得られることになります。

幸運の訪れを告げる4つのサインとは？

次章からは具体的なノウハウを述べていきますが、その前に、私がつねづね実感している「幸運のサイン」をお教えしましょう。自分の運気を調べ、それに合わせて吉方位へ行くように心がけていると、次に挙げる４つのことが起こってきます。

①好天に恵まれる確率が高くなる

今、私が遠方へ移動するときは、ほとんどが快晴です。ラスベガス旅行のときに、予定より5時間早く現地に到着できたのも、天候に恵まれたことが大きかったのです。

この反対に、凶方位へ行くと天気が荒れます。一例を挙げるなら、私がクビを宣告されるきっかけとなった福岡での延泊から帰京するときは、列車に遅れが生じるほど荒れ模様でした。

また、皆さんが知っている例では、大リーグへ行った某野球選手も、日本を出発するときに天気が荒れまくっていました。欠航する便も多かったのですが、彼はあらかじめ飛行機をチャーターしていたので、それに乗って渡米しました。その様子をテレビで見たときは、「ああ、この選手はケガをして帰ってくる」と思ったものです。やはり、そのとおりになりました。

②厚遇してもらえる

吉方位へ行くと、初めて会った赤の他人でも、こちらの都合に合わせるかのように動いてくれます。こちらの思いどおりとまではいきませんが、かなりそれに近い感じです。

2014年は、芸能人でもない私が、テレビに何度も出演しましたが、それは、ある人が「この人は面白いんだよ」と、業界内で触れまわってくれたおかげです。その人が太鼓判を押すなら、ということで出演依頼が増えたのです。それも不思議なことに、出演依頼が舞い込むのは、決まって吉方位へ移動した前後で、現地に着いたとたんに連絡を受けたり、帰宅した瞬間に電話がかかってきたりしたこともあります。

人だけでなく、イベントなどにも偶然、参加できることがしばしばです。たとえば２０１５年の春には、長野県の善光寺で７年に一度の「善光寺前立本尊御開帳（まえだちほんぞんごかいちょう）」がありました。このとき私は、それと知らずに吉方位旅行で長野へ行き、しかも平日だったので、ゆっくりと境内を散策し、前立本尊を拝観することができました。

③会いたい人に会え、よい人脈が広がる

ラスベガスで某化粧品会社の会長さんと親しくなったことはすでにお話ししましたが、実はその1か月くらい前、あるテレビ番組に会長さんが出演しているのを見て、「面白い人だな」と興味を抱きました。だから、現地でたまたま隣り合わせになったときは、「おお！」と思いました。

ほかにも、六本木で遊んでいたら実業家のＨさんと飲み友達になれたし、クルーザ

ーを買ったら大手自動車メーカーの社長と会長にも会えましたし、アイドルグループの子たちとか、格闘技の選手とか……。まだまだありますが、このへんにしておきます。

とにかく、「こういう人に会いたい」と念じていると、自分が動かなくても、チャンスが向こうからやってきます。

④だんだんと「タイミングのよい人」になっていく

吉方位へ行く頻度を高め、幸運・強運を招き寄せるのが習慣化されると、そういう感性が身につくのか、何も考えなくても吉方位へ行けるようになります。

某化粧品会社の会長さんがそうでした。占ったわけでもないのに吉方位旅行ができるのです。

私はラスベガスだけでなく、マカオのカジノなどでも遊びますが、そこでたまたま会長さんと顔を合わせたことがあります。私のほうは、カジノでの勝利を狙い、用意周到に吉方位を調べてマカオへ飛んだのに、会長さんは、何もしなくても絶好のタイミングで現地へ……。「この人はすごいな！」と、舌を巻きました。そこで「会長、今回は勝てますよ」と、こっそり耳打ちしたら「あら、そう？」と、こともなげな返事です。帰りぎわには、「あなたが言ったとおりだったわ」と、勝利の報告をしてくれました。

以上４つのことが頻繁に起こるようになったら、よい運気が訪れているサインです。その波に乗って、ぐいぐいと行動してください。

コラム 占いは、科学の上をいく「科学」である

占いをうさんくさい目で見る人たちは「占いは非科学的で根拠がない」と、しばしば批判します。

しかし、何をもって科学的・非科学的というのでしょうか。「非科学的」という言葉で切り捨てられたもののなかには、実は科学的なものが数多くあります。

たとえば、「赤」という色の効能です。「赤い財布を持つと赤字になる」とか、「赤い毛糸のパンツをはくと冷えない」などといわれますが、これは別に語呂合わせ(ごろあ)でも迷信でもありません。赤には、交感神経を刺激したり、体感温度を高めたりする作用があるので、それに沿った結果が導かれるということです。

また、今や世界が注目する「うま味」も、19世紀以前は、科学的に立証されていませんでした。しかし、日本人はきわめて早期から、うま味の存在に気づいていました。そして1908年、東京帝国大学の池田菊苗教授が、だし昆布からグルタミン酸を発見。1913年には鰹節からイノシン酸が、1957年には椎茸からグアニル酸が発見され、現在では基本味として定着しています。

なお、ベンチャー企業のAISSY（アイシー）株式会社が、日本人100人と外国人100人を対象に「味覚力調査」を実施したところ、うま味の正答率が、日本人が71パーセントに対して、外国人は約半分の34パーセントだったという結果が出ています。

要は、長年にわたる経験則に裏打ちされた認識であっても、科学が追いつけなければ、非科学的と批判されるのです。

占いも同様です。東洋で何千年という長きにわたって継承されてきたメソッドが非科学的などということは、まずあり得ません。おそらく、科学が占いに追いつかず、法則性を見いだせないだけでしょう。

もともと、データベースの多さからすれば、占いは科学をはるかに上回っています。その意味では、科学よりもよほど「科学的」な手法ではないかと、私は考えています。

GUIDE TO BECOME A MILLIONAIRE

第2章

宝くじ運を上げる10の秘訣

BE MORE FORTUNATE OR LUCKY

この章では、第3章以降に書かれていることを実践するうえで大切な10のポイントについてお話しします。ここをざっと一読すれば、全体的な意味がつかみやすくなり、実践へ向けてのモチベーションが高まると思います。

また、章のタイトルにはあえて「宝くじ運を上げる」と謳いましたが、私がこれまで実践してきた感触では、運というのはおおむね、上がるときは全体的に上がりますし、下がるときは全体的に下がります。ですから、宝くじ運というきわめて狭い範囲の事柄だけにこだわらないほうが賢明だと思います。なぜなら、狭い範囲のことだけに目が向いていると、それ以外のラッキーチャンスに気づきにくくなってしまうからです。

たとえば、第1章でも書きましたが、私が福岡へ行ったのは、宝くじ当せんを狙ったわけではなく、金運をよくすることが狙いでした。その結果として6億円が当たったのです。また、ラスベガス旅行をしたときも、本来の目的は情報運と仕事運を上げることでしたが、それ以外にも飛行機が予定より早く着いたり、現地ですばらしい人たちと出会ったりと、ラッキーなことがいくつも起こり、運気が波に乗っていることを確認できました。

こうした経験を踏まえてざっくりと言うなら、「しかるべきタイミングで吉方位へ行くと、よいことがたくさん起こる」というのが実感です。そうした流れのなかで、自然と本来の目的へ近づいていくことができるのです。

ということで、次に挙げるのは、宝くじ運に限定した項目もありますが、それだけではなく、運気そのものをよくするためのポイントや心構えだと思って読み進めていただければと思います。なお、秘訣⑥から⑧については、ほかの章との関連性はなく、この章だけで伝授が完了するテクニックです。さっそく今日からでも、実践してみてください。

秘訣①　まずは行動あるのみ！　買わなければ当たらない

「はじめに」でも書きましたが、私が大勢の聴衆を前にして、「宝くじに当たりたい人、手を挙げて」と尋ねたら、おそらく全員が手を挙げるでしょう。しかし、「宝くじを買ったことのある人、手を挙げて」と尋ねたら、かなりの人が手を下ろすと思います。

矛盾していますよね？

宝くじに当たりたいなら、まず買わなければなりません。それと同じように、幸運をつかみたいなら、それなりの行動を起こさねばなりません。

しかし、皆さんに自覚があるのかないのか、幸運をつかみたいと口では言いながら、案外、行動がともなっていないことが多いようです。

特に占いとなると、この傾向がいっそう顕著です。「へぇー」「ふうーん」と、そのときは納得したり、面白がったりするのですが、それきりになってしまい、行動に結びつきません。

実は、占いのほうにも問題があるように思えます。なぜなら、一般の人が手軽にできる占いの場合、「これこれこうです」と解説するにとどまり、「だから、こうしましょう」と具体的かつ実効性のあるアドバイスを提示できるものは、きわめて少ないからです。

しかし、実際の行動がともなわない占いは、味見をしない料理と同じです。味見をしないで、おいしい・まずいなどと評論したところで、まったく意味がありません。それと同じように、占いの結果を聞くだけで「ふうーん」とわかったような気になっているのは無意味です。本来、料理は味わうためのものですし、占いは行動を起こして結果を得るためのものです。

私が実践している占いでは、その人の運気を考慮しながら、起こした行動に対して「3倍」「5倍」といった利益率を掛けていきます。したがって、その人が何もしなければ行動が「ゼロ」になりますから、何倍を掛けようが利益は得られません。

だから、まずは行動あるのみ。これが最重要事項です。もっとわかりやすく言うなら、この本を読むだけでなく、ぜひ実行に移してください、ということになります。

秘訣② 自分の運気が今どんな状態かを知る

人はだれしも、12年をワンセットとする運気のなかで生きています。この周期には、

3年ごとの区切りがあり、四季が推移するのと同じ流れで変化していきます。つまり、12年ワンセットの周期のなかに、春夏秋冬がそれぞれ3年ずつあり、それが繰り返されていくのです。

これら春夏秋冬のうち、今の自分がどの季節にいるのかを知っておくことがとても大切です。そのための方法については、第3章・第4章を参照してください。

また、春夏秋冬の運気がそれぞれ何を意味するのかについては、実際の季節をイメージすれば理解できます。ざっと言えば、春は種まきの時期、夏は成長期、秋は収穫期、冬は休眠期です。

これを知るのがなぜ大切かというと、四季それぞれで、やるべきことが違うからです。たとえば、厳しい冬のさなかに収穫はできないし、収穫の秋なのにボンヤリしていると、せっかくの実りが腐ったり、鳥や動物に食べられたりします。最小の労力で最大の利益を得たいなら、それぞれの季節に合わせて行動するほうが、だんぜん効率的です。

ところで、一時期、「天中殺」や「大殺界」という言葉が大流行したことがありますね?

実は、天中殺や大殺界は、春夏秋冬のうち「冬」に当たる時期を指します。「殺」という言葉がついているため、非常に恐ろしいものであるかのようなイメージを与えますが、実際にはそうではなく、運気が冬の季節を迎えているだけのことです。秋が来れば冬が、冬が過ぎれば春がめぐって来るのは自然の摂理で、恐れるようなことではありません。

また、冬には冬なりの過ごし方というものがあります。詳しくは第4章で述べますが、冬は、セカセカと動いたりしないで、じっとしているのが基本です。攻めの姿勢はいったん忘れ、春に備えて準備をしたり、休息を取ったりすればよいのです。ここでしっかりとエネルギーを充塡（じゅうてん）しておけば、春になったときスムーズに活動できます。

ちなみに、運気がピークに達するのは、夏または秋の3年間です。ピークの時期には、思い切り高く跳ぶつもりで行動しましょう。

秘訣③ 月1回を目安に生活圏を出て吉方位へ行く

方位に関することは、第5章で詳しく述べますが、方位の吉凶を気にしすぎると、生活に支障をきたすということだけは、ここで早めにお伝えしておきたいと思います。

そもそも東洋占術では、全方位360度のうち、約4分の3が常に凶方位となります。そのため、普通ならば、自宅から一歩踏み出した瞬間に、かなりの確率で凶方位へ向かうことになります。言い換えれば、ほとんどの人は、日常的に凶方位のマイナス作用を受けているのです。

考えてみれば人生って、よいことより大変なことのほうが多いでしょう？　それは、吉方位より凶方位のほうが多いという点にも、端的に表れているように思います。

しかし、そこはまあ、吉方位より凶方位のほうがかなり多いというのは、だれにでも当てはまる事実ですから、平等といえば平等です。ただ、そこから頭ひとつ抜け出してチャンスをつかみたいのなら、他人よりも運がよくなるようなことをしなければなりません。

それが、吉方位へ行くという行動です。

とはいえ、凶方位のほうがかなり多いという状況下で、毎日吉方位へ行こうとするのは非現実的ですし、生活そのものが方位に振り回されてしまいます。

そのような点を考慮すると、だいたい月1回くらいのペースで吉方位へ出かけるのがおすすめです。それによって日々の凶作用を打ち消すことができますし、移動距離によっては大きな幸運をつかむことも可能です。もちろん、余裕のある人は、月1回以上のペースでもかまいません。

ただし、吉方位の作用を確実に得たいなら、生活圏を出ることが必須(ひっす)条件です。つまり、通勤・通学などの途中で、ついでにどこかへ立ち寄るのではなく、通勤圏や通学圏の外に出て行くことが鍵となります。

また、自宅から見てどこが吉方位に当たるのかをきちんと確認することも重要です。この点をわざわざ強調するのは、正しい方位がわからないというか、地図の読めない人が意外に多いからです。特に女性にありがちな傾向で、『話を聞かない男、地図

図5　八方位と各方位が占める角度

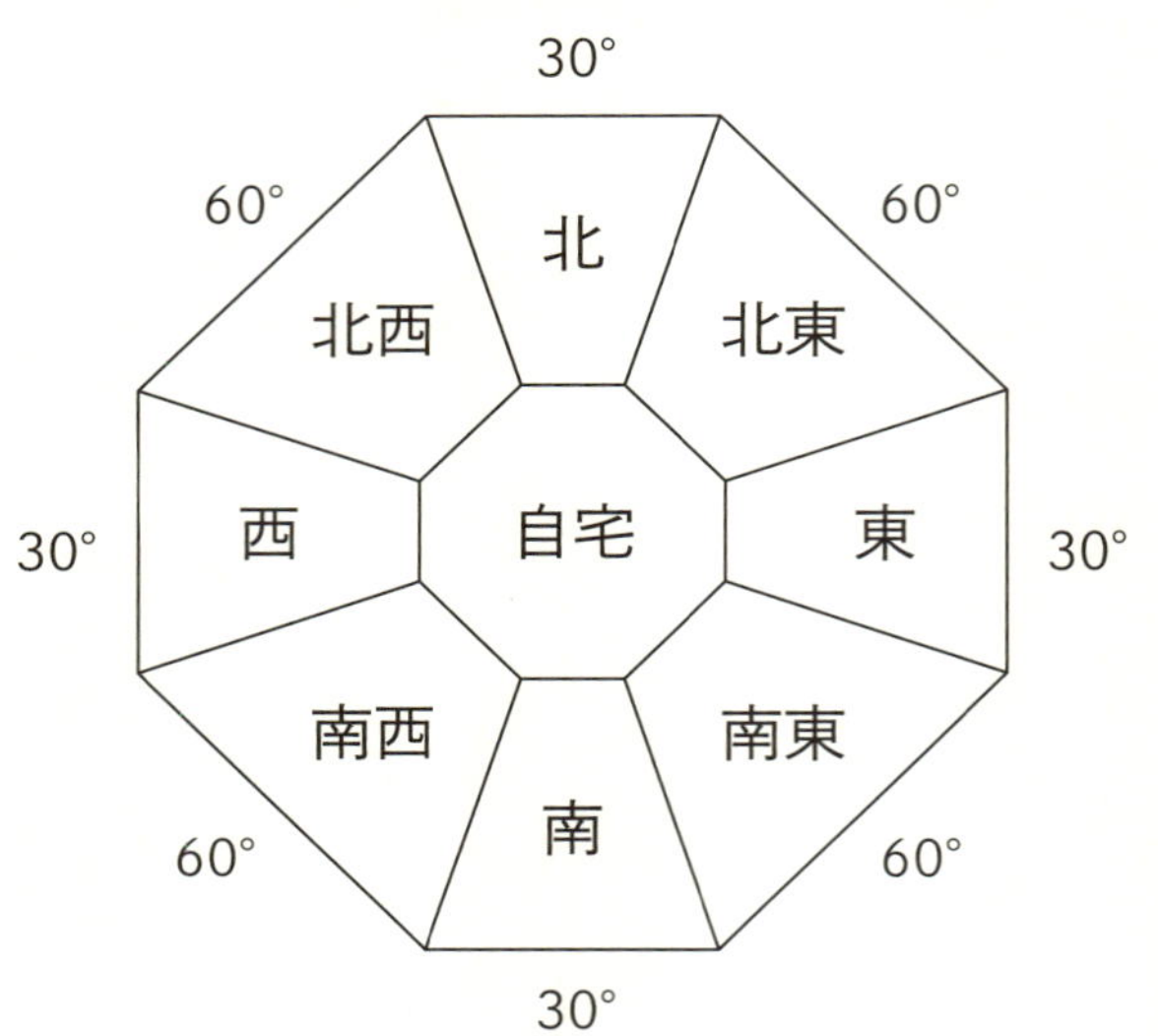

が読めない女』(主婦の友社)というロングセラー本のタイトルは、的を射ていると思うしだいです。ちなみに私は「話を聞かない男」なので、あまり偉そうなことは言えないのですが……。

方位を間違えると、思いどおりの効果が得られないばかりか、吉方位へ行くつもりが凶方位へ行ってしまったということが起こりかねません。ですから、「たぶんあそこは西」などという勝手な思い込みで目的地を設定しないで、きちんと調べましょう。

なお、本書で用いる方位は、北・北東・東・南東・南・南西・西・北西の8つです。このうち北・東・南・西の4方位には30度、北東・南東・南西・北西の４方位には60度が配当されます【図５】。目的地の方位を調べるときは、この点を踏まえて地図などを見てください。また、実践する人の便宜を図るために、巻末資料２７７ページに方位盤を付けました。これを切り取り、地図などに当てて方位を確認すれば、ケアレスミスを防ぐことができると思います。また、方位盤はダウンロードすることも可能ですので、ページを切り取りたくない人は巻末の詳細をご覧ください。

ちなみに、方位取りの際に使う地図ですが、本書ではメルカトル図法を推奨しています。それについては１８２ページを参照してください。

秘訣④ 吉方位へ行くときは、まず近場から試す

私は自分自身の経験から、方位の作用を実感していますし、ひとつ間違えば危険がともなうことをよく知っています。ですから、いくら吉方位であっても、最初から遠

くへ行くことはおすすめしません。というのは、これまで何度か述べたように、移動距離が長いほど、方位の作用が強くなるし、早く表れるからです。

皆さんのなかには、地図を見て方位を調べるのが苦手な人もいるでしょうし、そうでなくとも人間ですから、勘違いをして凶方位へ行ってしまうことがあるかもしれません。また、ひと口に吉方位といっても、その作用が具体的にどんな形で表れるかには、個人差があります。ですから、何があっても大丈夫なように、最初は近場からトライしてほしいのです。近場の吉方位に関連して、最近、面白いことがありました。

私にはママ友が大勢いるのですが、そのひとりが、自宅のそばにあるコンビニへお子さんを連れていってくじを引かせても、ぜんぜん当たらないというのです。話を聞いてみると、彼女がお子さんといつも行くコンビニは、自宅から見て東にありました。ちょっと調べてみたところ、その日はたまたま西が吉方位だったので、「西のコンビニへ行ってみたら?」とアドバイスしました。すると、すぐに当たったそうです。

前項では、吉方位の作用を得るには生活圏を出るのが基本と述べましたが、たとえ生活圏内であっても、方位に配慮するだけで、この例のように、それなりの結果が得られます。また、「コンビニのくじ」程度から始めれば、たとえ外れても支障がありません。最初のうちはそのくらいにしておいて、どんな変化が表れるかを確認しながら、少しずつ距離を延ばすほうが無難です。

なお、このように方位の話をすると、「ふたつの方位の境界に行ったときはどうなりますか？」と質問してくる人が必ずいます。私が決まって返す答えは、「吉方位の効果をきっちりと得たいなら、境界へ行かないで、できるだけその方位のどまんなかを狙ってください」です。

なぜなら、ふたつの方位に境界があるとしても、そこで線を引いたようにはっきりと運気が変わるわけではないからです。四季の推移をイメージしてもらえば理解しやすいと思いますが、突然冬から春に変わるわけではなく、だんだんと寒さがゆるみ、春になっていきます。

方位についても同様で、西から0・1度でも北寄りに外れたら、キッパリと北西になるわけではなく、両者の境界はグラデーションになっています。その濃淡によって、効果がどちらかへ転ぶ可能性がありますが、それをいちいち考慮するのは不可能でしょう。ですから、わざわざ境界へ行かず、その方位のどまんなかを狙いましょう。少なくとも、私自身は常にそうしています。

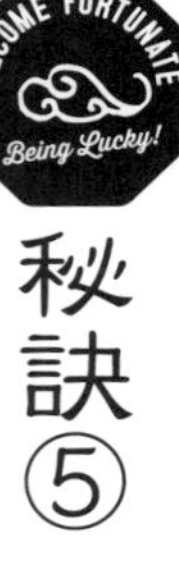

秘訣⑤
相性のよい相手・よくない相手をうまく使う

第1章で少し述べましたが、人間がふたりいれば、そこにはおのずと利害関係が発生します。そのときに、相性を知っていれば、余計ないざこざを避け、有利に物事を運ぶことができます。

私は、占いを学び始めてこのことに気づいたとき、がぜん意欲が湧いてきました。相性を調べる方法はいろいろありますし、私もたくさんの方法を試してみましたが、現在では生年の十二支と九星だけを用いて、非常にシンプルな見方をしています。詳しくは第6章を参照してください。これより細かく見る方法もありますが、細かくなればなるほど、本質から遠ざかるという側面があります。まずは第6章に書かれている内容を押さえれば、それで十分です。

相性の使い方をひとことで言うと、相性のよい相手ならばアプローチして親しくな

り、相性のよくない相手はできるだけ遠ざけるというのが基本です。

どれほど博愛の精神があろうと、よくない相性をよくすることはできません。ですから、がんばって仲よくなろうなどとは考えず、間に第三者を入れてコミュニケーションするなり、お互いに居心地のよい距離を置くなりして、淡々とつきあうほうが賢明です。

このあたりの事情は、秘訣②で述べたことと少し似ています。冬はあくまでも冬で、夏と同じことはできません。それと同じように相性も、よくないものはよくないので、それなりのつきあいをするほうが理にかなっています。

ただし、冬なのにわざわざ寒中水泳をして心身を鍛錬するのと同じように、よくない相性も使いようによっては運気にプラスの刺激を与えることができます。たとえば、自分の運気が低迷しているときは、あえて相性のよくない相手と一緒に宝くじを買いに行ってみるという方法もアリです。

一方、私が突然クビにされたときのように、相性のよい相手が自分にダメージを与える場合は、そこに何らかの裏があるかもしれません。「相性がよいはずなのに……」とイジけないで、なぜそうなったのか理由を探ってみましょう。その結果しだいでは、私のように思わぬチャンスをつかむ可能性があります。

いずれにせよ、何も考えずに人とつきあうよりは、相性を考慮してつきあい、そこで得た結果をデータとして蓄積していくことをおすすめします。

秘訣⑥ 部屋の西側を黄色、東側を青にして運気を上げる

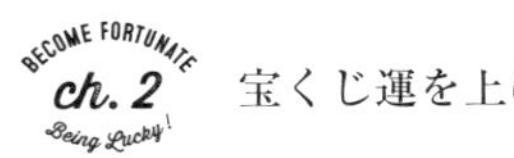

「西に黄色いものを置くと金運がよくなる」というのは、占いが好きな人の間では、なかば常識になっていると思います。しかし、なぜそうするのがよいのか、明快な理由を言える人はほとんどいないのではないでしょうか。
理由は実に簡単で、西は太陽が沈む方位だから、西日を思わせる黄色がよいのです。これは、室内の印象を自然界のイメージに近づけると、心身も運気も整うという理論にもとづきます。
西の黄色に対して、東は青です。この青は、夜が明ける直前の空の色です。これで、黄＝西日と、青＝夜明けの色を、しかるべき方位に配置することができます。

そんなことで何が変わるのかと、いぶかしむ人がいるかもしれません。しかし、部屋の環境によって人間の行動が変わるのは事実です。たとえば、ラスベガスのカジノがそうです。24時間いつでも夕暮れどきを思わせるような照明で、時計が置いてありません。

夕暮れどきって、夜でも昼でもない、不思議な感覚にとらわれませんか？　そういう環境下に置かれると、人間の時間感覚がおかしくなり、ずっとカジノにいて遊び続けても、あまり時間がたっていないように錯覚しやすくなります。つまり、長時間遊ばせて、散財させるための仕組みともいえます。東京のお台場にも、天井に空を描き、夕暮れのような照明にしている商業施設がありますが、これも時間を忘れさせることが狙いでしょう。

一方、部屋の西側に黄色、東側に青を配置すれば、こうした施設とは反対に、時間の感覚を健康にする効果が得られます。

実践する際には、できるだけ広範囲を黄色や青にするのが重要なコツです。ごく狭い範囲だったり、小物を置いたりする程度では、得られる運気が小さくなります。

私がこの方法を始めたときは、西側の壁一面に黄色い布を貼(は)りました。布以外では、黄色が中心のポスターでもよいし、西側が窓なら、カーテンの色を黄色にするのも手です。東側も同様で、布やカーテンなどを利用して、広範囲を青にしましょう。

こうして部屋の西側を黄色、東側を青にすると、そこに住めば住むほど運がよくなります。

なお、西側の黄色ですが、豊かに実った稲穂のような色を選ぶのがベストです。もともと西というのは、季節にたとえれば秋で、収穫という象意(しょうい)があります。この方位がお金や金運と関連づけられたのは、そのためです。

秘訣⑦ 宝くじを当てたいなら高額買いはしない

私以外にもうひとり、高額の宝くじに当せんしたことを公表している人がいます。岐阜市在住の上坂元祐(こうさかもとすけ)さんという方ですが、この方の当たりっぷりがすごいのです。

どれくらいすごいかというと、平成13年の時点で、1000万円以上に当せんすると15回、賞金の総額は5億円以上。それ以降も当て続けていらっしゃいますから、回数も総額もさらにふくらんでいるはずです。ロト6をはじめ、年末ジャンボ、ミニロト、ナンバーズ4、ナンバーズ3のすべてで1等を獲得し、当せん券をコピーしたファイルが5冊にもなると聞きます。ファンの間では「宝くじの神様」と呼ばれています。

この方と対談をする機会をいただき、いろいろなことをお話ししました。

その結果、共通点も相違点もあったのですが、共通点として挙げられるのは、高額買いをしないということ。私はいつも3000円分しか買いませんし、上坂さんも、多いときで9000円から1万円程度だそうです。買う頻度は、上坂さんが月に3~4回、私はそれよりずっと少なく、月に1回以下です。

つまり、宝くじに当たりたいなら、一度にお金をつぎ込んでそれっきりになるより、薄く広くチャンスを取りにいくほうがよいということです。宝くじ事業というものを考えた場合でも、お金を一気につぎ込んで破産するような人が出てしまうより、大勢の人が楽しみながら、長く続けていくほうが健全でしょう。

実は、宝くじを継続的に買っている人が1000万円以上に当たる確率は3分の1

で、1億円以上に当たる確率は50分の1です。また、宝くじの最高賞金が初めて1億円を突破したのは平成元年の年末ジャンボですが、それ以来、すでに2万人の人が1億円以上を手にしています。テレビや雑誌を見ると、「高額の宝くじに当たるのは奇跡」というような雰囲気で報道されていますが、あれは記事や番組を盛り上げるために、実際にはそこまで奇跡ではないと思います。

だとすると、皆さんが思うより簡単に当せんできそうではありませんか？　当然ですが、チャンスが1回しかないよりも何度かあったほうが、ものにする確率が高くなります。そのためにも、無理は禁物です。外れてもシャレで済むくらいの金額を投じて、コツコツと買いましょう。

秘訣⑧　宝くじは連番で買い、北西の高い位置に保管する

宝くじを購入するとき、連番かバラかで迷うことはありませんか？　私の場合、基

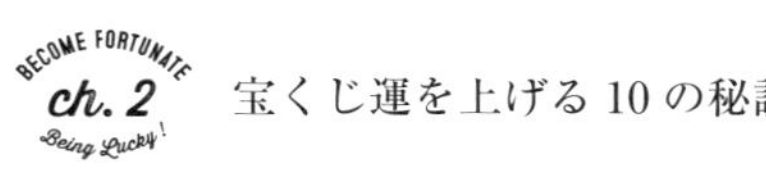

本は連番です。なぜなら、1等が当たったときに、前後賞もまとめて取りたいからです。

また、購入後から当せん番号の発表まで、どこに保管するかについても、いろいろな方法があると思います。神棚に上げておくという人もいることでしょう。

私がおすすめするのは、宝くじを青い封筒に入れて、北西の高い位置に置いておくというやり方です。なぜなら、お金は「冷たくて暗い場所」が好きなので、そういう象意のある場所に宝くじを置いておけば、自然とお金が引き寄せられるからです。

「だったら冷蔵庫に保管してもよさそう」と思った人がいるかもしれません。それも悪くないでしょう。それぞれのやり方で試してみて、よい効果があったものを採用してください。

ただ、サッカーくじをはじめ、店頭ではなくネットで買うことが多い宝くじもあります。その場合は、宝くじの現物が手元にないのですから、それをどこへ置くかという話にはなりません。

ネットで購入する際には、パソコンやスマホなど、購入の際に使用する端末をどの方位に置くかがポイントとなります。その方位とは東です。端末を東側に置いておけば、ネットで購入した宝くじの当せん確率が高くなります。

ついでにお教えしますと、パソコンだけでなく、テレビや電話など、音の出る物はすべて東に置いておくのが吉です。

秘訣⑨ 神仏の力をお借りするときは礼儀をわきまえる

私の体験上、神社や寺院に参拝して神仏のご加護を願うことは、運気向上に効果があります。

これを最初に教えてくれたのは、九州に住む友人でした。彼は、交通事故をよく起こす人だったのですが、あるお寺へ行ったときに、ご住職が「君の守り本尊はこの仏様だから、お像かお札を毎日拝みなさい」とアドバイスしてくれたそうです。その言葉に従って拝んでいたところ「交通事故が減ったんだよ」と、私に話してくれました。

ちょうど私が20歳くらいのときでしたが、それ以来、私も彼を見習って、神仏のご

加護を得るためにお参りを心がけています。とはいっても、毎日参拝しているわけではありません。機会があれば手を合わせるという程度です。

なお、守り本尊は、生年の干支によって異なりますので、詳しくは第7章を見てください。

私の場合は、守り本尊以外に、霊験あらたかな厄除け大師にも毎年欠かさず参拝していますし、パワーの強そうな神社にお参りすることもあります。

ただ、神仏に何かをお願いするときは、失礼のないよう気をつけたほうがよいと思います。

少し考えてみればわかることですが、たとえば取引先の社長に面談の時間をもらったときに、Tシャツとジーンズにサンダル履きで社長室へ行って、「よう!」と挨拶をする人はいませんよね? 人間同士でも、目上には礼儀を尽くすのが筋なのに、ましてや相手は神仏です。社長どころの話ではないのですから、相応の礼儀を尽くすべきです。

こうしたことを踏まえると、神仏に参拝するときの留意点は次の3点です。

①午前中に済ませる
②ちゃんとした服装で行く
③お札を購入する

これらについても第7章で解説します。

また、神仏と同様に、ご先祖様を敬う気持ちも大切です。わが家の場合、母方の祖母がわりと早くに離婚していたため、祖父の墓がどこにあるのか、私の母も祖母も知りませんでした。そこで私が調べてみると、四国の某寺院に墓があるとわかりました。しかし、その寺院へ行ったものの、どれが祖父の墓なのかは突きとめられなかったので、すべてにお参りして帰京しました。

説教じみたことを言うつもりはまったくありませんが、人間は、自分のルーツを大切にしないと、心のバランスが崩れて人生がおかしなほうへねじれることがあります。その意味では、ご先祖様に手を合わせるのは有意義なことだと思います。

秘訣⑩ 運を独占しないで、多くの人の利益に貢献する

秘訣⑦でご紹介した上坂元祐さんは、宝くじが当たっても、全額寄付することがよくあるそうです。ご自分が生活する分はすでに得ているし、当たること自体を楽しんでいるからです。しかし、不思議なことに、寄付をすると、次のチャンスには、よりいっそう大きな金額が当たるのだとか……。

要は、そういうことです。「もっと欲しい」という個人のエゴより社会貢献を優先すると、めぐりめぐってもっと大きな幸運がやってくるのです。

別の具体例を挙げれば、あれほど手広く事業を展開していたカネボウが、2008年に消滅したのは、世論（社会）を無視したエゴイスティックな経営をしたからです。

実は、私がラスベガスで親しくなった会長さんが経営している化粧品会社も、一時期は消費者からのクレームがあいつぎ、バッシングを受けたことがありました。しかし、この会長さんは、そこから目をそらさず誠実に対応しました。言い換えれば、企業のエゴを捨てて社会正義に従う道を選んだのです。だから、この会社は存続できたのでしょう。今でも本社へ行くと、社員が往き来する廊下の壁一面に、当時のクレームのハガキが掲示されています。

この社会貢献という言葉は、公共性と公平性という言葉に置き換えてもよいと思います。私自身、そのあたりがきれいに実践できているとは言えませんが、少なくともこれらを重視した行動が幸運に結びつくことは確かです。

私が子どものころ、自宅周辺の落ち葉をかき集めて燃やしていると、「きれいにお掃除して偉いね!」と、通行人が声をかけてくれました。掃除ではなく、焼き芋を焼くのが目的でしたが、そんなことでも運はよくなります。他人から「ありがとう」「すごいね」「よくがんばったね」と、プラスの気持ちを注いでもらうことが大切なのです。

正直に告白しますと、この本を出そうと決意した理由のひとつは、私のノウハウを公開すれば、多くの人の利益に貢献できると思ったからです。つまり、社会貢献です。

もっとも、社会貢献と言えば聞こえはよいのですが、腹黒く言えば、見えない貯金を積んで、ますます自分自身の運をアップさせたいというのが本音です(笑)。

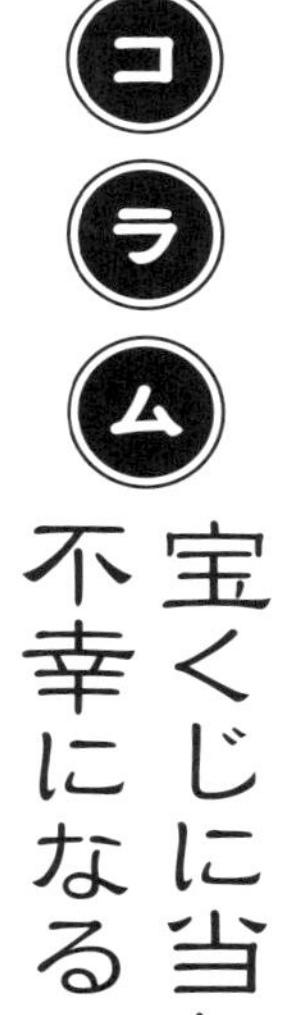

コラム 宝くじに当たると不幸になる!?

宝くじで高額当せんを果たせば、お金に困らないバラ色の人生が約束される……というのは、幻想どころか間違った思い込みかもしれません。

というのも、大金を手にして、人生がおかしくなってしまった人が多いからです。

たとえば海外では、泥棒に狙われたり、孫娘を誘拐されたりした人や、当せん金を元手に事業を始めたものの経営がたちゆかず破産した人、当せんを自慢したために借金の依頼が絶えず、夜逃げした人……。いろいろな事例が報告されています。

前述した上坂元祐さんからも、似たような話を聞いています。

何人かの知人に頼まれ、宝くじを一緒に買いに行ったところ、なんと5人が高額当せん！　しかし、そのうち4人は、当せん後に行方不明になってしまったそうです。残るひとりは特に変わった様子もなく、淡々と仕事を続けていたとか。この一件を上

坂さんは非常に悔やみ、もう二度と他人と一緒に宝くじを買いに行かないと決心したとのことです。

ところで、「全国自治宝くじ」の発行元である日本の都道府県と指定都市が発行している1000万円以上の高額当せん者のみに配られる小冊子があります。「【その日】から読む本　突然の幸福に戸惑わないために」と題されたその小冊子の前書きには、こんなことが綴(つづ)られています。

「当せん、おめでとうございます。今あなたは、突然訪れた幸運に驚きと喜びを感じていることでしょう。同時に初めての経験を前にして、少しばかり不安をおぼえているかもしれません。このハンドブックは、そんな不安や疑問の解消に役立つよう、弁護士、臨床心理士、ファイナンシャルプランナーといった専門家のアドバイスを得て作成されたものです。内容的には、当せん直後から徐々にやっていくべきことが順を追って書かれています……」

このような小冊子が配布されていること自体、高額当せんがいかに人間をおかしくするかを物語ります。皆さんも、どうぞお気をつけて！

GUIDE TO BECOME A MILLIONAIRE

第3章

十二神獣・十二支・九星を調べる

BE MORE FORTUNATE OR LUCKY

開運術に活用する4つの要素

本章では、十二神獣、十二支、九星、八方位という4つの要素を使って、開運術を実践します。

これらのうち、十二神獣、十二支、九星については、自分がどれに当てはまるかを調べる必要があります。それによって、持って生まれた性質や、運気のリズムなどを知ることができます。

また、八方位については、方位の意味と吉凶を調べて方位取りをするときに使います。これについては、第5章で詳しく述べます。

4つの要素についてざっと説明しながら、十二神獣、十二支、九星の調べ方を解説していきましょう。調べた結果は、巻末資料275ページの「マイデータ記入表」にメモしておくと便利です。

要素① 四季のリズムを読む「十二神獣」

すでに述べたとおり、人生には、12年をひと区切りとする周期があり、そのなかに春夏秋冬が3年ずつセットされています。12年で季節が一巡し、それが繰り返されていくという流れです。

現在の自分の運気が、春夏秋冬のどこにあるかがわかれば、種まきの時期なのか、収穫の時期なのかという判断を的確に下すことができます（第4章）。

また、春夏秋冬がめぐるリズムは、万人に共通ではなく、冬が訪れるタイミングによって、12のタイプに分類されます。それを示すのが十二神獣で、その人の生年月日から導きます。

十二神獣には、次の種類があります。

黄龍（こうりゅう）　応龍（おうりゅう）　白虎（びゃっこ）　麒麟（きりん）　朱雀（すざく）　鳳凰（ほうおう）

獅子（しし）　天馬（てんま）　青龍（せいりゅう）　蒼龍（そうりゅう）　玄武（げんぶ）　霊亀（れいき）

なお、十二神獣は、運気のサイクルのほか、相性を見るときにも補助的に用います。これについては198ページを参照してください。

要素② 相性と性格を読む「十二支」

十二支は、相性を見るときに最も重要となる要素です。また、相性以外では、個人の性格や運勢を解読する際にもしばしば使います。これも生年月日をもとに調べます。なお、十二支には、次の種類があります。

子（ね）　丑（うし）　寅（とら）　卯（う）　辰（たつ）　巳（み）
午（うま）　未（ひつじ）　申（さる）　酉（とり）　戌（いぬ）　亥（い）

これらを見て、気づいた人もいると思いますが、十二支というのは、いわゆる「干支」です。今年は「申年」だとか、あの人は「未年」の生まれだとか、日常生活のなかでもよく用います。

ただ、ここがポイントですが、十二支は、「年」だけに配当されているわけではありません。「月」「日」「時間」にも、同じように十二支があります。たとえば、「草木も眠る丑三つ時」などという表現をしますね。この丑三つ時というのは、丑の刻（午前1時〜3時）を4等分した3番目の時間帯で、午前2時〜2時30分を指します。また、「酉の市」というのは、日の十二支が酉の日に開催されます。

普段の生活のなかでは、「年」の十二支がクローズアップされがちですが、このように、年月日時のすべてに十二支があることを頭の片隅に置いてください。

要素③ 相性・性格・方位を読む「九星」

九星は、おもに方位の吉凶を調べるときに使います。また、基本性格や相性を知るためにも有効です。

前項の十二支と同じように、九星もまた、年月日時のすべてに配当されています。ここでは、あなたの生年月日から九星を調べます。

九星には、次の9種類があります。それぞれのカッコ内には、巻末資料230〜2

70ページの「十二支・九星早見表」に記載した略記号を示しました。

一白水星（一）　二黒土星（二）
三碧木星（三）　四緑木星（四）
五黄土星（五）　六白金星（六）
七赤金星（七）　八白土星（八）
九紫火星（九）

要素④　それぞれに象意がある八方位

皆さんがよくご存じの8つの方位です。念のため、次に記しておきましょう。

北　北東　東　南東
南　南西　西　北西

これらの方位には、それぞれに異なる意味（象意）があります。また、先に紹介した九星と密接にかかわっています。詳しくは第5章で述べていきます。

あなたの十二神獣を調べる

ではさっそく、あなたの十二神獣を調べてみましょう。わかりやすいよう、1983年2月7日生まれのYさんの場合を例に取って説明します。

①巻末資料271～272ページの「十二神獣を調べるための計算表」を見て、自分の生まれた年（西暦）と生まれた月を交差させ、そこにある数字を調べてください。
Yさんの場合、1983年と2月が交差する欄にあるのは56です（次ページ）【図6】。

②①で調べた数字に、生まれた日を足します。
Yさんの場合、①で調べた56に7を足して63となります。

③②の数字が60以下ならそのまま、61以上なら60を引きます。

図6　十二神獣を調べるための計算表

年／月	1	2	3	4	5	6	7	8	9	10	11	12
1976	48	19	48	19	49	20	50	21	52	22	53	23
1977	54	25	53	24	54	25	55	26	57	27	58	28
1978	59	30	58	29	59	30	0	31	2	32	3	33
1979	4	35	3	34	4	35	5	36	7	37	8	38
1980	9	40	9	40	10	41	11	42	13	43	14	44
1981	15	46	14	45	15	46	16	47	18	48	19	49
1982	20	51	19	50	20	51	21	52	23	53	24	54
1983	25	56	24	55	25	56	26	57	28	58	29	59
1984	30	1	30	1	31	2	32	3	34	4	35	5
1985	36	7	35	6	36	7	37	8	39	9	40	10

◆十二神獣を調べるための計算式

		【例】1983年2月7日生まれのYさんの場合
① P272「十二神獣を調べるための計算表」で、自分の生年（西暦）と生月を交差させた欄の数字を調べる。	……［　　］	[56]
② ①で調べた数字に、自分の生日を足す。	…＋［　　］	＋[7]
③ ①＋②が60以下なら④へ。61以上なら60を引く。	……［　　］	[63]－60＝[3]
④ P273「十二神獣対応表」を見て、③の数と、生まれた年の末尾の数字が奇数か偶数かを見てから、神獣を特定する。		Yさんの場合「3」で、生まれた年の末尾が奇数（1983）なので応龍。

図7　十二神獣対応表

③の数字	生年の末尾	十二神獣	6区分
1～10	偶数	黄龍	土
	奇数	応龍	
11～20	偶数	白虎	金
	奇数	麒麟	

Yさんの場合、②の数字が63なので、63から60を引いて3となります。

④273ページの「十二神獣対応表」を見て、③の数字と、生まれた年の末尾の数字から、神獣を特定します【図7】。

Yさんの場合、③で求めた数字3は「1～10」に該当します。また、生まれた年（1983年）の末尾は3で奇数ですから、神獣は「応龍」となります。

⑤第4章に十二神獣別の運気が掲載されていますので、それを見て今の運気（春夏秋冬）を調べます。春夏秋冬がわかったら、その季節について解説したページを読めば、行動の指針が得られます。

Yさんの場合は「応龍」ですから、127ページを見ます。すると、たとえば2017年は秋3年目、翌2018年は冬1年目に該当することが見て取れます。

そこで、秋について解説された116ページを読むと、徐々にスピードアップしていくのに適した時期であることがわかります。

あなたの十二支と九星を調べる

先述したように、十二支と九星は、年月日時のいずれにも配当されています。ここでは、あなたの生年・生月・生日の十二支と九星を調べておきましょう（時間については調べません）。引き続き、１９８３年2月7日生まれのＹさんを例に取って説明していきます【図8】。

①生年の十二支と九星を調べます。

巻末資料の「十二支・九星早見表」から、自分の生年（西暦）を探してください。その後のカッコ内に、十二支と九星が記載されています。それが生年の十二支と九星です。

Ｙさんの場合、１９８３年の後のカッコ内を見ると、「亥八」とあります。したがって、生年の十二支は「亥」、九星は八なので「八白土星」です。

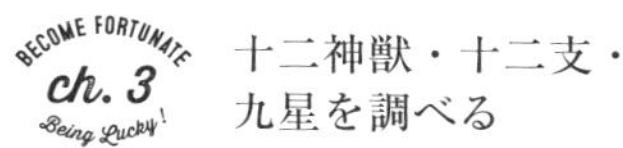

図8　1983年2月7日生まれのＹさんの十二支と九星

1983年 （亥八） ◀ ①生年の十二支と九星　③生日の十二支と九星

②生月の十二支と九星

年／月		1日	2日	3日	4日	5日	6日	7日	8日	9日	10日	11日	12日	13日	14日	15日	16日	17日	18日	19日	20日	21日	22日	23日	24日	25日	26日	27日	28日	29日	30日	31日
2月	寅二	申三	酉四	戌五	亥六	子七	丑八	寅九	卯一	辰二	巳三	午四	未五	申六	酉七	戌八	亥九	子一	丑二	寅三	卯四	辰五	巳六	午七	未八	申九	酉一	戌二	亥三			
3月	卯一	子四	丑五	寅六	卯七	辰八	巳九	午一	未二	申三	酉四	戌五	亥六	子七	丑八	寅九	卯一	辰二	巳三	午四	未五	申六	酉七	戌八	亥九	子一	丑二	寅三	卯四	辰五	巳六	午七
4月	辰九	未八	申九	酉一	戌二	亥三	子四	丑五	寅六	卯七	辰八	巳九	午一	未二	申三	酉四	戌五	亥六	子七	丑八	寅九	卯一	辰二	巳三	午四	未五	申六	酉七	戌八	亥九	子一	
5月	巳八	丑二	寅三	卯四	辰五	巳六	午七	未八	申九	酉一	戌二	亥三	子四	丑五	寅六	卯七	辰八	巳九	午一	未二	申三	酉四	戌五	亥六	子七	丑八	寅九	卯一	辰二	巳三	午四	未五
6月	午七	申六	酉七	戌八	亥九	子九	丑八	寅七	卯六	辰五	巳四	午三	未二	申一	酉九	戌八	亥七	子六	丑五	寅四	卯三	辰二	巳一	午九	未八	申七	酉六	戌五	亥四	子三	丑二	
7月	未六	寅一	卯九	辰八	巳七	午六	未五	申四	酉三	戌二	亥一	子九	丑八	寅七	卯六	辰五	巳四	午三	未二	申一	酉九	戌八	亥七	子六	丑五	寅四	卯三	辰二	巳一	午九	未八	申七
8月	申五	酉六	戌五	亥四	子三	丑二	寅一	卯九	辰八	巳七	午六	未五	申四	酉三	戌二	亥一	子九	丑八	寅七	卯六	辰五	巳四	午三	未二	申一	酉九	戌八	亥七	子六	丑五	寅四	卯三

◆十二支と九星を調べるときの注意点

1983年（亥八）　2月のグレーの欄は立春。この日を一年の始まりとする。

年／月		1日	2日	3日	4日	5日	6日	7日	8日	9日	10日	11日	12日	13日	14日	15日	16日	17日	18日	19日	20日	21日	22日	23日	24日	25日	26日	27日	28日	29日	30日	31日
2月	寅二	申三	酉四	戌五	亥六	子七	丑八	寅九	卯一	辰二	巳三	午四	未五	申六	酉七	戌八	亥九	子一	丑二	寅三	卯四	辰五	巳六	午七	未八	申九	酉一	戌二	亥三			
3月	卯一	子四	丑五	寅六	卯七	辰八	巳九	午一	未二	申三	酉四	戌五	亥六	子七	丑八	寅九	卯一	辰二	巳三	午四	未五	申六	酉七	戌八	亥九	子一	丑二	寅三	卯四	辰五	巳六	午七
4月	辰九	未八	申九	酉一	戌二	亥三	子四	丑五	寅六	卯七	辰八	巳九	午一	未二	申三	酉四	戌五	亥六	子七	丑八	寅九	卯一	辰二	巳三	午四	未五	申六	酉七	戌八	亥九	子一	
5月	巳八	丑二	寅三	卯四	辰五	巳六	午七	未八	申九	酉一	戌二	亥三	子四	丑五	寅六	卯七	辰八	巳九	午一	未二	申三	酉四	戌五	亥六	子七	丑八	寅九	卯一	辰二	巳三	午四	未五
6月	午七	申六	酉七	戌八	亥九	子九	丑八	寅七	卯六	辰五	巳四	午三	未二	申一	酉九	戌八	亥七	子六	丑五	寅四	卯三	辰二	巳一	午九	未八	申七	酉六	戌五	亥四	子三	丑二	

立春の前日までに生まれた場合、生年の十二支と九星は前年のもの、生月の十二支と九星は前月のものとなる。

グレーの欄は、その月始まり（節入り）を示す。この日より前に生まれた場合、生月の十二支と九星は前月のものとなる。

【1～2月生まれの人の注意点】

東洋の占術では、立春を一年の始まりとします。そのため、年の十二支と九星は立春で切り替わります。

したがって、立春より前に生まれた人（1月生まれの人と、2月の節分までに生まれた人）は、前年の十二支と九星になりますので注意してください。

1月生まれの人については、早見表そのものが前年に組み込まれています。たとえば「1983年1月」は、「1982年12月」の後に「翌1月」として入っていますので、1982年の十二支と九星を見てください。この場合は「戌」で「九紫火星」となります。

2月生まれの人は、誕生日が立春より前であれば、前年の十二支と九星になります。2月の欄を横に見ていくと、グレーになった欄がありますね。それが立春の日です。たとえば「1983年」ならば、「2月4日」が立春ですから、前日の「2月3日」までは、前年の十二支と九星になります。この場合は「戌」で「九紫火星」です。

②生月の十二支と九星を調べます。

①で探した表から、生月を探してください。その右側に、十二支と九星が記されています。それが生月の十二支と九星です。

Yさんの場合、1983年2月の右側を見ると、「寅二」とあります。したがって、生月の十二支は「寅」で、九星は「二黒土星」です。

【初旬に生まれた人の注意点】

東洋の占術では「節入り(せついり)」(98ページ)をもって各月がスタートします。つまり、節入りが暦上の「1日」なのです。したがって、誕生日が節入りより前ならば、生月の十二支と九星は、前月のものとなります。

巻末の「十二支・九星早見表」の各月を、日付を追いながら右に見ていくと、ひとつだけグレーの欄があります。それが各月の節入りです。それより前の日に生まれた場合、生月の十二支と九星は、前月のものを採用してください。

たとえば、「1983年3月」を右へ見ていくと、「6日」の欄がグレーになっているので、この日が節入りだとわかります。したがって、前日の「3月5日」までは、前月の十二支と九星が採用されますから、十二支は「寅」、九星は「二黒土星」となります。

③生日の十二支と九星を調べます。

①で探した表で、生月と生日を交差させ、そこにある十二支と九星を調べてください。それが生日の十二支と九星です。

Yさんの場合、1983年の表で、2月と7日が交差する欄を見ると、「寅九」とあります。したがって、生日の十二支は「寅」、九星は「九紫火星」です。

以上の作業で、あなたの生年、生月、生日の十二支と九星がわかりました。275ページのマイデータ記入表に書いておきましょう。

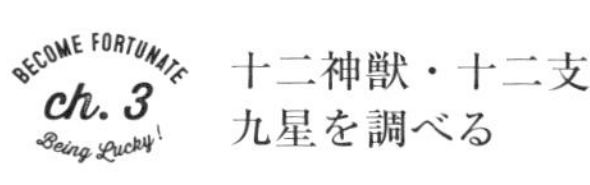

早生まれの人が運勢を読むときの注意点

東洋の占術では、立春が一年の始まりであることはすでに述べました。

そのため、それより前に生まれた場合は、生年の十二支と九星については前年のものを採用することも、前項で説明したとおりです。

しかし、実際には、節分を境にくっきりと運勢が分かれるわけではありません。現実の季節にしても、ある日を境にいきなり冬から春になるのではなく、三寒四温で徐々に春へと移行していきます。

それと同じように、人間の運勢も、節分の前後でいきなり変わるわけではないのです。

そのため、節分の前後約1か月、目安として早生まれの人は、ふたつの運勢が混ざり合っています。

たとえば、前掲のYさんも、1983年2月7日が誕生日なので、早生まれとなります。1983年の十二支は「亥」で、九星は「八白土星」ですが、前年に当たる1982年の影響もかなり受けています。ですから、「戌」と「九紫火星」の解読結果も参考にすると、占いの精度が上がります。

また、運勢の混ざり具合は、生まれた時期によって異なります。1983年の十二支を例に取ると、1月上旬生まれならば「戌：亥」が「9：1」くらいで戌寄り、2月上旬生まれならば「5：5」くらいで半々、3月下旬生まれならば「1：9」くらいで亥寄りといったイメージです。

Yさんは、2月上旬の生まれなので、戌と亥、八白土星と九紫火星が半々くらいの割合で混ざり合っていると考えられます。ですので、それらすべての占断を一読して、両方を参考にするのがおすすめです。

【「節入り」について】

二十四節気という言葉を聞いたことがあると思います。1年を24等分して季節の推移と区切りを表したもので、その区切りとなる日（節気）が、立春から始まり、雨水（うすい）、啓蟄（けいちつ）、春分……と続いていきます。現在でも、季節を表す言葉としてよく用いられます。

1年を24等分しているということは、1か月に2回、区切りとなる日がやってくる計算です。その最初の日を「節入り」と言います。東洋の占術では、この節入りの日をもって、1か月が始まると見なします。

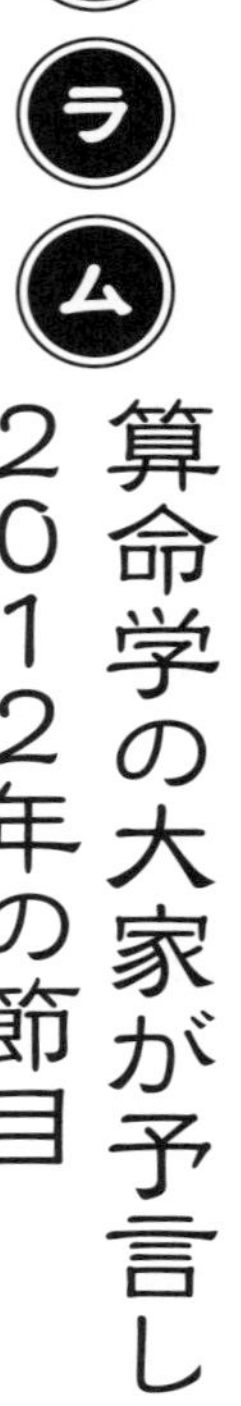

コラム 算命学の大家が予言した2012年の節目

私は、ふとしたきっかけから算命学の大家・野島和信先生の知己を得ました。

野島先生は、第13代算命学宗家・高尾義政氏の直弟子で、1979年に免許皆伝となり、数多くのセミナーやコンサルタントを手がけていました。

そのひとつに、赤坂で行われていた経営者向けのセミナーがあります。このセミナーは、一部上場企業の代表者を対象とし、帝王学を教え、業績を伸ばすことを目的としていました。聴講者はみな、熱心に先生の話を聞き、アドバイスを参考にしました。

このことひとつを取っても、占いがファンタジーでもエンターテインメントでもないことがわかります。実際に数字を上げ、企業間の競争で勝ち残るために、実効性のあるツールなのです。

その野島先生が、こんな話をされました。

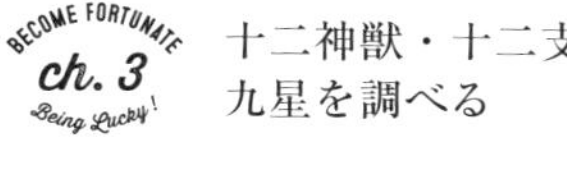

「世界を大局的に見ると、２０１２年は、権力移譲の年となる。それまで権力を持っていた者が座を降り、持たざる者が権力をつかんでいく」

そういえば、政界を牛耳っていた小沢一郎氏も、テレビに出まくっていた細木数子さんも、２０１２年頃から、あまり姿を見せなくなりました。テレビ番組などのマスメディアも、ネットに押されてあえいでいるように見えます。

そして、２０１２年から始まった変化の時期が、２０１７年にはいったん落ち着き、明るい時代が到来するとも、野島先生は話されていました。

このように運気が切り替わる時期は、自分を変えるチャンス到来の時期でもあります。これまで不遇だった人は、これからの行動しだいで、いくらでも上を目指すことができます。野島先生の言葉を借りれば「持たざる者」こそ、強いのですから。

野島先生は、２０１５年６月に、69歳で永眠されました。算命学の大家であり、斯界（しかい）ではトップともいわれた先生が、権力移譲の時期に逝去されたのは、象徴的な出来事といえるかもしれません。

GUIDE TO BECOME A MILLIONAIRE

第4章

春夏秋冬のリズムに乗れば運が開ける

BE MORE FORTUNATE OR LUCKY

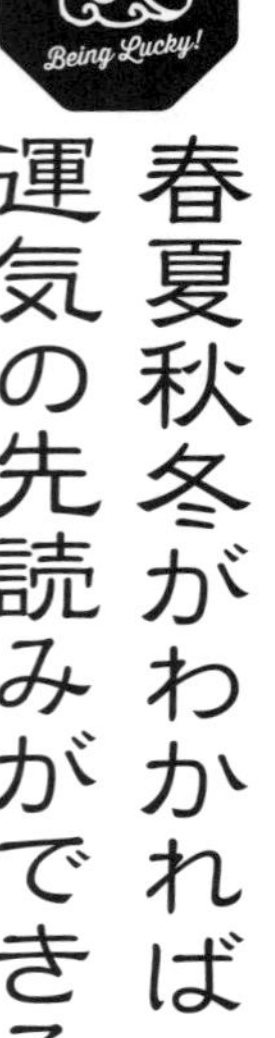

春夏秋冬がわかれば運気の先読みができる

「宝くじに当たりたい」

「仕事で成功したい」

「理想の相手と結婚したい」


など、人それぞれに望みがあると思います。

しかし、一個人の願望など、自然界の摂理から見れば、どうでもよいことです。自然界の摂理とは、運気の流れと言い換えてもよいでしょう。それは、個人がどんなにあがいても、変えることはできません。

だから、逆転の発想が必要です。自然界の摂理＝運気の流れが不変のものならば、それにあらがおうとするのは無謀で無意味です。そんなことをするより、うまく利用してステップボードにすればよいのです。

春夏秋冬のリズムに乗れば運が開ける

ここまでの各章で、人生には12年をひと区切りとするサイクルがあり、そのなかには3年ずつの春夏秋冬がセットされていると述べてきました。このサイクルは、自然界の摂理、すなわち運気の流れをわかりやすく説明するものです。これに逆らわず、素直に乗りさえすれば、物事がよいほうへと変化していきます。

108ページから詳しく説明しますが、春夏秋冬という運気のイメージは、実際の季節と同じです。第2章でも述べたように、春は種まき、夏は成長期、秋は収穫期、冬は休眠期。これが基本です。

この春夏秋冬は、一日のリズムに置き換えることもできます。つまり、春（朝）は準備の時間、夏（日中）は自分の仕事に打ち込んで手応えを得る時間、秋（アフター5）は仕事を終えて食事や団らんを楽しむ時間、冬（夜）は休息と眠りの時間です。

以上のことから推察できると思いますが、運気が盛り上がるのは夏から秋で、半分の人は夏に、もう半分の人は秋に絶頂期を迎えます。反対に、最も低くなるのが冬の3年間です。

とはいえ、春夏秋冬のいずれも、それぞれの意味や役割があるという点は、強調したいと思います。

たとえば、冬というと、いかにも運気が冷え込みそうで、よくない時期であるかのように思えます。実際に、物事がはかばかしく進みません。

しかし冬は、一日のリズムに置き換えると夜に当たり、休息と眠りという、生きるうえで必要不可欠な時間を過ごす季節でもあります。この点を考えると、どんなふうに過ごせばよいのかが見えてきます。

こうした流れを自分自身が理解することも重要ですが、たとえば仲間が冬の時期なら、その人がお茶をこぼしてあなたに引っかけても、「この人は冬なんだから仕方がない」と、あきらめがつきます（笑）。

そういう小さなこと以外に、受験の失敗や、就活の難航など、思いどおりにいかないようなことが起こっても、「冬だから」と、それなりに納得できます。

人間は、とかくミスや油断をするものですが、その原因を客観視できれば、怒りや恨みなどのマイナスの感情に振り回されずに済むのです。

また、春夏秋冬のリズムに沿って無理なく暮らしていると、自然にストレスが少なくなりますから、心身のコンディションが整い、寿命が延びます。

さらに、将来への不安もなくなります。

現に、私自身は、将来への不安がまったくありません。それは、春夏秋冬の周期を知っていれば、いつ何をするかという人生設計がすべてできるからです。

もしも今が冬だとしても、3年後には必ず春が来ますし、そこから9年間はだいたい上り調子で、夏や秋には間違いなくよいことが起こります。それがわかっていれば、不安にはなりません。

春夏秋冬を知らずに生きるのは、車のライトを点けずに夜道を走るのと同じくらい不安なことです。ライトを点ければ道の様子がわかりますし、直線だから少しスピードを上げよう、カーブだから減速しようなどと、先のことを考えながら走ることができます。

さて、108ページからは、春夏秋冬それぞれの過ごし方について述べていきます。

自分が現在、どの季節にいるのかを知るには、第3章で調べた十二神獣の掲載ページを見てください。たとえば、神獣が「応龍」なら、127ページを見ます。そこに掲載されたグラフから、2017年は秋3年目、翌2018年は冬1年目だとわかります。

なお、各神獣には「属性」が記されています。それについてはコラム144ページを見てください。

【春】心機一転、新たな気持ちで種をまく季節

春は、種まきの季節です。新しい事業を始めたり、将来の目標を決めてコツコツと勉強したりするのに適しています。一日にたとえれば朝に当たり、日中の活動に必要なものをそろえる時期です。

この時期の運気は、ようやく芽を出したばかり。まだまだもろいので、十分なケアをしないと、すぐに枯れてしまいます。

たとえば、安倍晋三氏が首相の座に就いたとき、1回目の任期は、春の時期に当たっていました。まだ運気がひ弱ですから、短命でしたね。第1次安倍改造内閣の所信表明演説からわずか1か月後の辞任に国内外が驚きました。当時の側近だった麻生太郎氏や谷垣禎一氏も最悪の時期でしたから、仕方がありません。

ですから、春の人は、物事が少しくらいうまくいっても油断しないでほしいのです。

正直なところ、春には、大金がポンと入ってくるようなことはありません。でも、ここでがんばれば、見えない貯金が確実に増えていきます。だから、すぐに報われなくてもあきらめないでください。秋になれば必ず利子のついた貯金を下ろすことができます。

ただし、「まかない種は生えない」ということを肝に銘じておく必要があります。

ここでいう「種」は、「行動」と置き換えてもよいでしょう。つまり、原因と結果の法則です。春にどんな行動をしたかで、秋の収穫が決まります。

たとえば、ファストフードの店で、AさんとBさんが同じ時給でバイトを始めたところ、Aさんは一所懸命に働き、Bさんは適当にサボっていたとします。

この場合、目先の収入は同じでも、Aさんのほうは見えない貯金が貯まっていきます。秋になれば、Bさんとは段違いの実りを得ることができるでしょう。

一方、だれも見ていないからと、手を抜いたBさんは、秋になってもそれなりの結果しか得られません。まあ、他人が見ていないところで手を抜く人は、その性根に問題がありますから、常に低空飛行を余儀なくされるのですが……。

もうひとつ、春を過ごすに当たって、とても重要なポイントがあります。それは、「春が来た」と、意識して暮らすことです。

というのも、春が来ているのに、冬の気分を引きずったままの人がけっこう多いからです。

運気が冷え込む冬は、うかうかしていると精神的に打ちのめされるようなことがあります。そのために気持ちが縮こまってしまい、春が来ても気づかずに、身を固くしたまま何もできずにいる……そんな人をときどき見かけます。ひどい人の場合、春の3年間、ずっと冬を引きずっています。

春になれば運気は徐々にゆるんでいくので、たいていの人は変化に気づいて動き出します。しかし、気づく・気づかない以前に、知識として知っていれば、自分で気持ちを切り替えることができます。春夏秋冬のリズムを知る意義は、そこにあります。

春といっても、1年目はまだ不安が残っているでしょう。しかし、3年目くらいになれば、やりたいことに安心して専念できるようになります。できるだけすみやかに、自分をそういう状態へ持っていけば、時間のロスが少なくて済みます。

とはいえ、春は、あまりたいしたことをしなくてもよいのです。先述したように、まだ運気がひ弱ですから、無理は禁物です。とりあえず、「運気は上がっているから大丈夫」と、自分に言い聞かせて、やるべきことをそろそろとスタートしましょう。

ドライブインで休息を取っていたのが冬だとすれば、春は、原付きにまたがって時速30キロで走り始めるようなイメージです。ハイスピードで飛ばす車に接触しただけでも大ケガをしますから、用心深く進んでいくことが大切です。

【春のポイント】

- 秋の収穫に向けて種をまく時期
- 何かを始めるのに適した時期
- 運気はまだ弱いので慎重に
- すぐに報われなくてもあきらめない
- 見えない貯金をせっせと積む
- 冬の気分を引きずってはダメ
- 無理・無茶・強引な行動は禁物

【夏】空回りを恐れずに、どんどん行動すべし

夏になると、春にまいた種が成長し、徐々に開花していきます。春の3年間は、なんとなく冬の気分を引きずってしまった人も、さすがに夏を迎えるころには調子が上がってきたことを実感します。

一日のサイクルでいえば、日中に当たります。仕事や学業にいそしむ時間帯です。多くの人が、忙しく動き回っています。

既存の占術のなかには、夏に該当する3年間について、「物事を進めるべきではない」「空回りしてムダに終わる」と解釈するものが多々あります。

しかし、私はそれに賛成できません。夏は、空回りしてもよいのです。むしろ、空回りすればするほど、自然の流れに乗っているという証拠です。

ちょうど、社会の本流に合流して、自分自身がぐるぐると渦を巻いているようなイメージです。そのため本人は空回りをしていると感じますが、回るのをやめてしまうと、流れに乗れなくなります。だから、「ムダになるからやめておこう」ではなく、「ムダになってもいいから、今は回っていよう」という姿勢のほうが、運気にとってはプラスになります。

確かに夏は、実際の季節を見てもわかるとおり、梅雨があったり、どしゃぶりの夕立に雷鳴がとどろいたりと、そのときだけを見れば、大変な状態におちいることがあります。

でも、それは一時的なものにすぎません。長い目で見れば、全体としては運気が上がっていく時期ですから、心配はいりません。

山登りをしているときもそうですよね？　頂上を目指して前進すると、少しずつ高度が上がっていきますが、途中では、ちょっとした下り坂にも遭遇します。夏というのは、そんな下り坂がときどき出現する季節なのです。

実は、春もそうですが、夏もまた、大それたことをしようなどと考えなくてもよいのです。運気は勝手に上がっていくし、次には収穫の秋が来ますから、その流れに乗って行動していればＯＫです。

夏の3年間は、1年ごとにテイストが異なりますので、次にざっと説明しましょう。

1年目は、春の不安定さや脆弱さが消えていく時期です。「なんとなく調子がいい」「もう大丈夫」と感じる人が多いはずです。

2年目を迎えると、それまでしてきたことの成果が、ある程度の形になって見えてきます。

そして夏の3年目は、12年のサイクルのなかでも大事な時期に属します。というのは、収穫の秋に入るための準備期間だからです。

前項で、春は原付きにまたがって時速30キロで走るようなものと述べました。そのたとえでいうと、夏は軽自動車に乗り換えて、時速60キロで一般道を走るようなものです。

そして、次に続く秋には、高速道路に乗って時速100キロで飛ばさねばなりません。そのため、夏の3年目には、高速に乗る準備をして、テンションを上げていく必要があります。

また、3年目の後半からは、いわば季節の変わり目を迎え、コンディションを崩しやすくなります。ですから、体調管理に気をつけることが大切です。忙しくても無理をしないで、きちんと休養を取り、心身のバランスを保つようにしてください。そのうえで行動していくほうが、効率がよいはずです。

なお、夏の3年間に、半数の人は運気の絶頂期を迎えます。自分がそれに該当するかどうかについては、十二神獣を調べ、該当ページに掲載されているグラフを見てください。グラフのピークが夏ならば、とにかく行動あるのみということで、どんどん前進していくことをおすすめします。特に、運気の波が最も高くなる年は、自分から積極的に動きましょう。

ちなみに、私が6億円の宝くじを当てたのも、夏の3年目でした。

【夏のポイント】

・上り調子を実感できる時期
・空回りでもよいから行動する
・大それたことをしなくてもよい
・3年目はテンションを上げていく

一・3年目の後半は体調管理を万全に

【秋】収穫期が到来！　実りを蓄えて冬に備える

秋は収穫期です。半数の人は、この時期に運気のピークを迎えます。

一日のサイクルでは、アフター5に相当します。日中の仕事などを終えて、家族や気の合う仲間と一緒に食事や団らんを楽しむ時間帯です。豊かで充実したひとときといえます。

秋は、とにかく行動あるのみ。行動したら、予想以上の結果が返ってきます。また、行動に移したとたんに、頭で考えたことが現実になりやすい時期です。

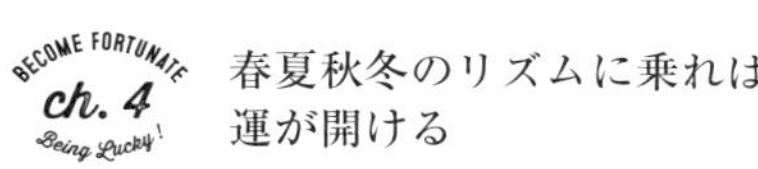

出会いに恵まれるのも秋です。第1章でお話ししたように、私の場合は、某化粧品会社の会長をはじめ、著名な実業家や、日本を代表する企業の会長と社長の知己を得ることができました。とにかく、「この人に会いたい」と思ったら、会えるのが秋な

のです。

秋は、宝くじの高額当せんなど、ギャンブル的なことに勝てる可能性が高まります。また、即お金が入ることをやっても大丈夫です。仕事も調子がよくなりますし、投資などに手を広げてもよいでしょう。

しかし、事業を立ち上げるなら春が適しています。秋に立ち上げると、その時点では人材も資金も潤沢なので、当面は好調かもしれませんが、次に来る冬を越すことができるかどうかが大きな問題となります。それを承知で、あえて始めるのならかまいませんが、知らずに走り出すと大コケします。

春の解説では、手抜きをすると運気が落ちるという話をしましたが、秋は、調子に乗りすぎると失敗する危険があります。金回りが非常によくなることは事実ですが、金に飽かせて遊び歩いたりすると、おそらく冬を越すことはできません。

また、秋でも調子が悪い人は大勢います。

そういう人は、ふだんの行動に問題が潜んでいる可能性があります。

先日、秋2年目の人に会いましたが、どこからどう見てもメチャクチャな状況でした。会社に1億円を超す借金があって、社長とその人を含めた3人が融資を受けていたのですが、社長が自己破産してしまい、残るふたりが背負うことになったというのです。

それも、社長が自己破産した原因は、夜の街で遊びすぎたこと。つまり、ふたりは他人が放蕩三昧したツケを支払うはめになったわけです。

夏の時期に、そのダメ社長を会社から追い出したそうですが、せっかく収穫の秋だというのに、莫大な借金を返済し続けています。

たいへん気の毒な話ですが、自分も名を連ねて借りたお金なのに、使い込まれていることに気づかないというのは、いかがなものかとも思います。そのへんに甘さがあるのでは……？

よくないことが起きると、自分の不運を嘆きたくなるものです。しかし、嘆く前に、自分に原因がなかったかを考えてみる必要があります。そのうえで、心当たりがあったら直していくようにしないと、幸運を取りこぼしてしまいます。

秋に収穫しそこねるパターンは、もうひとつあります。秋が来たことに気づかず、何も行動を起こさないというパターンです。

これは女性にありがちな傾向です。「秋なのに、これといってよいことがない」とこぼす女性に、「行動していますか?」と質問すると、たいてい「何もしていません」という答えが返ってくるのです。重ねて忠告しますが、何もしなければ結果はゼロです。

なお、秋3年目の後半からは、冬支度に当ててください。基本は、過剰なものを手放すことと、いろいろな局面で速度を落としていくことです。

たとえば、投資をしている人なら、手持ちの株を不動産に変えるのがおすすめです。株はすぐにお金になりますが、秋3年目から冬にかけては、打って出る時期ではありません。その点、不動産なら、利益がゆっくり返ってくるので、この季節には適しています。

【秋のポイント】

- 収穫期に当たる時期
- 行動したらスピーディーに実現する
- 宝くじ、投資、ギャンブルにツキあり

・調子に乗りすぎると冬にコケる
・行動しなければ実りは得られない
・3年目の後半は冬支度に当てる

BECOME FORTUNATE
Being Lucky!

【冬】しっかり眠って大きな夢を見る時期

冬は休眠期です。収穫後の田畑を休ませ、春の種まきに備える時期に当たります。一日のサイクルでは、休息と眠りの時間です。非生産的であるうえに、家賃も光熱費もかかりますが、ここで良質の睡眠を取ることが、スッキリとした朝を迎えるには不可欠です。

冬の時期は、お金や地位に執着しないことと、過剰なものを手放すことがポイントです。勘のよい人は、占いを知らなくても、これを自然に実践しています。たとえばビル・ゲイツ氏は、冬の時期に4兆円超の寄付をしています。

ゲイツ氏と反対に、冬だというのに財産や地位に執着すると、最終的には命を落としかねません。私の身近にも、実例があります。一部上場企業の社長だった人ですが、冬を迎え、経営状態もよくなかったので、ある優秀な占い師が「その地位を捨てなさい」と助言しました。ところがその社長は、地位にしがみついたのです。結局、半年後に亡くなりました。

お金や地位にこだわるのは個人の性質なので、どうしようもない面はありますが、冬はできるだけ、そういうとらわれを手放すことが大事です。一般庶民はまだしも、お金や地位がある人ほど要注意です。

別のたとえで言うと、冬は泳ぎ疲れた体を休める時期なのです。もう泳げないほど疲れているのに、ポケットにどんどん金塊を詰め込んだりしたら、当然、沈んでいきますよね？　重いものは捨てて、身軽になったほうが身のためです。

また、冬の時期に始めたことは、予想より早く終わりが来ると言われています。したがって、婚約、結婚、引っ越しなどは、冬にしないで、春になるのを待ってからのほうが無難です。たとえば冬に引っ越したら、その3か月後にどうしても引っ越さなければいけない事情ができて、また引っ越すことになりかねません。

ときどき、自分の今の運気が「冬」だと知ると、ショックを受けて泣きそうな顔をする人がいます。そういう場面に遭遇すると、私などは非常に困惑してしまうのですが、冬はだれにでも平等に訪れるものです。それに、今は冬でも、数年後には間違いなく春が来て、あとの9年は上り調子です。それが自然のリズムなのですから、悲観的になることはありません。

実は、冬にしかできない大切な仕事があります。それは、夢を見ることです。冬の3年間で、自分の小さな殻を破るような夢をいっぱい見て、残りの9年間でそれを実現させていくのです。

夢は、眠りの中でしか見られません。だから、実現に向けて行動するのは、春になって目覚めを迎えてからの話になります。

また、冬に見る夢は、大きいほうがよいということも忘れないでください。ビジネスパーソンなら、「この会社を踏み台にして、世界に出て行ってやる!」くらいの夢を持つほうがよいのです。少なくとも、トップを目指すべきです。最初から2番手を目指していては、2番手にすらなれません。

夢見る冬は、目標達成に向けての具体的な行動はいりません。と言いますか、頭のなかのイメージと行動がアンバランスになりやすいので、下手に行動するのは危険です。控え目に慎ましくいきましょう。逆にこの時期は、本を読んだり、芸術を鑑賞したり、あるいは、マンガを読んだり、アニメや映画を見たりなど、イメージをふくらませるようなことをするのがよいと思います。

なお、これは仕方がない部分ですが、同じ季節の人のコミュニティーができやすい傾向があり、ふと集まると大半の人が冬、といったことが起こります。しかし、冬の人同士で助け合うのはダメです。溺(おぼ)れている人同士で助け合っても、どんどん溺れていくだけですから。それよりは、ほかの季節の人に引っ張り上げてもらうことをおすすめします。

ほか、冬はよからぬ人が近寄ってきたりします。つきあう相手は、慎重に吟味しましょう。

【冬のポイント】

一・休眠期、眠りの時期

・財産や地位に執着しない
・新しいことは春に回す
・できるだけ大きな夢を見る

十二神獣を知り、周期を読み解く

さて、ここからは、先ほど調べた十二神獣ごとの周期の特徴についてお話ししていきましょう。特にピークの時期はそれぞれズレがありますので、よく読み込んでください。

黄龍［こうりゅう］

属性 土（十）

応龍［おうりゅう］

属性 土（一）

夏の絶頂期に向けてゆっくりと発進を

【12年周期の特徴】

冬の3年間を過ごしたあと、時間をかけてゆっくりと調子を上げていくのが特徴です。春2年目あたりまでは、あわてず騒がず、スローペースで行動することを心がけましょう。

夏の2年目から3年目にかけてが、運気のピークとなります。秋も好調ですが、2年目にいったん落ちることを念頭に置きましょう。ここでスピードを落として走るようにすれば、3年目には好調さを取り戻します。冬に入っても運気が急激に衰えるわけではなく、下がりきるのは冬1年目の終わり。それまでは楽しい時間を過ごして、ソフトランディングしましょう。

なお、応龍の運気は、黄龍に1年遅れるかたちで進んでいきます。

【黄龍とは】

古代中国の伝承などに見られる瑞獣（為政者が善政を敷いたときに吉兆として姿を現す幻獣）のひとつ。方位をつかさどる四神（青龍・白虎・朱雀・玄武）が東西南北に配当されるのに対し、黄龍は中央に位置します。そのため「四神の長」とも称されます。

中国の四川省には、黄龍風景区という景勝地があります。世界遺産にも登録されたこの地は、世界有数のカルスト地形です。石灰分を豊富にふくんだ水が流れ続けたため、黄金色に輝く石灰華の層と、同じく石灰華の滝や谷が形成されています。

【応龍とは】

中国の古典『山海経』に記された幻獣。同じく古典の『礼記』では、四霊のひとつに数えられます。四霊とは、為政者が善政を敷いたときに出現する4種の瑞獣のことで、応龍、麒麟、鳳凰、霊亀を指します。このうち応龍は、変幻の象徴とされます。

図9　黄龍と応龍の運気サイクル

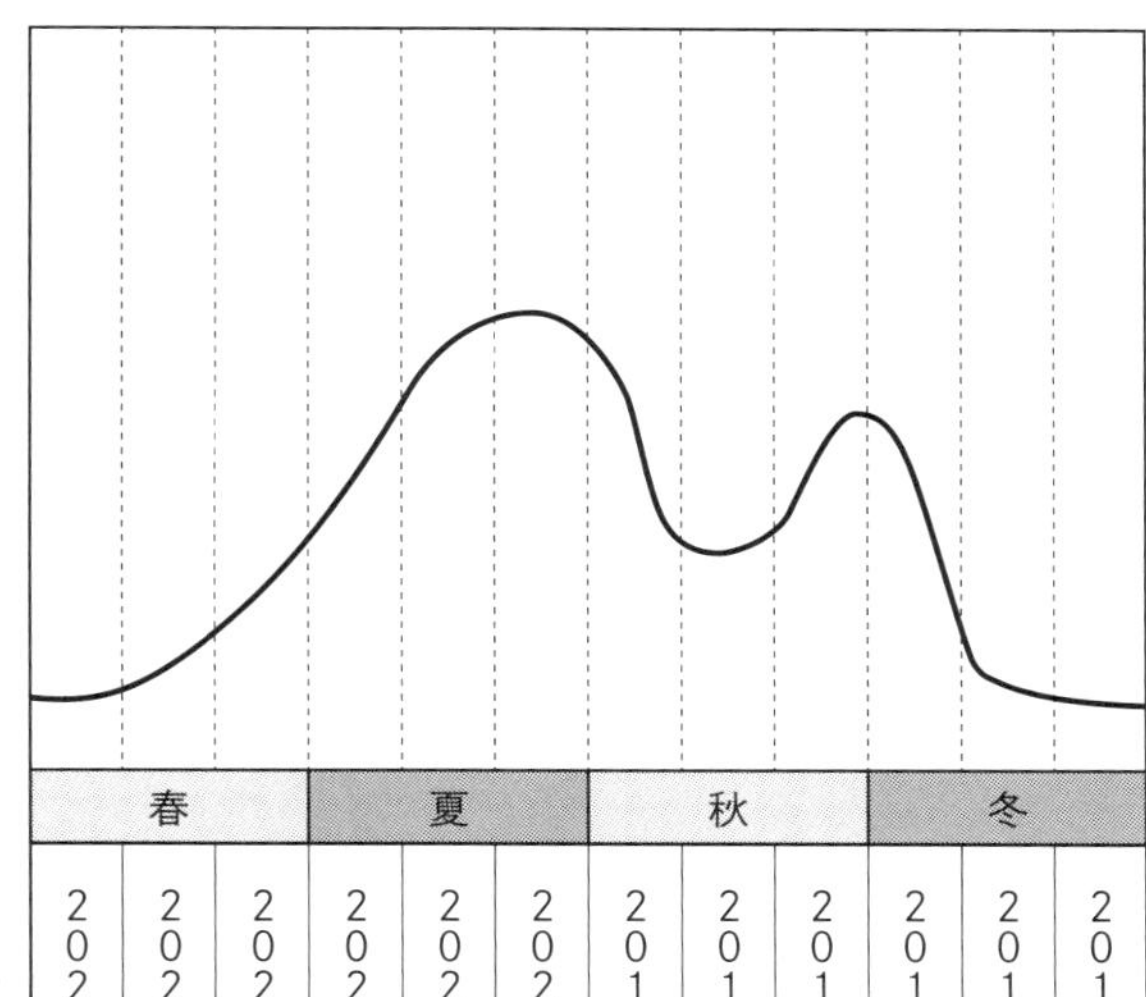

	春			夏			秋			冬		
黄龍	2020	2021	2022	2023	2024	2025	2014	2015	2016	2017	2018	2019
応龍	2021	2022	2023	2024	2025	2014	2015	2016	2017	2018	2019	2020

中国神話によれば、応龍は伝説の皇帝・黄帝（こうてい）の配下にあったとされています。天地を自由に往来でき、水を蓄えて雨を降らせる力を持っていたといわれ、黄帝と蚩尤（しゆう）との戦いに際しては、嵐を呼んで黄帝を助けたという伝説が残っています。

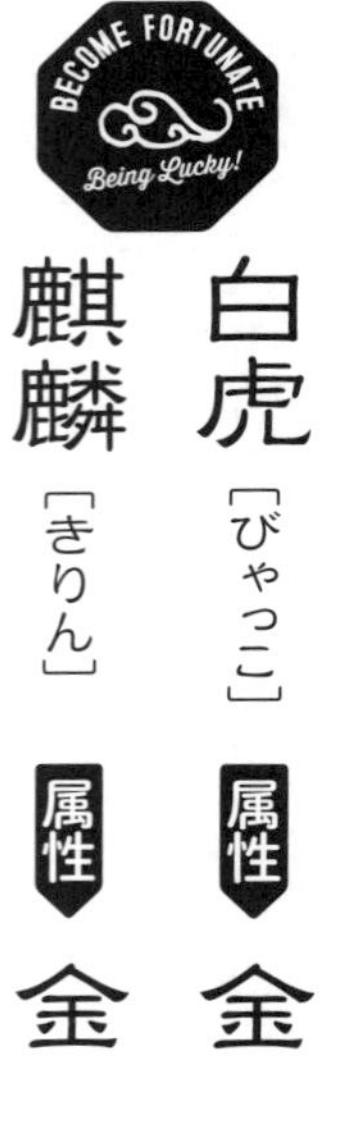
BECOME FORTUNATE
Being Lucky!

白虎［びゃっこ］属性 金（十）
麒麟［きりん］属性 金（一）

終始高めの運気だがエアポケットに注意

【12年周期の特徴】

ほかの神獣と比べて運気が全体的に高めで、絶頂期にドーンと上がるのが大きな特徴です。春に入ると順調に運気が上昇していき、アップダウンがありがちな夏も難なくクリアして、秋に絶頂期を迎えます。

しかし、秋のさなかにガクッと落ちるので、油断してはいけません。ここできっちり減速して安全運転を心がけ、豊かな晩秋を過ごしましょう。

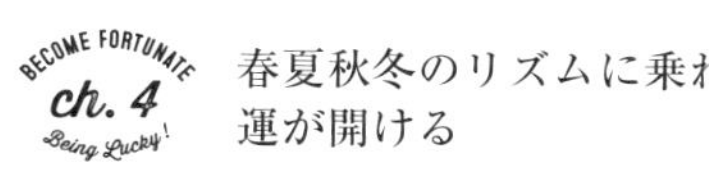

冬に入ると、運気は急降下していきます。この時期は、物事に執着するのをやめ、物心両面で不要なものを手放して身軽になりましょう。重い荷物を持ったままだと、

下り坂で余計に加速がついてしまいます。

なお、麒麟の運気は、白虎に1年遅れるかたちで進んでいきます。

【白虎とは】

方位をつかさどる四神のひとつ。東の青龍、南の朱雀、北の玄武に対して、白虎は西に配当されます。

四神は、方位とともに星座との関連性から生まれたものですが、そのなかでも虎と龍は、早期に発生したとされます。また、「竜虎(りゅうこ)相打つ」という言葉があるように、強大な力を持つものの象徴でもあります。

会津藩の白虎隊は、この白虎にちなんで名づけられたもので、基本は16歳から17歳の武家男子で編成されました。ちなみに50歳から56歳は玄武隊、36歳から49歳までは青龍隊、18歳から35歳までは朱雀隊です。

図10　白虎と麒麟の運気サイクル

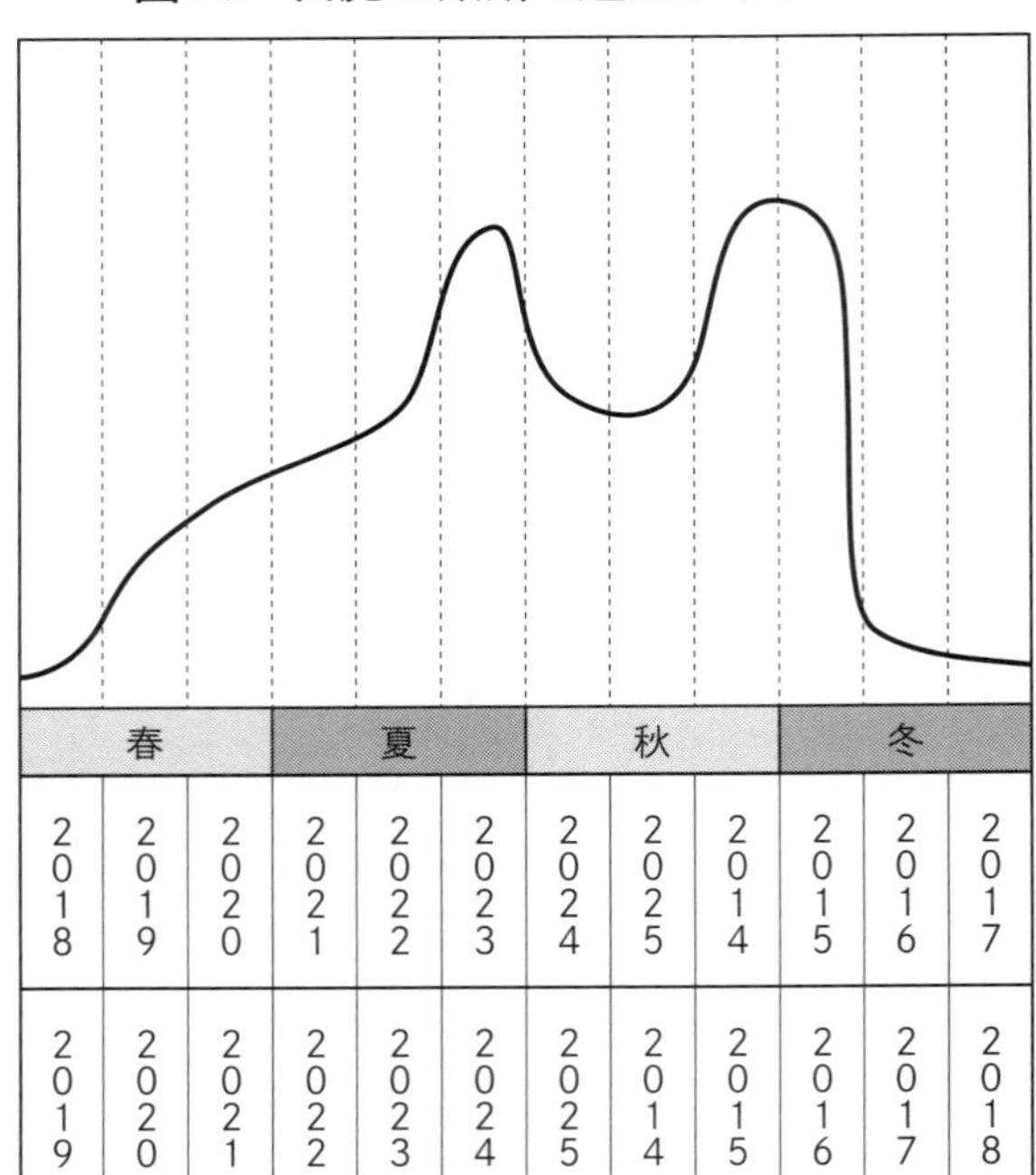

	春			夏			秋			冬		
白虎	2018	2019	2020	2021	2022	2023	2024	2025	2014	2015	2016	2017
麒麟	2019	2020	2021	2022	2023	2024	2025	2014	2015	2016	2017	2018

【麒麟とは】

　中国の古典『礼記』によれば、応龍、鳳凰、霊亀と並ぶ四霊（為政者が善政を敷いたときに出現する4種の瑞獣）のひとつで、信義の象徴とされます。顔は龍に似て、牛の尾と午（うま）の蹄（ひづめ）を持ち、体には鱗（うろこ）があります。

　1000年の長きにわたって生きる霊獣といわれ、その鳴き声は音楽の旋律と一致し、草や虫を踏まず、穏やかな性質を持つとの伝承が残っています。オスを麒、メスを麟といい、互いに気を送り合うことで子孫をなします。また、危害にあうと穏やかな性格が一変し、雄叫(おたけ)びが炎となって吹き荒れるとされています。

朱雀［すざく］ 属性 火（＋）
鳳凰［ほうおう］ 属性 火（－）

運気の上下がゆるやかで、冬に耐える強さあり

【12年周期の特徴】

十二神獣のうち、運気のアップダウンが最もゆるやかで、四季が穏やかに推移していくのが特徴です。そのため冬の厳しさがさほど身にしみず、無難に乗り切って春を迎えることができます。

ただ、秋のピークが2年目に集中します。このときに、どれだけ効率よく収穫でき

るかが勝負です。ぼんやりしていると、最高の時期はあっという間に過ぎていきますから、気合いを入れて行動しましょう。

また、夏1年目には少し運気が落ち込みます。全体としては上り調子なので、走り出したくなるかもしれませんが、あえてスローダウンするのが賢明です。

なお、鳳凰の運気は、朱雀に1年遅れるかたちで進んでいきます。

【朱雀とは】

方位をつかさどる四神のひとつ。東の青龍、西の白虎、北の玄武に対して、朱雀は南に配当されます。

平城京や平安京の大内裏(だいだいり)には、四方に12の門があり、このうち南に位置する正門が朱雀門です。

朱雀がつかさどる南という方位については、『易経(えききょう)』に「聖人南面して天下を聴き、明に嚮(むか)いて治む」という記述があります。「聖人が南に面して政治を聴けば、天下は明るい方向に治まっていく」という意味で、「明治」という元号の出典となりました。

図11　朱雀と鳳凰の運気サイクル

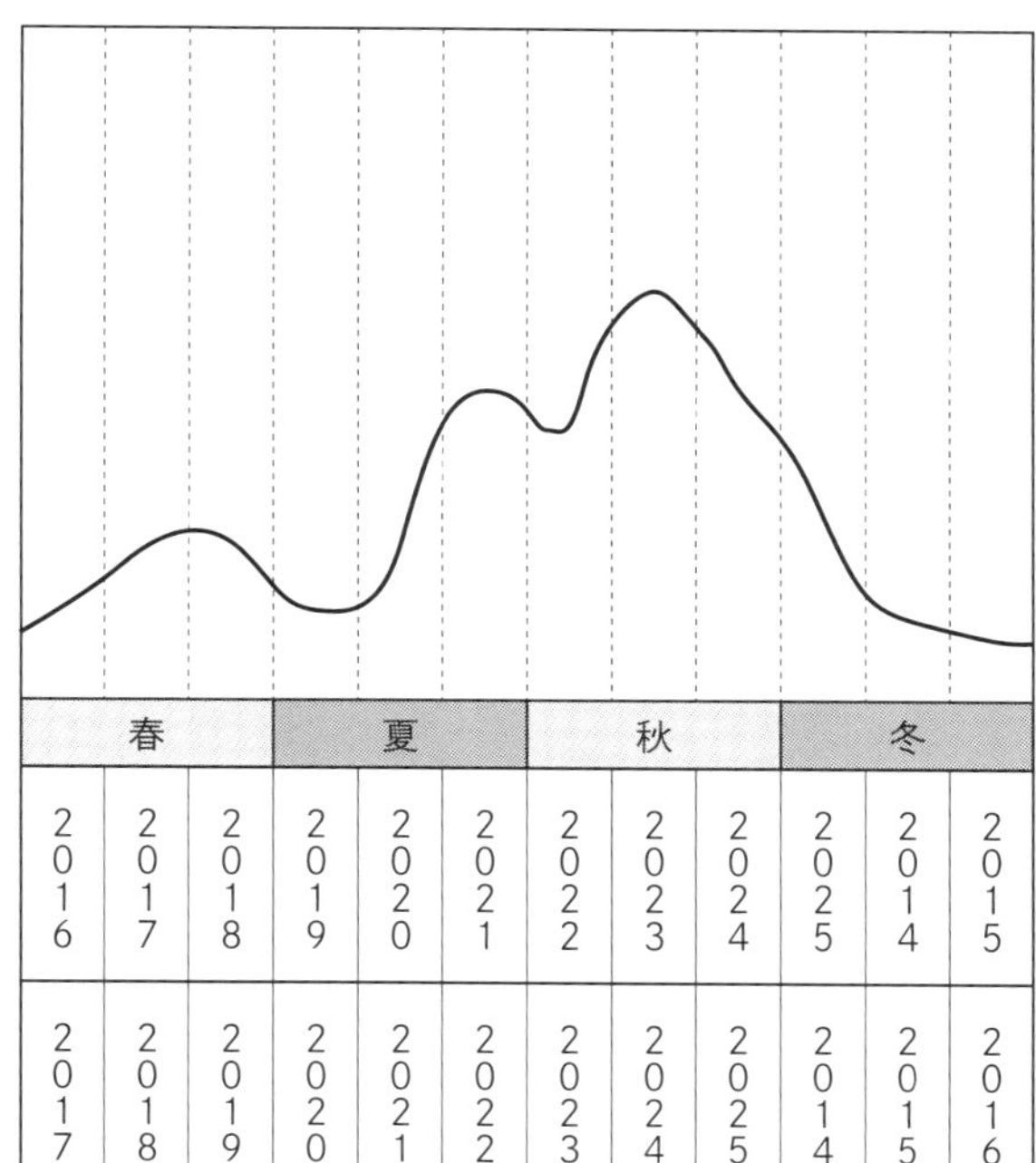

	春			夏			秋			冬		
朱雀	2016	2017	2018	2019	2020	2021	2022	2023	2024	2025	2014	2015
鳳凰	2017	2018	2019	2020	2021	2022	2023	2024	2025	2014	2015	2016

朱雀＝南の重要性を物語るものでもあります。

【鳳凰とは】

中国の古典『礼記』によれば、応龍、麒麟、霊亀と並ぶ四霊（為政者が善政を敷いたときに出現する4種の瑞獣）のひとつで、平安の象徴とされます。

また、『書経（しょきょう）』には、舜帝（しゅん）が天下を平定すると、楽の音に合わせて祖霊とともに鳳凰がやってきたと記されています。鳥類の長ともいわれます。
中国の伝説によれば、鳳凰は、梧桐（あおぎり）の木にだけ止まり、竹の実だけを食べるといいます。これにならって平安時代には、桐の家具に鳳凰の彫刻を施すのが流行したという記述が『枕草子（まくらのそうし）』にあります。

獅子［しし］  天（＋）
天馬［てんま］ 属性 天（－）

秋と冬の急降下を乗り切るのがポイント

【12年周期の特徴】

12年のサイクルのなかで、運気が急激にアップダウンするのが特徴です。落差が大きいので、気を抜いているとコケてしまいます。急降下の時期を迎えたら派手な行動は慎み、守りに入りましょう。

特に気をつけたいのは秋の2年目です。収穫の秋とはいっても、運気の山が大きく凹(へこ)むので、調子に乗りすぎてはいけません。また、冬の1年目にも急降下する時期があります。ここでもしっかり身構えて、慎重に過ごしてください。

基本的にはエネルギーにあふれた運気なので、この2か所を乗り切れば、まず安泰です。

なお、天馬の運気は、獅子に1年遅れるかたちで進んでいきます。

【獅子とは】

古代中国をはじめ、東アジア各地に伝承が残っている霊獣です。神社へ行くと、境内で狛犬(こまいぬ)を見かけますね？　あれはもともと中国で、仏像の前に2頭の獅子を置いたことがルーツだといわれます。やがて仏教とともに仏像と獅子が渡来しますが、日本に渡った獅子は、狛犬という独特の形に変化しました。神社の狛犬をよく見てください。多くの場合、片方は口を閉じ、もう片方は開いています。開いているほうが、実

図12　獅子と天馬の運気サイクル

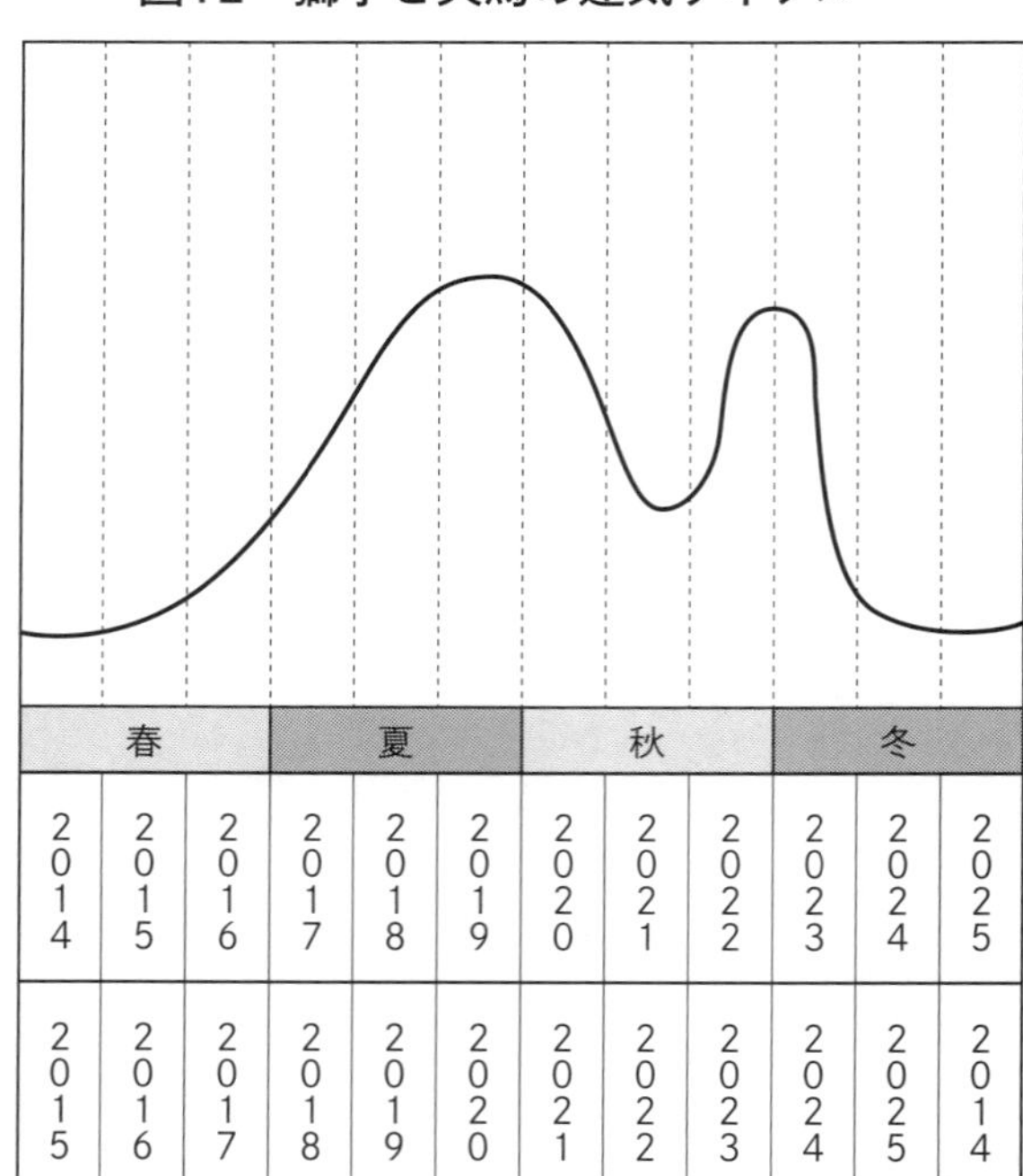

	春			夏			秋			冬		
獅子	2014	2015	2016	2017	2018	2019	2020	2021	2022	2023	2024	2025
天馬	2015	2016	2017	2018	2019	2020	2021	2022	2023	2024	2025	2014

は獅子なのです。ちなみに、「獅子座（ししざ）」は仏や高僧の座席、「獅子吼（ししく）」は仏が説法する様子を指します。

【天馬とは】

天馬は「非常にすぐれた馬、駿馬（しゅんめ）」という意味以外に、中国や日本で数々の伝説の幻獣として伝えられてきました。

古代中国では天馬は水辺から生まれた幻獣で、その神秘的な姿から国家守護のシンボルとなりました。

『西遊記』の物語で、玄奘三蔵（げんじょうさんぞう）を天竺（てんじく）まで運んだのも白い天馬だとされており、天馬信仰が中国でも大きな影響力を持っていたと言えます。

日本では奈良時代の貴族・藤原広嗣（ふじわらのひろつぐ）の愛馬も天馬であったそうです。藤原氏は天馬に乗って毎日1500里も走って公務を勤めたと言われています。

青龍［せいりゅう］ 属性 木（十）
蒼龍［そうりゅう］ 属性 木（一）

春2年目の落とし穴を乗り越えれば安泰

【12年周期の特徴】

夏の2年目から3年目に運気のピークを迎えるのが大きな特徴です。秋から冬にかけては、ゆるやかに下降していくので、徐々に心身を慣らすことができ、冬の冷え込みがさほど辛くありません。

気をつけたいのは、冬よりもむしろ春でしょう。1年目は運気が急上昇しますが、問題は2年目です。上がっていくかと思われた運気が、突然カクッと落ちてしまうので、足元をすくわれがちです。冬を越えたからと油断して走っていると危険ですから、いったんブレーキをかけましょう。ここさえうまく乗り切れば、あとは無難に前進していけるはずです。

なお、蒼龍の運気は、青龍に1年遅れるかたちで進んでいきます。

【青龍とは】

方位をつかさどる四神のひとつ。西の白虎、南の朱雀、北の玄武に対して、青龍は東に配当されます。

中国の天文思想とともに四神が日本に渡来したのは6~7世紀といわれます。以後、建築をはじめ、さまざまな意匠に用いられるようになりました。たとえば埼玉県の秩父神社では、左甚五郎作の青龍（つなぎの龍）が、東北の表鬼門を守っています。

図13　青龍と蒼龍の運気サイクル

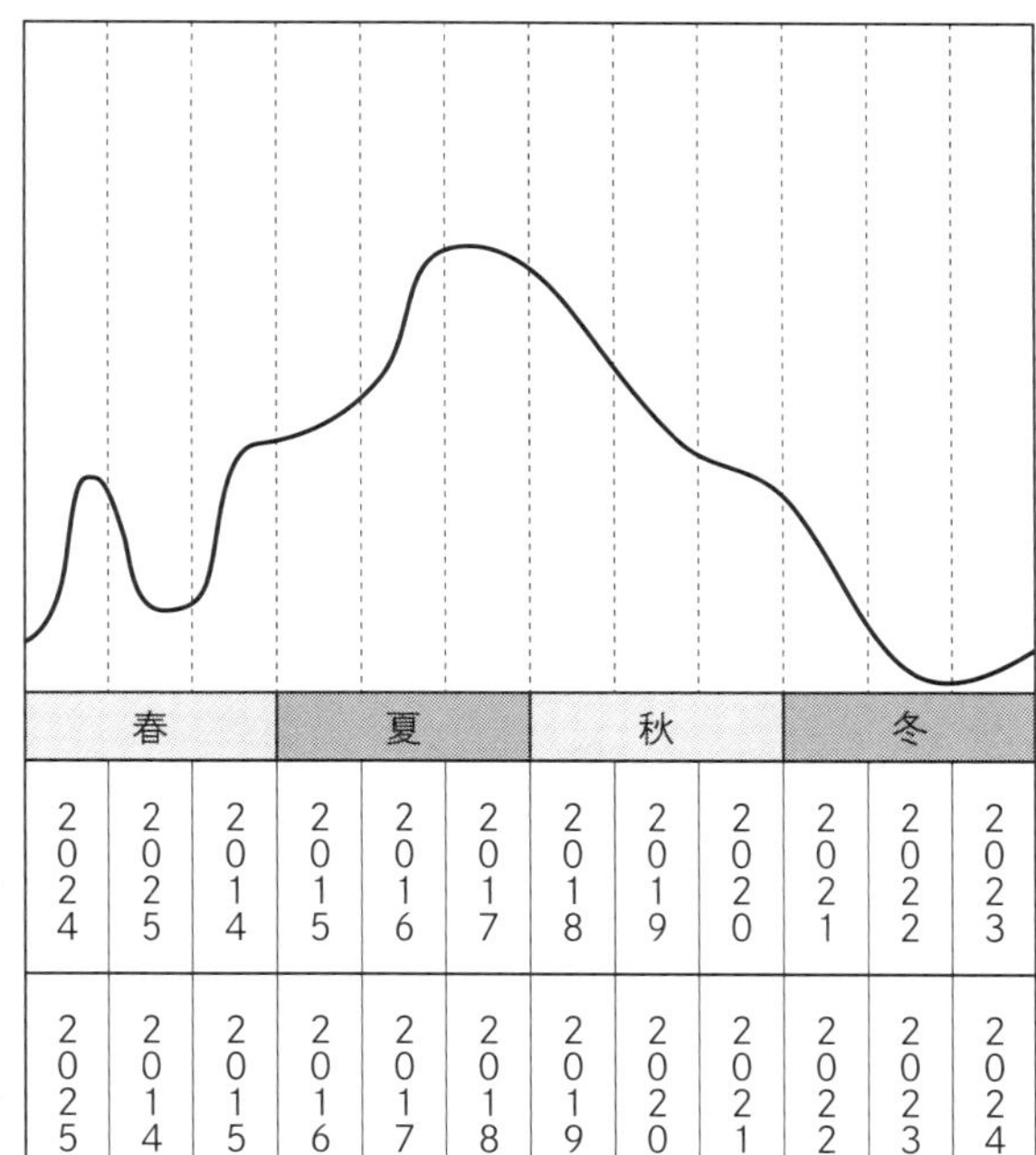

	春			夏			秋			冬		
青龍	2024	2025	2014	2015	2016	2017	2018	2019	2020	2021	2022	2023
蒼龍	2025	2014	2015	2016	2017	2018	2019	2020	2021	2022	2023	2024

なお、「青」という色については、英語でいうブルーではなく、植物が勢いよく繁茂していくときの「緑」が原義だといわれています。

【蒼龍とは】

青龍の別名が蒼龍だとされています。もっとも、青が用いられる熟語は「青春」や「青年」、これに比べて蒼が用いられるのは「蒼白（そうはく）」や「蒼樹」といった熟語です。こうした用例からもわかるように、青は若々しく生き生きとした色で、一方の蒼は、より深い色や灰白色が混ざった落ち着いた色です。

ちなみに、大日本帝国時代には「蒼龍」の名を持つ艦船が2隻あり、この名は現在、海上自衛隊の潜水艦「そうりゅう」に引き継がれています。

BECOME FORTUNATE
Being Lucky!

玄武［げんぶ］ 属性 水（+）
霊亀［れいき］ 属性 水（-）

秋に加えて春から夏にも幸運の波が訪れる

【12年周期の特徴】

秋の2年目を頂点とした非常に大きなピークがありますが、春3年目から夏1年目にかけての時期にも、運気の波が高まります。つまり、上昇気流に乗るチャンスが、

12年のなかで2回あるということです。これを逃さずキャッチできるよう、春1年目と秋1年目はスタートダッシュに力を入れましょう。

また、秋3年目になると運気が急降下していきます。早々に収穫を切り上げ、冬支度に入りましょう。必要なものは蓄えに回し、不要なものは手放して、守りを固めることをおすすめします。遅くとも冬1年目の前半までには、万全の越冬態勢を整えましょう。

なお、霊亀の運気は、玄武に1年遅れるかたちで進んでいきます。

【玄武とは】

方位をつかさどる四神のひとつ。東の青龍、西の白虎、南の朱雀に対して、玄武は北に配当されます。

玄武は、蛇と亀がからみあった不思議な姿をしています。これは、玄武が冬の象徴であることに関連づけられます。つまり、万物が眠る冬に、オスを象徴する蛇と、メスを象徴する亀が結合して、春には新たな命が生まれるという思想を暗示しているの

図14　玄武と霊亀の運気サイクル

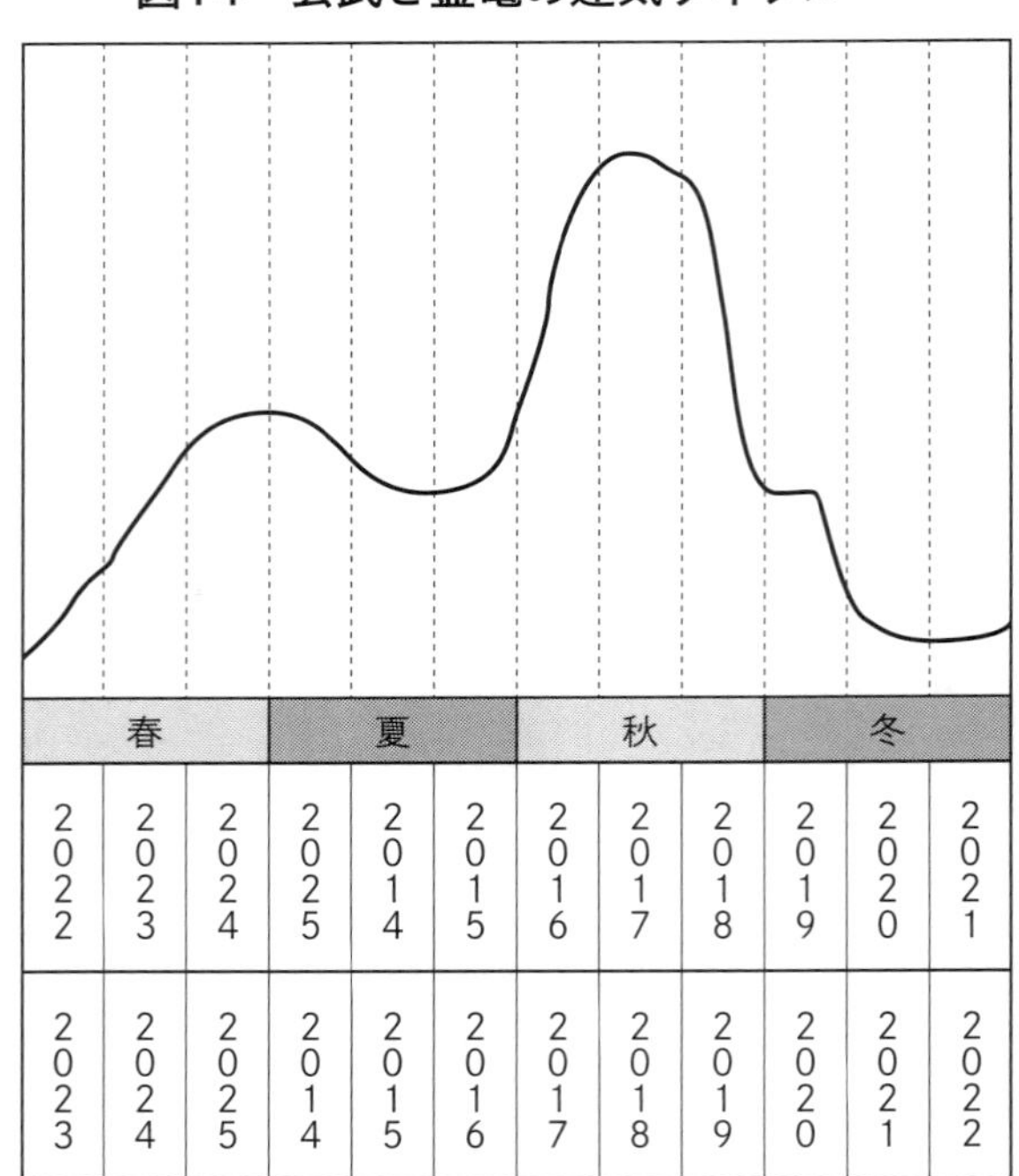

	春			夏			秋			冬		
玄武	2022	2023	2024	2025	2014	2015	2016	2017	2018	2019	2020	2021
霊亀	2023	2024	2025	2014	2015	2016	2017	2018	2019	2020	2021	2022

です。

　また、中国各地で広く信仰されている玄天上帝は、玄武にルーツを持つ武神です。北方を守護し、紫微大帝（しびたいてい）（天帝）の四大神将のひとりとされています。

【霊亀とは】

　古代中国の神話などに見られる幻獣で、為政者が善政を敷いたときに出現する四霊のひとつです。巨大な亀の姿をしており、その甲羅には、仙人たちが住まう蓬萊山(ほうらいさん)を乗せているとされます。また、吉凶を予言する力があるともいわれます。

奈良時代、元正(げんしょう)天皇の即位時に、高田首久比麿(たかだのおびとくいまろ)が体長7寸の霊亀を献上したとの記録があります。ここでいう霊亀とは、蓬萊山を背負った伝説の霊亀ではなく、たいそう大きくて立派な亀のことですが、そのため元号を霊亀としたと伝えられます。

コラム 十二神獣の属性と五行

十二神獣の名称の脇に、「木（＋）」や「火（－）」といった「属性」が記されていたことにお気づきだと思います。これは、各神獣が持つエネルギーの種類を表します。属性は、木火土金水の五行に「天」が加わり、それぞれに「＋」と「－」があります。

木火土金水の五行については、210ページを参考にしてください。この順に「気が早い」のは神獣も同じで、「木」の人は、運気が早めに推移する傾向が見られます。ですから、九星が「木星」で、神獣も「木」であれば、「気が早い」性質が倍加するので、グラフよりも早めに運気の波が訪れる可能性が高くなります。

そして、五行にない「天」ですが、速度の点から言えば「土」と同じで、早からず、遅からずです。

また、「＋」のほうが「－」よりも五行の傾向が明確に表れ、「－」は作用がやや穏

図15

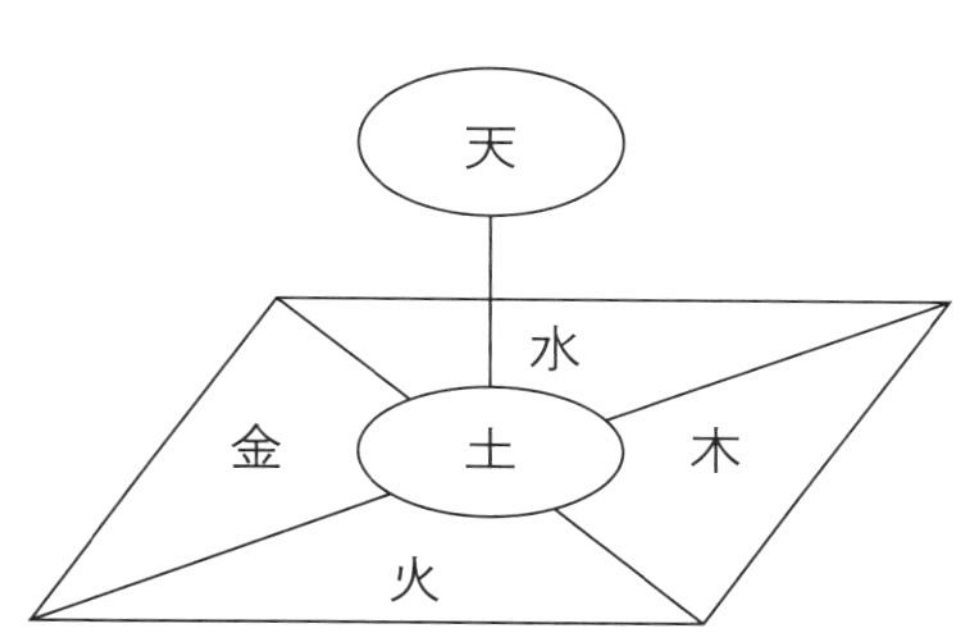

やかとなります。「－」のついた神獣の運気サイクルが、「＋」に1年遅れるのは、このためです。

なお、五行に天を加えた立体五行図というものがあるので、ご紹介しておきます【図15】。

GUIDE TO BECOME A MILLIONAIRE

第5章

運気倍増!
吉方位取りの
実践法

BE MORE FORTUNATE OR LUCKY

BECOME FORTUNATE
Being Lucky!

九星と八方位

この章では、吉方位を調べるためのノウハウと、方位の意味などをお伝えしましょう。

その前に、ひとつお断りしておきたいことがあります。ここでご紹介するのは、九星気学の方位取りを私流にアレンジした方法です。ご存じのとおり、方位の吉凶を調べる占術や流派には、多種多様なものがあります。同じ薬を服用しても、効き目には個人差があるように、どの占術、どの流派のメソッドに手応えを感じるかについては個人差があります。ですから、ここでご紹介する九星気学の方位取りを第一歩として、皆さんそれぞれに最も合う方法を探究していただくのがいちばんよいと思います。

ではまず、方位取りに用いる九星と八方位について、ざっとお話しします。

九星とは、九種類の異なる気（エネルギー）を表す概念で、これらは一定の法則に従って各年・各月・各日を循環しています。

こうしたエネルギーの配置が、自分にとってプラスになる時期と方位を調べて、そ

図16　「十二支・九星早見表」の略記号

1983年（亥八）

年／月		1日	2日	3日	4日	5日	6日	7日	8日	9日	10日	11日	12日	13日	14日	15日	16日	17日	18日	19日	20日	21日	22日	23日	24日	25日	26日	27日	28日	29日	30日	31日
2月	寅二	申三	酉四	戌五	亥六	子七	丑八	寅九	卯一	辰二	巳三	午四	未五	申六	酉七	戌八	亥九	子一	丑二	寅三	卯四	辰五	巳六	午七	未八	申九	酉一	戌二	亥三			
3月	卯一	子四	丑五	寅六	卯七	辰八	巳九	午一	未二	申三	酉四	戌五	亥六	子七	丑八	寅九	卯一	辰二	巳三	午四	未五	申六	酉七	戌八	亥九	子一	丑二	寅三	卯四	辰五	巳六	午七
4月	辰九	未八	申九	酉一	戌二	亥三	子四	丑五	寅六	卯七	辰八	巳九	午一	未二	申三	酉四	戌五	亥六	子七	丑八	寅九	卯一	辰二	巳三	午四	未五	申六	酉七	戌八	亥九	子一	
5月	巳八	丑二	寅三	卯四	辰五	巳六	午七	未八	申九	酉一	戌二	亥三	子四	丑五	寅六	卯七	辰八	巳九	午一	未二	申三	酉四	戌五	亥六	子七	丑八	寅九	卯一	辰二	巳三	午四	未五
6月	午七	申六	酉七	戌八	亥九	子九	丑八	寅七	卯六	辰五	巳四	午三	未二	申一	酉九	戌八	亥七	子六	丑五	寅四	卯三	辰二	巳一	午九	未八	申七	酉六	戌五	亥四	子三	丑二	
7月	未六	寅一	卯九	辰八	巳七	午六	未五	申四	酉三	戌二	亥一	子九	丑八	寅七	卯六	辰五	巳四	午三	未二	申一	酉九	戌八	亥七	子六	丑五	寅四	卯三	辰二	巳一	午九	未八	申七
8月	申五	酉六	戌五	亥四	子三	丑二	寅一	卯九	辰八	巳七	午六	未五	申四	酉三	戌二	亥一	子九	丑八	寅七	卯六	辰五	巳四	午三	未二	申一	酉九	戌八	亥七	子六	丑五	寅四	卯三

一から九までの漢数字が、各年、各月、各日の九星を示す。

ちらへ移動するというのが、方位取りの基本的な考え方です。

ここからは、巻末資料の「十二支・九星早見表」（230〜270ページ）と「九星盤」（274ページ）を使って調べていきます。

まずは「十二支・九星早見表」にある略記号（漢数字）のおさらいをしておきましょう【図16】。漢数字と九星は、次のように対応しています。

一＝一白水星　二＝二黒土星
三＝三碧木星　四＝四緑木星
五＝五黄土星　六＝六白金星

七＝七赤金星　八＝八白土星
九＝九紫火星

一方、八方位とは、九星盤にある北、北東、東、南東、南、南西、西、北西の8つです【図17】。このうち、東西南北はそれぞれ30度、残る4つの方位はそれぞれ60度を占めます。

各方位の意味については、次ページの「八方位の意味」【図18】を参考にしてください。

ここで、もうひとつ覚えておいてほしいことがあります。九星盤を見ると、それぞれグレーになっている方位がありま

図17　「九星盤」と八方位

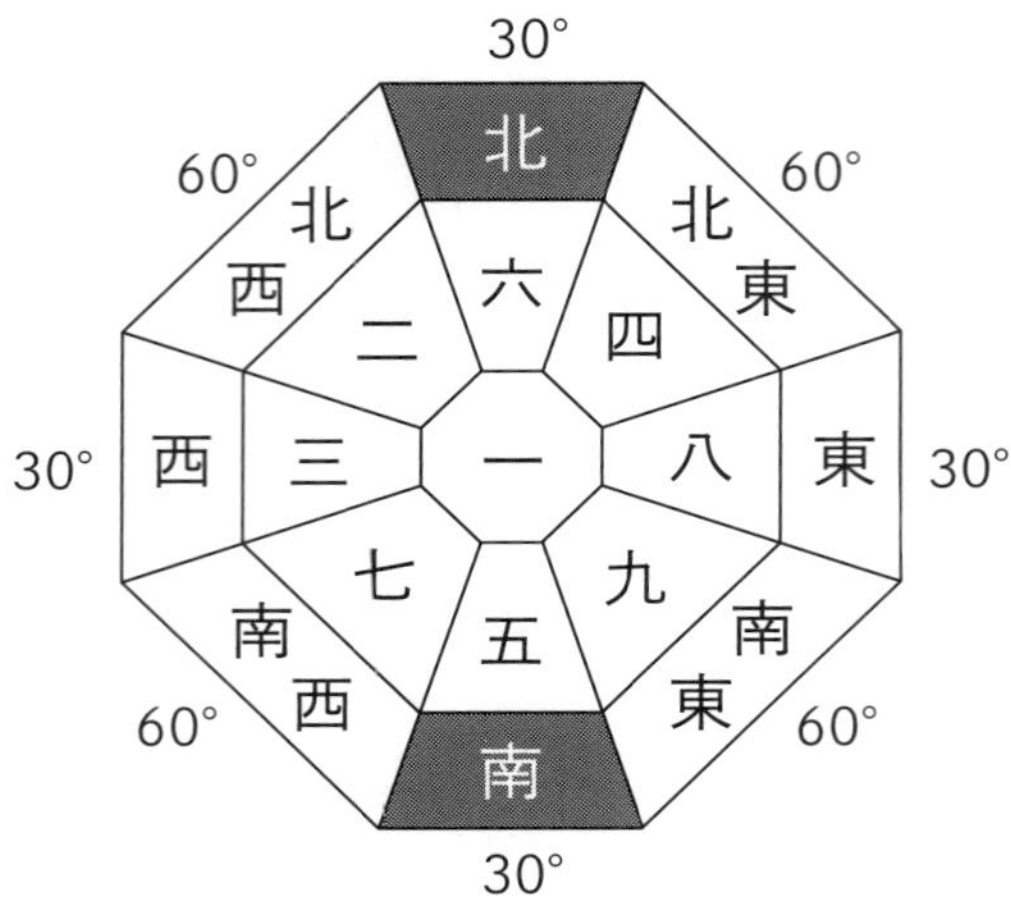

東西南北は各30度、それ以外は各60度。グレーで表示されているのは凶方位（一白水星の例）。

図18　八方位の意味

北	神仏の加護、決断力、真剣さ、名誉、威厳	男性的な気をつくる
北東	旅行運、地道さ、勤勉さ	
東	情報運、仕事運	（中庸）
南東	恋愛運、結婚運、人間関係	女性的な気をつくる
南	ひらめき、人間関係、リラックス	
南西	秘密の人間関係、遊び、仕上げ	
西	金銭、財産	（中庸）
北西	名声、名誉、威厳	男性的な気をつくる

す。これは、だれにでも当てはまる凶方位です。このことを念頭に置いてください。

次項からは、方位取りをするための具体的な手順を述べていきますが、使い勝手をよくし、理解を深めるという視点から、３種類の方法を提示します。

ひとつは、特定の日の吉方位を調べる方法です。これは、たとえば遠方へ出張を命じられたとき、それが吉かどうかを見るのに便利です。

少々脱線しますが、私が派遣社員時代に福岡へ出張したときは、事前に方位を調べませんでした。なぜって、「方位が悪いから出張しません」なんて言ったら、その時点でクビですから（笑）。

話を戻します。

もうひとつは、どうしても行きたい方位があるとき、それに適した日程を調べる方法です。「西へ行って金運をよくするには、いつ出発すればいい？」などというときに役立ちます。

残るひとつは、「そろそろ吉方位旅行をしたいけれど、いつごろ、どこに行くのがいいかなあ？」という場合に、方位と日程を調べる方法です。

結論から言いますと、最も使い勝手がよいのは最後の方法でしょう。ただ、先に挙げたふたつの方法を知ってから取り組むほうが、全貌（ぜんぼう）が理解しやすくなると思います。どれも、作業自体はいたって単純ですので、しばらくおつきあいください。

BECOME FORTUNATE
Being Lucky!

特定の日の吉方位を調べる方法

ここでは、特定の日の吉方位をどうやって調べるかについて説明します。

例として、第3章でサンプルとした1983年2月7日生まれのYさんが、2017年11月10日の吉方位を調べると仮定しましょう（158ページ）【図20】。

①自分の生まれた年の九星を確認します。

第3章で、自分の生年の九星を調べましたね（92ページ）。それを確認して、巻末資料276ページの「方位・九星記入表」に書き入れましょう。書くのは、漢数字だけでけっこうです。記入表は何度でも使えるようにダウンロードできますので、巻末の詳細をご覧ください。

Yさんの場合、八白土星です。記入表の「あなたの九星」という欄に、「八」と書きます。

②あなたの九星と調和する九星を調べます。

155ページに「九星別相性一覧表」がありますので、そこに記載された八白土星に調和する九星を「方位・九星記入表」に書き加えてください。漢数字のみでけっこうです。

Yさんの場合、調和する九星は、二黒、六白、七赤、九紫の4つです【図19】。「方位・九星記入表」「調和する九星」という欄に、「二、六、七、九」と書きます。

③出発する年の九星を調べます。

巻末の「十二支・九星早見表」から、出発する年の表を探してください。西暦の横を見ると、カッコ内に十二支と漢数字が記載されています。この漢数字が、その年の九星を示します。

Yさんが出発する2017年の表を見ると、「2017年」の後に「酉一」とあります。「一」が九星を示しますので、この年の九星は、一白水星です。

【注意点】

東洋の占術の場合、1年の始まりは立春で、各月の始まりは節入りであることを第3章で述べました（95ページ）。出発日についても、この点に配慮して九星を調べてください。

年の九星を調べる際に注意すべきは、2月1日から立春の前日までを出発日とする

図19　九星別相性一覧表（方位）

九星	調和する九星
一白水星	三碧・四緑・六白・七赤
二黒土星	六白・七赤・八白・九紫
三碧木星	一白・四緑・九紫
四緑木星	一白・三碧・九紫
五黄土星	二黒・六白・七赤・八白・九紫
六白金星	一白・二黒・七赤・八白
七赤金星	一白・二黒・六白・八白
八白土星	二黒・六白・七赤・九紫
九紫火星	二黒・三碧・四緑・八白

※五黄がある方位は無条件に五黄殺という凶方位になる。

場合で、この期間は、年の九星が前年のものとなります。したがって、表をひとつさかのぼって九星を調べてください。

なお、立春がいつかを調べるには、各年2月のグレーの欄を上に見ていきます。そこにある日付が立春の日です。

たとえばYさんが出発する2017年は、2月4日が立春です。したがって、2月1日～3日に出発する場合、出発日の九星は前年の二黒土星となります。

④③の九星盤を探し、記入表に記載します。

出発する年の九星がわかったら、巻末資料274ページの「九星盤」から該当するものを探し、その盤に記載された方位と漢数字の対応を２７６ページの「方位・九星記入表」に記入します。盤上でグレーになっている方位には「×」をつけておきましょう。

Ｙさんの場合、２７４ページから一白水星の九星盤を探し、その盤に記載された方位と漢数字の対応を「方位・九星記入表」に記入します。盤を見ると、中央に「一」とあり、北から時計回りに「六・四・八・九・五・七・三・二」。これを表に書き入れます。また、「五」のある南と、「六」のある北がグレー。そこで、五と六の欄には「×」も一緒に記入します。

次に、月の九星と日の九星についても同様に調べ、その結果を表に記入していきます。

⑤出発する月の九星を調べます。

出発する月の欄を見ると、すぐ右に十二支と漢数字が記載されています。漢数字が月の九星を示します。

Ｙさんが出発するのは、２０１７年11月10日です。11月の欄を見ると「亥八」とありますので、月の九星は八白土星です。

【注意点】

先述したように、各月は節入りをもって始まります。したがって、各月の１日から節入り（グレーの欄）の前日までを出発日とする場合、月の九星は前月のものを採用します。たとえば、Ｙさんが出発する２０１７年11月は、節入りが７日なので、この日をもって月の九星が八白土星となります。それ以前の11月１日から６日は、前月（10月）の九紫火星が月の九星です。

⑥⑤の九星盤を探し、記入表に記載します。

２７４ページの「九星盤」から月の九星に該当するものを探し、その盤に記載された方位と漢数字の対応を「方位・九星記入表」に書き加えます。グレーになっている方位には「×」をつけてください。

Ｙさんの場合、２７４ページから八白土星の九星盤を探し、そこに記載された方位と漢数字の対応を「方位・九星記入表」に書き加えます。盤を見ると、中央に「八」

図20　1983年2月7日生まれのYさんが、2017年11月10日の吉方位を調べる

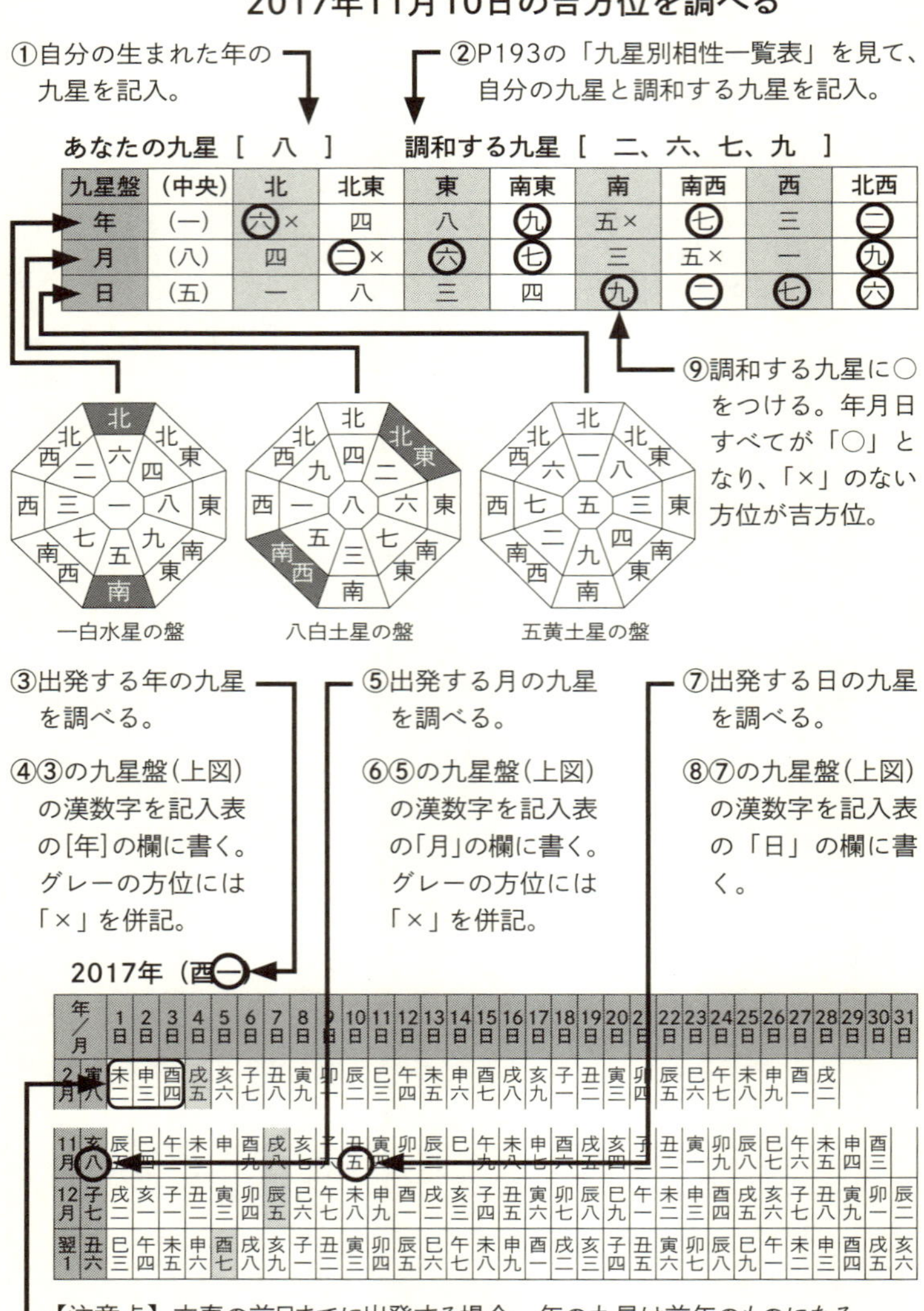

九星盤	（中央）	北	北東	東	南東	南	南西	西	北西
年	（一）	六×	四	八	九	五×	七	三	二
月	（八）	四	二×	六	七	三	五×	一	九
日	（五）	一	八	三	四	九	二	七	六

年／月		1日	2日	3日	4日	5日	6日	7日	8日	9日	10日	11日	12日	13日	14日	15日	16日	17日	18日	19日	20日	21日	22日	23日	24日	25日	26日	27日	28日	29日	30日	31日
2月	寅八	未二	申三	酉四	戌五	亥六	子七	丑八	寅九	卯一	辰二	巳三	午四	未五	申六	酉七	戌八	亥九	子一	丑二	寅三	卯四	辰五	巳六	午七	未八	申九	酉一	戌二			
11月	亥八	辰五	巳四	午三	未二	申	酉九	戌八	亥七	子六	丑五	寅四	卯三	辰二	巳	午九	未八	申七	酉六	戌五	亥四	子三	丑二	寅一	卯九	辰八	巳七	午六	未五	申四	酉三	
12月	子七	戌二	亥一	子一	丑二	寅三	卯四	辰五	巳六	午七	未八	申九	酉一	戌二	亥三	子四	丑五	寅六	卯七	辰八	巳九	午一	未二	申三	酉四	戌五	亥六	子七	丑八	寅九	卯一	辰二
翌1	丑六	巳三	午四	未五	申六	酉七	戌八	亥九	子一	丑二	寅三	卯四	辰五	巳六	午七	未八	申九	酉一	戌二	亥三	子四	丑五	寅六	卯七	辰八	巳九	午一	未二	申三	酉四	戌五	亥六

【注意点】立春の前日までに出発する場合、年の九星は前年のものになる。
また、各月の節入り前日までに出発する場合、月・日の九星は前月のものになる。

とあり、北から時計回りに「四・二・六・七・三・五・一・九」。「二」の北東と、「五」の南西はグレーになっているので、×も一緒に記入します。

⑦出発する日の九星を調べます。

出発する月と出発日を交差させて、その欄にある漢数字を調べましょう。それが日の九星を示します。

Yさんが出発する２０１７年の表で、「11月」と「10日」を交差させた欄には「丑五」とあります。したがって、この日の九星は五黄土星です。

⑧⑦の九星盤を探し、記入表に記載します。

年や月と同じように、「九星盤」から該当するものを探して「方位・九星記入表」に書き加えます。

Yさんの場合、五黄土星の盤を見ると、中央が「五」で、北から時計回りに「一・八・三・四・九・二・七・六」。これを記入します。

ここまでの作業で、「方位・九星記入表」に空欄がなくなりました。

⑨出発日の最大吉方を見つけます。

記入済みの「方位・九星記入表」を見て、手順②で調べた調和する九星に「○」をつけます。その結果、年月日のすべてが「○」で、「×」のない方位が吉方位です。

Yさんの場合、調和する九星は「二、六、七、九」でした。記入表を見て、これら4つの数字に「○」をつけていくと、北西がすべて○となり、×はつきません。

したがって、2017年11月10日に出発する場合、北西が吉方位となります。151ページの一覧表を見ると、「名声、名誉、威厳」が得られる方位です。

以上の手順で、特定の日の吉方位を調べることができます。

【復路について】

2017年11月10日に北西へ出発したYさんは、いつ帰宅すればよいのでしょうか。これについて検討してみましょう【図21】。

理屈のうえでは、往路で北西へ移動すれば、帰路では南東へ移動することになります。往路と復路、どちらも吉方位となるよう日程を調整したいところです。

そこで、改めて「方位・九星記入表」の南東を見てみましょう。幸いなことに年と月は「◯」ですから、同年同月のうちに、帰る日だけをうまく調整すれば吉方位に向かって帰宅できることがわかります。

では、どうやってその日を探すのでしょうか。

まず、巻末資料２７４ページの九星盤を見て、南東にYさんの九星と調和する「二、六、七、九」のどれかがあると同時に、南東の欄がグレーではない盤を探します。

すると、一白水星、三碧木星、七赤金星、八白土星がそれに該当するとわかります。

ということは、巻末の「十二支・九星早見表」を調べて、これら４つの九星のどれかが日付の欄にある日に帰路につけばＯＫとなります。つまり、「一、三、七、八」のいずれかの漢数字が記載されている日です。

そこで日付欄を見てみると、２０１７年11月10日以降では、12日（卯三）、14日（巳一）、16日（未八）、17日（申七）などが帰宅日の候補となります。

確認を兼ねて、２０１７年11月12日の九星を表に記載しました。南東に◯が３つあります。

図21　2017年11月10日に北西へ出発したYさんの帰宅日を検討する

あなたの九星［　八　］　　調和する九星［　二、六、七、九　］

九星盤	（中央）	北	北東	東	南東	南	南西	西	北西
年	（一）	◯六×	四	八	◯九	五×	◯七	三	◯二
月	（八）	四	◯二×	◯六	◯七	三	五×	一	◯九
日	（五）	一	八	三	四	◯九	◯二	◯七	◯六

往路で北西を目指したので、復路は南東に向かうことになる。南東を見ると、年（2017年）と月（11月）の欄は「○」。あとは、日が「○」となるタイミングを調べればよい。

↓

南東に、Yさんの九星と調和する「二、六、七、九」があり、グレーではない盤を探すと以下のとおり。

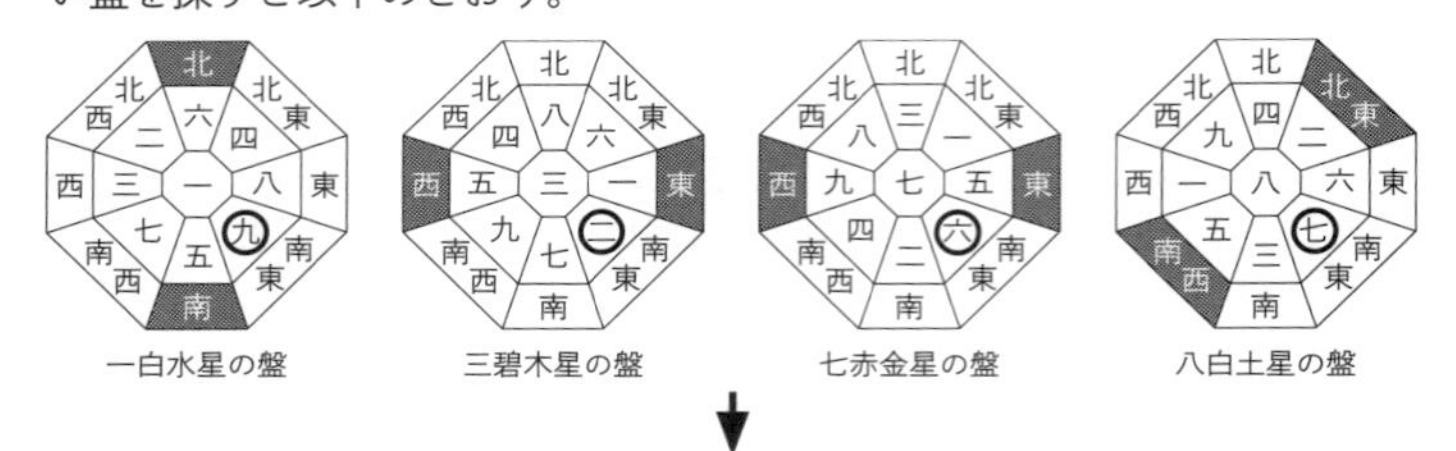

一白水星の盤

三碧木星の盤

七赤金星の盤

八白土星の盤

↓

上記の九星盤は巻末の早見表で、それぞれ「一」「三」「七」「八」と表記される。したがって、2017年11月の早見表を見て、これらの漢数字がある日を探す。すると、12日、14日、16日、17日などが候補日となる。

2017年（酉一）

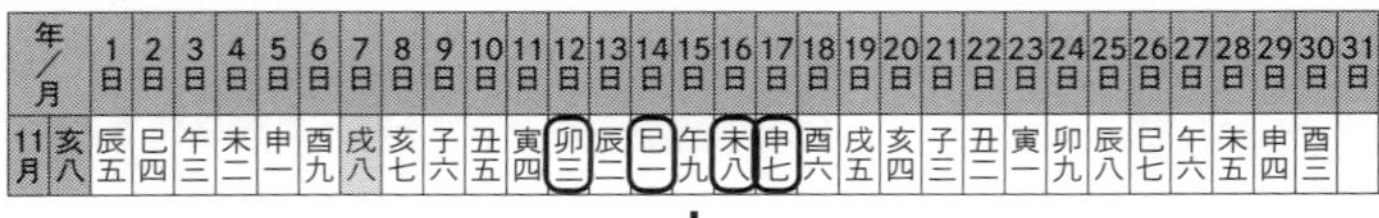

年／月		1日	2日	3日	4日	5日	6日	7日	8日	9日	10日	11日	12日	13日	14日	15日	16日	17日	18日	19日	20日	21日	22日	23日	24日	25日	26日	27日	28日	29日	30日	31日
11月	亥八	辰五	巳四	午三	未二	申一	酉九	戌八	亥七	子六	丑五	寅四	卯三	辰二	巳一	午九	未八	申七	酉六	戌五	亥四	子三	丑二	寅一	卯九	辰八	巳七	午六	未五	申四	酉三	

↓

確認のため、2017年11月12日の九星盤を表に記載。復路の南東は年月日すべて「○」となる

あなたの九星［　八　］　　調和する九星［　二、六、七、九　］

九星盤	（中央）	北	北東	東	南東	南	南西	西	北西
年	（一）	◯六×	四	八	◯九	五×	◯七	三	◯二
月	（八）	四	◯二×	◯六	◯七	三	五×	一	◯九
日	（三）	八	六	一×	◯二	◯七	◯九	五×	四

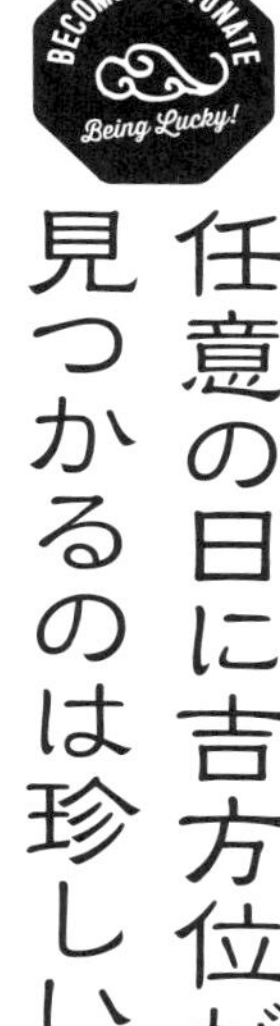

任意の日に吉方位が見つかるのは珍しい

なお、Yさんの例では、往路・復路ともに年月日の欄が○となりましたが、これはレアケースです。普通、任意の日を取り出して方位を調べても、なかなかこうはいきません。前述しましたが、そもそも東洋の占術では、吉方位より凶方位のほうが圧倒的に多いのです。

ですから、よんどころない事情で遠くへ出かけることになり、気になるので方位を調べてみたら、「○」がないどころか、「×」がついていたということは珍しくありません。

しかし、吉方位旅行をするなら、往路・復路とも、年月日のすべてが「○」になること、つまり、自分の九星と調和する九星があることが鉄則です。少なくとも私は、そこを外しません。

ただ、日常生活では、あまりよくない方位へ行ってしまうこともしばしばあります。

それに気づいたら、早めに吉方位へ行って、凶作用を帳消しにすることをおすすめします。

また、海外などの遠方へ行くときは、時間的な余裕を持って方位を調べる習慣をつけ、よくないとわかったら、旅程を前後にずらすことを考えましょう。

「自分の運が悪いのは、以前、凶方位へ行ったからではないか」などと後悔する人がときどきいるようですが、過去を悔やんでも仕方がありません。凶方位へ行って悪影響を受けたとしても、吉方位旅行でカバーできるのですから、前を向いて行動してください。

BECOME FORTUNATE Being Lucky!

特定の方位へ行くのに適した日を調べる方法

次は、「西へ行って金運をよくしたい」「東へ行ってよい情報を得たい」など、方位優先で日程を決める方法を紹介します。

例として、前掲のYさんが、金運を求めて西へ行くときの日程を調べてみましょう。

①153ページの手順①と同じように、自分が生まれた年の九星を確認します。
Yさんの場合、八白土星でした。

②153ページの手順②と同じように、自分が生まれた年の九星と調和する九星を確認します。
Yさんの場合、二黒、六白、七赤、九紫でした。

③274ページの九星盤を見て、自分が行きたい方位に②で探した九星（漢数字）があるものを探しましょう。凶方位（グレーの方位）になるものは除外してください。また、そのなかで、行きたい方位と反対の方位に②で探した九星があるものをチェックします。

Yさんの場合、西に二、六、七、九のどれかがあり、なおかつグレーではない盤を探します。すると、四緑木星、五黄土星、九紫火星の3つが該当します。そのなかで、西の反対（東）にも二、六、七、九のどれかがあるのは、四緑木星と九紫火星です

図22

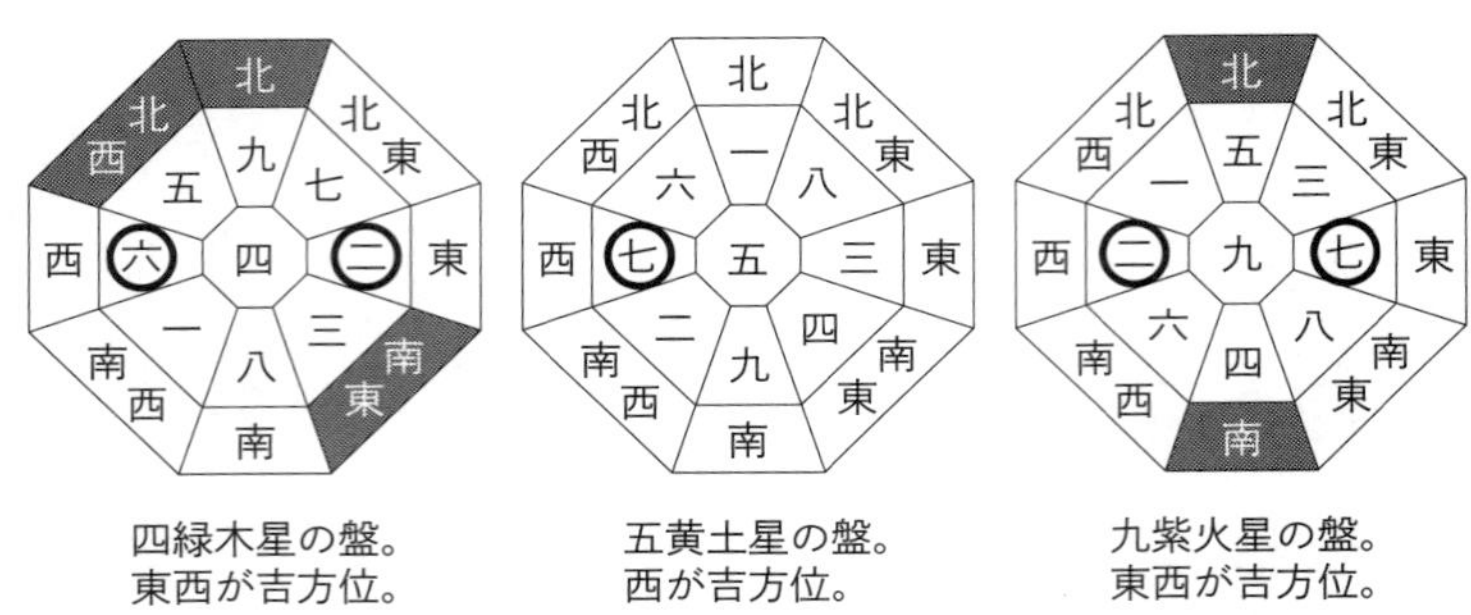

四緑木星の盤。
東西が吉方位。

五黄土星の盤。
西が吉方位。

九紫火星の盤。
東西が吉方位。

Ｙさんの生年の九星は、八白土星。調和する九星は、二黒、六白、七赤、九紫【図19】。目指すのは西なので、西に二、六、七、九のある盤を探すが、同時に復路（東）に二、六、七、九があるかどうかも調べておく。

【図22】。

行きたい方位と、その反対の方位を同時に調べるのは、往路と復路、どちらも吉方位にするためです。

たとえばＹさんの場合、西へ行くと、帰りは必然的に東を目指して帰宅することになります。だから、東西のラインが吉方位の盤も調べておくと、あとで都合がよいのです。

④③で探した九星をもとに年と月を決めます。

③で探した九星のうち、行きたい方位（往路）とその反対の方位（復路）、どちらも吉となるものはどれでしたか？　巻末の

図23

2018年（戌九）← 手順④を参照　　手順⑤を参照

年/月		1日	2日	3日	4日	5日	6日	7日	8日	9日	10日	11日	12日	13日	14日	15日	16日	17日	18日	19日	20日	21日	22日	23日	24日	25日	26日	27日	28日	29日	30日	31日
2月	寅五	子七	丑八	寅九	卯一	辰二	巳三	午四	未五	申六	酉七	戌八	亥九	子一	丑二	寅三	卯四	辰五	巳六	午七	未八	申九	酉一	戌二	亥三	子四	丑五	寅六	卯七			
3月	卯四	辰八	巳九	午一	未二	申三	酉四	戌五	亥六	子七	丑八	寅九	卯一	辰二	巳三	午四	未五	申六	酉七	戌八	亥九	子一	丑二	寅三	卯四	辰五	巳六	午七	未八	申九	酉一	戌二
4月	辰三	亥三	子四	丑五	寅六	卯七	辰八	巳九	午一	未二	申三	酉四	戌五	亥六	子七	丑八	寅九	卯一	辰二	巳三	午四	未五	申六	酉七	戌八	亥九	子一	丑二	寅三	卯四	辰五	
5月	巳二	巳六	午七	未八	申九	酉一	戌二	亥三	子四	丑五	寅六	卯七	辰八	巳九	午一	未二	申三	酉四	戌五	亥六	子七	丑八	寅九	卯一	辰二	巳三	午四	未五	申六	酉七	戌八	亥九

「十二支・九星早見表」を見て、それに一致する年と月を探します。

Yさんの場合、往路（西）も復路（東）も吉となるのは、四緑木星と九紫火星でした。

ですから、巻末の「十二支・九星早見表」を見て、四か九の年と月を探します。

たとえば2018年3月なら、年の九星が九、月が四なので、条件を満たします【図23】。

そのほか、同年7、12月などもOKですが、ここでは仮に、Yさんが2018年3月を選んだとしましょう。

【補足】

152ページの「特定の日の吉方位を調べる方法」を実践した人ならおわかりだと思いますが、往路と復路のラインをまとめて調べるのは、年月日すべての九星を実践者の九星と調和させるための方策です。言い換えれば、「方位・九星記入表」の年月日すべての欄を「〇」にするためのノウハウです。

年と月については、往路のラインが両方とも〇になる時期を選び、旅行期間中は不動にしておくほうが、日程の調整が容易です。

ただし、立春をはじめとする節入りをまたいで旅行するときは、年や月の九星が替わりますから、一から調べ直さなくてはなりません。

この部分については、文章では説明しづらいのですが、慣れるに従って理解できると思います。

⑤④で探した月から出発日を選びます。

④で探した月の欄を横に見ていき、③で探した九星になる日を出発日とします。

Yさんの場合、２０１８年3月の欄を見て、四、九になる日を探していくと、6日(四)、11日（九）などが当てはまります。

【復路について】

自宅へ戻るときも吉方位へ向かうためには、往路で向かった方位と反対の方位が吉となるように調整しなくてはなりません。

Yさんの場合、西へ出かけたので、帰りは東へ向けて移動することになります。ですから、東が吉方位となる日を探して帰路につきますが、手順④の段階で、２０１８年3月の東が、Yさんにとって吉方位であることをすでに確認しています。したがって、帰宅する日の九星だけを見ればよいことになります。

ふたたび九星盤を見ると、東にYさんと調和する九星（二、六、七、九）があり、しかもグレーではないものは、二黒土星、四緑木星、八白土星、九紫火星の４つです【図24】。つまり、２０１８年3月で、漢数字（九星）が二、四、八、九の日が、帰宅日の候補となります。たとえば10日（八）、11日（九）、13日（二）、15日（四）などが当てはまります【図25】。

図24

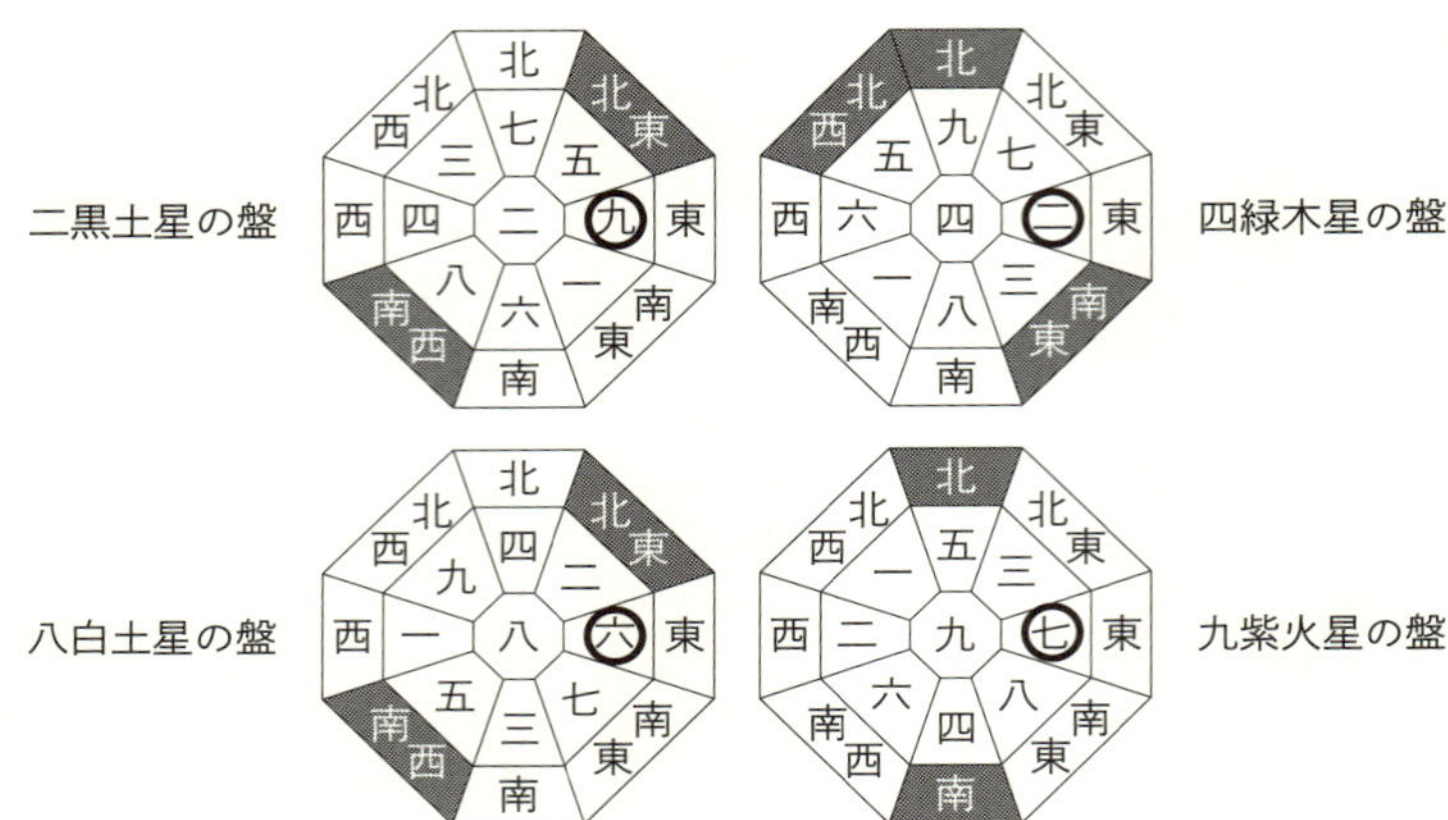

Yさんの場合、二、六、七、九が東にあり、しかもグレーでないもの。該当するのは上の盤。

図25

2018年（戊九）

年/月		1日	2日	3日	4日	5日	6日	7日	8日	9日	10日	11日	12日	13日	14日	15日	16日	17日	18日	19日	20日	21日	22日	23日	24日	25日	26日	27日	28日	29日	30日	31日
2月	寅五	子七	丑八	寅九	卯一	辰二	巳三	午四	未五	申六	酉七	戌八	亥九	子一	丑二	寅三	卯四	辰五	巳六	午七	未八	申九	酉一	戌二	亥三	子四	丑五	寅六	卯七			
3月	卯四	辰八	巳九	午一	未二	申三	酉四	戌五	亥六	子七	丑八	寅九	卯一	辰二	巳三	午四	未五	申六	酉七	戌八	亥九	子一	丑二	寅三	卯四	辰五	巳六	午七	未八	申九	酉一	戌二
4月	辰三	亥三	子四	丑五	寅六	卯七	辰八	巳九	午一	未二	申三	酉四	戌五	亥六	子七	丑八	寅九	卯一	辰二	巳三	午四	未五	申六	酉七	戌八	亥九	子一	丑二	寅三	卯四	辰五	
5月	巳二	巳六	午七	未八	申九	酉一	戌二	亥三	子四	丑五	寅六	卯七	辰八	巳九	午一	未二	申三	酉四	戌五	亥六	子七	丑八	寅九	卯一	辰二	巳三	午四	未五	申六	酉七	戌八	亥九

任意の年の吉方位と移動日を調べる方法

引き続き、前掲のYさんが、2019年の吉方位を調べて旅行するとします。

①153ページの手順①と同じように、自分が生まれた年の九星を確認します。
Yさんの場合、八白土星でした。

②153ページの手順②と同じように、自分が生まれた年の九星と調和する九星を確認します。
Yさんの場合、二黒、六白、七赤、九紫でした。

③出発する年の九星を調べます。
巻末の「十二支・九星早見表」から、出発する年の表を探し、九星を調べます。

図26

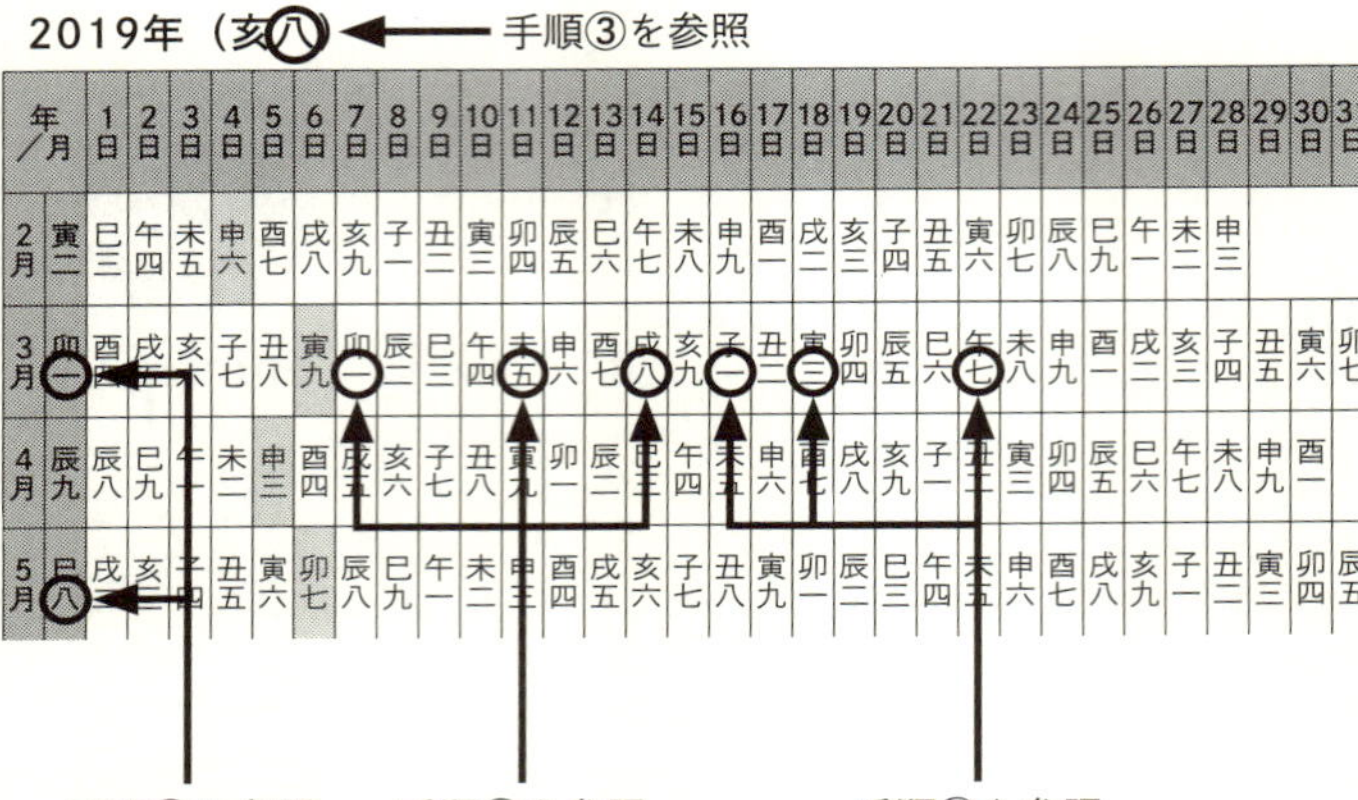

2019年（亥八）

年／月		1日	2日	3日	4日	5日	6日	7日	8日	9日	10日	11日	12日	13日	14日	15日	16日	17日	18日	19日	20日	21日	22日	23日	24日	25日	26日	27日	28日	29日	30日	31日
2月	寅二	巳三	午四	未五	申六	酉七	戌八	亥九	子一	丑二	寅三	卯四	辰五	巳六	午七	未八	申九	酉一	戌二	亥三	子四	丑五	寅六	卯七	辰八	巳九	午一	未二	申三			
3月	卯一	酉四	戌五	亥六	子七	丑八	寅九	卯一	辰二	巳三	午四	未五	申六	酉七	戌八	亥九	子一	丑二	寅三	卯四	辰五	巳六	午七	未八	申九	酉一	戌二	亥三	子四	丑五	寅六	卯七
4月	辰九	辰八	巳九	午一	未二	申三	酉四	戌五	亥六	子七	丑八	寅九	卯一	辰二	巳三	午四	未五	申六	酉七	戌八	亥九	子一	丑二	寅三	卯四	辰五	巳六	午七	未八	申九	酉一	
5月	巳八	戌二	亥三	子四	丑五	寅六	卯七	辰八	巳九	午一	未二	申三	酉四	戌五	亥六	子七	丑八	寅九	卯一	辰二	巳三	午四	未五	申六	酉七	戌八	亥九	子一	丑二	寅三	卯四	辰五

Yさんが出発する2019年は「亥八」なので八白土星です【図26】。

④九星盤を見て吉方位を調べます。

③で調べた九星の九星盤を見て、②の漢数字がある方位を調べます。グレーのものは除外します。

Yさんの場合、③で調べた八白土星の盤を見ると、二がある北東はグレーですが、六がある東、七がある南東、九がある北西は大丈夫です【図27】。

⑤④で調べた方位から、自分の願望に合ったものを選びます。方位の意味については151ページの一覧表を参照してください。

なお、166ページの手順④で述べたように、往路だけでなく復路も吉方位とするには、向かい合う

図27

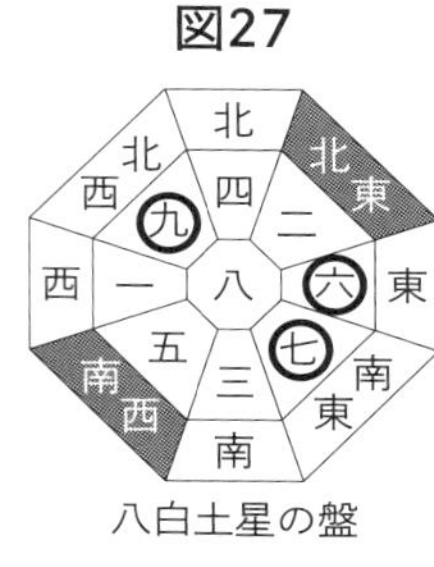

八白土星の盤

図28

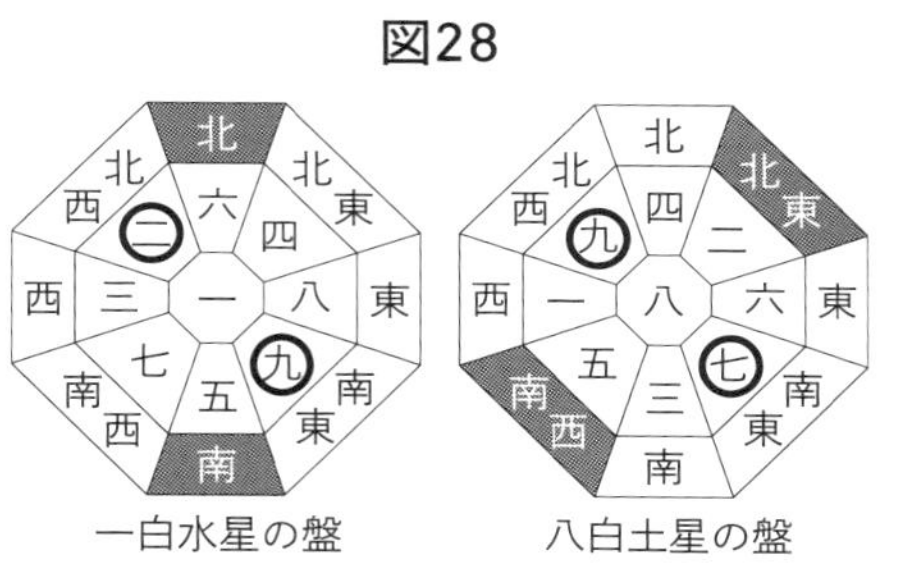

一白水星の盤　八白土星の盤

ふたつの方位（正反対の方位）が、両方とも自分の九星に調和するように配慮しなくてはなりません。

Yさんの場合、④で調べた東、南東、北西のなかから方位を選ぶことになりますが、往路だけでなく、復路も吉方位にするには、必然的に南東・北西のラインを往復することになります。そこで、名誉と名声、威厳を得るために往路で北西へ行き、復路で南東に向けて帰宅することにしました。

⑥⑤で選んだ方位が吉となる月を探します。

ふたたび九星盤を見て、自分が選んだ方位に、自分の九星と調和する九星があるものを探します。

Yさんの場合、自分の九星と調和する二、六、七、九のどれかが北西と南東にあり、なおかつ、その方位がグレーではない盤を探します。すると、一白水星と八白土星が該当します【図28】。つまり、月の九星が一か八であればよいわけです。

図29

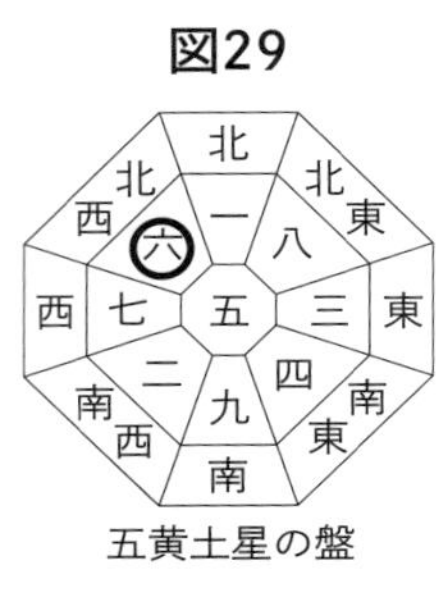

五黄土星の盤

そこで2019年の「十二支・九星早見表」で月の欄を見ると、3月（一）か5月（八）が適しているとわかります【図26】。Yさんは3月を選びました。

⑦⑥で決めた月から出発日を決めます。

日については、ふたたび九星盤を見て、往路の方位に自分の九星と調和する九星があるものを探します。当然、⑥で探した九星盤が含まれますが、復路は考慮しなくてもよいので、選択肢が少し広がります。

Yさんの場合、自分の九星と調和する二、六、七、九のどれかが北西にあり、グレーではない盤を探します。すると、一白水星と八白土星【図28】に加え、五黄土星【図29】も大丈夫だとわかります。つまり、日の九星が一か五か八であればよいわけです。

そこで2019年3月の欄を横に見ていくと、7日（一）、11日（五）、14日（八）などが候補日となります【図26】。Yさんは14日を

図30

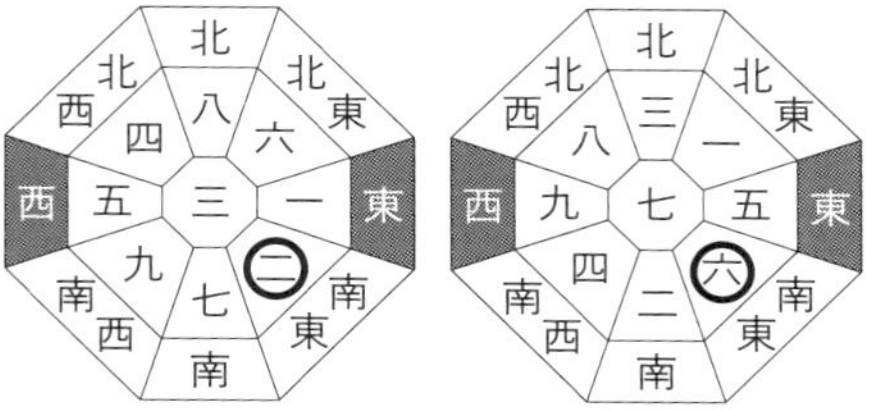

選びました。

⑧復路の日程を決めます。

復路の方位は、往路とは反対の方位へ向かうことになります。すでに手順⑤⑥で、年と月については復路の九星を調べ、大丈夫であることが確認できていますので、あとは日の九星を調べるだけです。

ふたたび九星盤を見て、復路の方位に自分の九星と調和する九星があるものを探します。⑥で探した九星盤が含まれますが、往路は考慮しなくてもよいので、選択肢が少し広がります。

Yさんの場合、復路では南東に向かいます。2019年3月の南東が吉方位であることは、すでに手順⑤⑥で確認済みなので、帰宅する日だけを調べます。

九星盤を見て、復路の南東に、Yさんの九星と調和する九星（二、六、七、九）のどれかがあり、グレーではない盤を調べます。すると、一白水星と八白土星【図28】に加え、三碧木星と七赤金星【図30】

も大丈夫だとわかります。つまり、日の九星が一、三、七、八のどれかであればよいわけです。

そこで2019年3月の欄を横に見ていくと、16日（一）、18日（三）、22日（七）などが候補日となります【図26】。Yさんは16日を選びました。

以上で手順の説明を終わります。

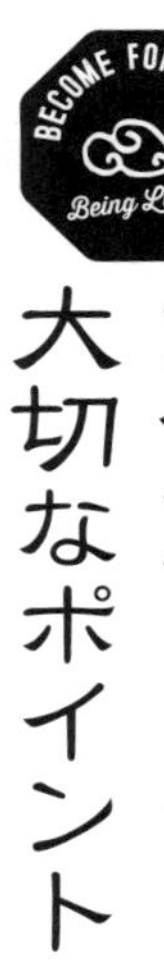

方位取りをするときに大切なポイント

ところで、方位取りをする際には、大切なポイントがいくつかあります。第2章でも部分的には触れましたが、改めてまとめてみましょう。

①方位取りをするのは月1回くらいが目安

すでによくおわかりだと思いますが、吉方位というのは基本的に少ないものです。

したがって、毎日のように吉方位へ行くというのは、できない相談です。このことは、第2章でも述べました。

日常生活に支障をきたさず、しかも日頃のマイナスを帳消しにするには、月1回くらい吉方位へ行けば十分です。それを目安に実践してください。

②実践するときはまず近場から

ふだん運動していないのに、いきなりフルマラソンに挑む人はいません。方位取りも同じで、初心者なのに、いきなり海外を目的地にするのはおすすめできません。最初は近場から始めて、効果を確かめながら距離を延ばしていくほうがよいと思います。

確かに、移動距離に比例して、方位取りの効果は強くなります。しかし、初心者がいきなり遠くへ行くのは危険がともないます。最初から欲ばらないで、近場から始めてみましょう。

66ページでも述べましたが、いつものコンビニではなく、吉方位のコンビニへ行くだけでも小さな効果が得られます。つまり、「いつもの」ところへ惰性的に行くのではなく、方位をきちんと調べて、いつもとは違う行動をすることが大切なのです。

なお、明確な効果を得るには、日頃の生活圏を出ることがポイントです。距離にすれば、自宅から１００キロ以上離れた場所を目指すのがよいとされます。

ただ、これはあくまで目安にすぎません。たとえば東京―熱海間を新幹線で通勤している人は、そこから外へ出る必要があります。反対に、引きこもりのような生活をしている人は、隣町へ行くだけでよいことが起こるかもしれません。

キーワードは「日常からの脱却」です。それを踏まえ、ケースバイケースで考えてみてください。

③春夏秋冬に合わせて移動距離などを考える

移動距離を決めるときは、自分の春夏秋冬を考慮してください。重要なことはふたつです。

ひとつは、すでに述べたように、移動距離に比例して方位取りの効果が強くなるということ。

もうひとつは、運気の波が高まる時期には、方位取りの効果が強くなるということです。

したがって、夏や秋の絶頂期に遠方へ行けば、方位取りの効果が最大限になります。反対に、冬に近場へ移動すると、さしたる効果はありません。

ただ、そこは考えようです。夏または秋で調子がよいから、あまり遠くへ行かなくても大丈夫という考え方もあるし、反対に、冬で低迷ぎみだから、遠くへ行って運気を底上げしようという考え方もあります。

とはいえ、冬はアクシデントも多いので、遠くへ行くのは控えたほうがよいと思いますが……。

やはり基本は、夏から秋にかけて遠方へ行くことだと思います。また、人それぞれに運気の波が微妙に異なりますから、第4章で調べた十二神獣別の春夏秋冬のリズムをよく見て、調子のよいときに吉方位へ行くのがおすすめです。

④吉方位へ行ったら、そこで宿泊する

方位取りをするときの基本は、行った先で宿泊することです。宿泊がどうしても無理なら昼寝、うたた寝程度でもかまいません。そうすることで、吉方位のエネルギーがあなたの心身に定着します。

⑤生活をふり返って方位のバランスをとる

私の経験から、女性は南や西へ行きたがる傾向があります。これは、南と西が女性に縁の深い方位だからだと思いますが、方位に偏りができるのは、あまり好ましいことではありません。

また、同じ家から同じ職場に何十年も通っている人は、その方位を酷使していることになります。

あなたはどうでしょう？　旅行というと、なぜか東のほうへ行ってしまうなど、方位に偏りが生じていないでしょうか。もしも偏りがあったら、バランスを整えるような方位へ行ってはいかがでしょう。たとえば、いつも南へ行く人なら、方位取りのときは北を目指せばバランスが整います。

このような方位の使い方もあることを覚えておくと、活用範囲がいっそう広がります。

【補足】

占いに詳しい人はお気づきかもしれませんが、この章では、五黄殺・暗剣殺・水火殺という凶方位をチェックして日取りを決めています。しかし、一般の九星気学では、たとえば歳破、月破、日破をはじめ、もっと多くの凶方位が設定されています。

また、もっと厳密に方位取りをしたいなら、年月日の九星に加え、時間の九星も調べる必要があります。

ただ、私自身は、そこまで厳密なことをしていません。特に時間については、それを気にし始めると、非常に面倒くさい思いをしますので、あえて時盤(時間の九星盤)を調べずに方位取りをします。そして、よからぬことが起こったら、それをもって時破(時盤上の凶方位)に引っかかったのだと判断します。

こうした凶方位についても、しっかりと調べたうえで方位取りをしたいという人は、私のノウハウも取り入れつつ、九星気学の専門書を読んで勉強していただければと思います。

方位を調べるときはメルカトル図法の地図でOK

左の地図を見てください。日本から見てアメリカは東でしょうか、北東でしょうか。メルカトル図【図31】で見ると、アメリカは東に見えます。しかし、正距方位図法（せいきょほういずほう）【図32】で見ると、アメリカは北東です。

ネットなどを見ると、アメリカを北東とする説が多数を占めています。名称からして「正距方位図法」ですから、距離と方位はこれが正しいというのが常識なのでしょう。一方で、「東西軸は緯線で見るほうがよい」と、メルカトル図法を支持する人たちもいます。

サクッと結論を言いますと、私はメルカトル図法に軍配を上げます。その理由は、いろいろ試した結果、メルカトル図法の地図を使うほうが、方位取りの効果が得られたからです。

ほか、メルカトル図法支持派の人のサイトなどを見ると、古来、人間は北極星があ

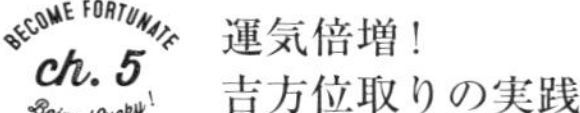

る方角を北（経線が収束する方位）、太陽の昇る方角（緯線を延長した方位）を東と認識してきたのだから、それに準ずるほうがよいのではないか、といった説もあります。

理科や社会で習う方位はともかく、本書で使用する方位は、経線と緯線が直角に交わるメルカトル図法でいきたいと思います。

図31

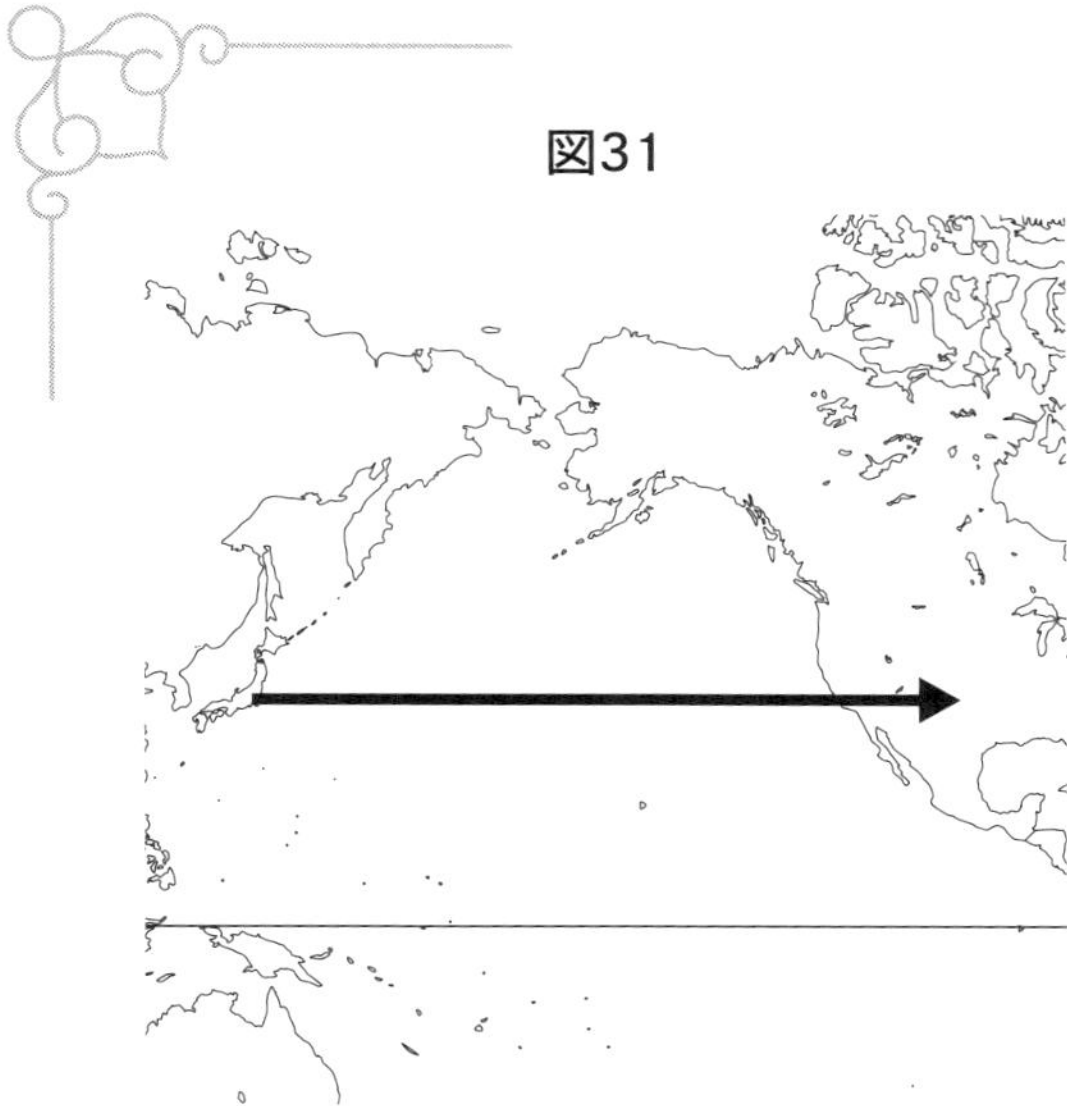

図32

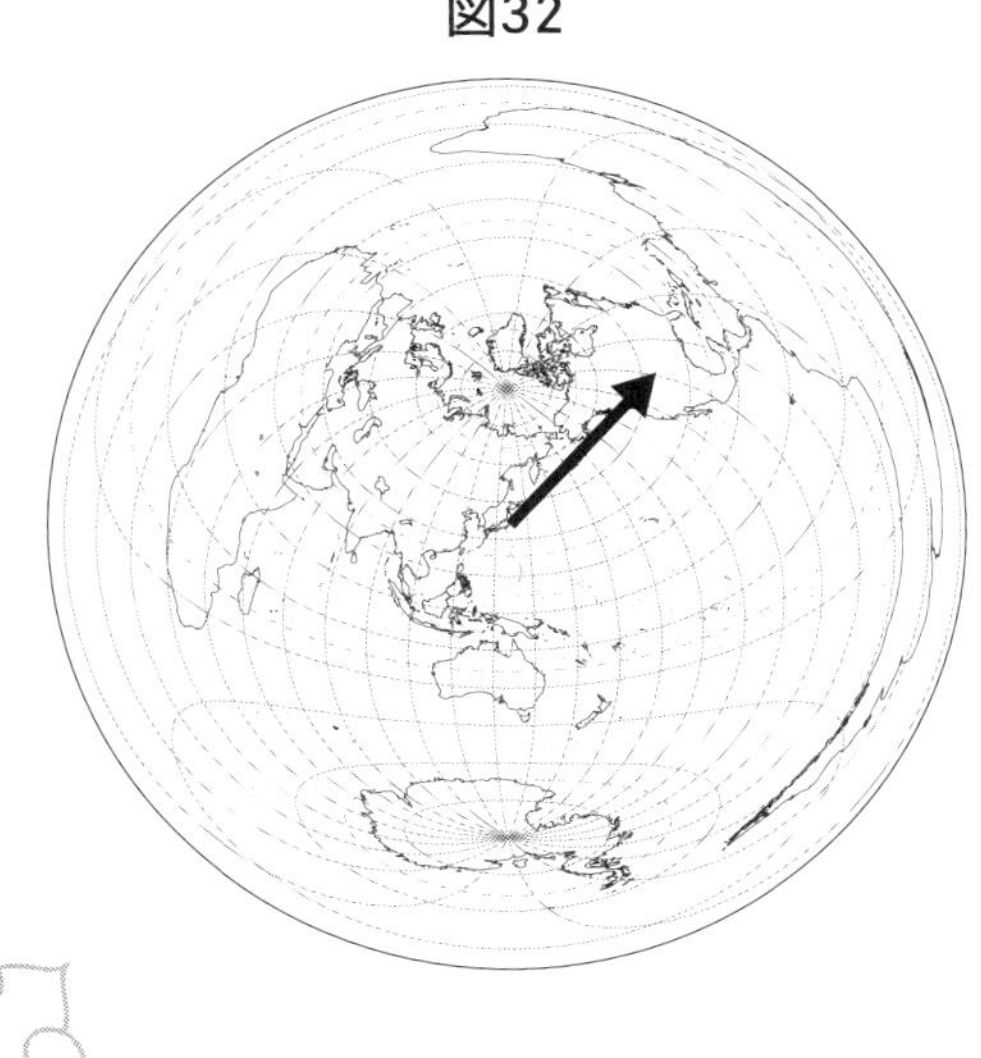

GUIDE TO BECOME A MILLIONAIRE

第6章

相性の吉凶と自分の性質を読む

BE MORE FORTUNATE OR LUCKY

BECOME FORTUNATE
Being Lucky!

十二支・九星・十二神獣で相性を見る

この章では、人間同士の相性の見方と、個人の性質や運勢の読み方について解説します。

まずは相性から行きましょう。

私が提唱する相性診断は、非常にシンプルかつわかりやすいのが特徴です。診断法は次の3つ。重要なものから挙げてみます。

①十二支の相性
②九星の五行の相性
③自分の十二神獣と、相手の十二支の関係

さっそく、①から順に説明していきます。

十二支の相性を見る

第3章で、自分が生まれた年の十二支を調べましたね？　それを確認して、次ページの「十二支の相性」【図33】を見てください。

たとえば、ここまでずっと例題にしてきた1983年2月7日生まれのYさんの場合、十二支は「亥(い)」でした。「十二支の相性」を見ると、亥と相性がよいのは卯(う)と未(ひつじ)、よくないのは巳(み)となります。

【注意点】

あなたが18歳未満の女性、もしくは25歳未満の男性ならば、「生まれた年」の十二支ではなく、「生まれた月」の十二支を確認して、「十二支の相性」【図33】の一覧表とその下の図を見てください。あるいは、すでにミドルエイジだけれど、昔の自分（女性なら18歳未満、男性なら25歳未満）をふり返り、当時の人間関係をチェックしたい

図33　十二支の相性

十二支	よい	よくない
子	辰・申	午
丑	巳・酉	未
寅	午・戌	申
卯	未・亥	酉
辰	申・子	戌
巳	酉・丑	亥
午	戌・寅	子
未	亥・卯	丑
申	子・辰	寅
酉	丑・巳	卯
戌	寅・午	辰
亥	卯・未	巳

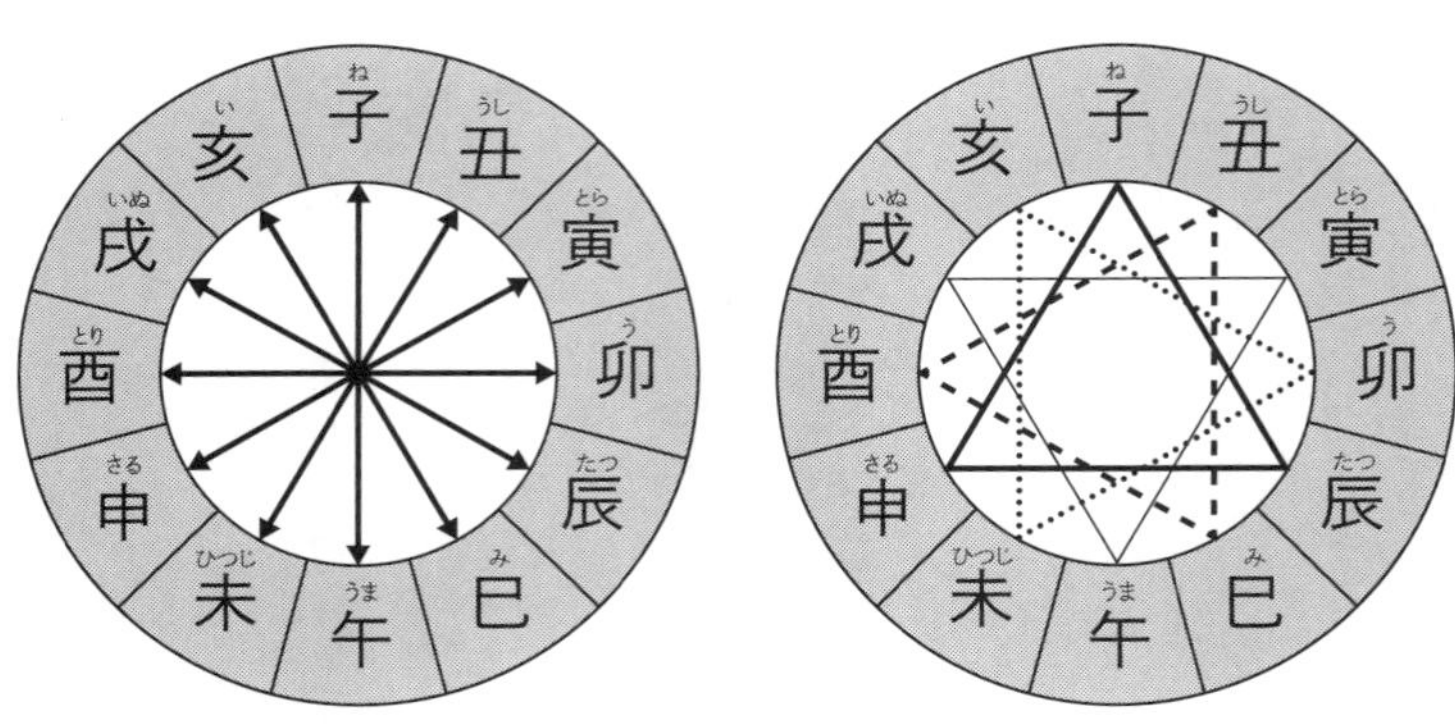

向かい合う十二支は相性が悪く、3つおきの十二支は相性がよい。

という場合も、生月の十二支を用います。

また、6歳未満の子の相性を見るときは、生まれた日の十二支で調べます。自分が6歳未満だったころをふり返って相性を調べたいときも同様です。


さて、十二支の確認はできましたか？　68ページで述べたように、相性を活用する基本は、相性のよい相手ならばアプローチして親しくなり、よくない相手はできるだけ遠ざけるというものです。

したがってYさんの場合、卯と未の相手と親しくして、巳の相手はできるだけ遠ざけます。

以上、終わりです（笑）。

でも、少し補足しておきましょう。

図を見るとわかりますが、相性がよいのは、十二支を円形に配置したとき、中心から見て120度の角度になる相手です。十二支を間に3つはさんだ相手ともいえます。これを三合といいます。

また、相性のよい3つの十二支がそろった状態を三合会局（さんごうかいきょく）といいます。Yさん

（亥）なら、卯と未の人がそろえば三合会局となります。

一方、相性が悪いのは、自分の十二支から見て真向かいに位置する相手です。これを冲といいます。

歴史上の実例を挙げると、豊臣秀吉は申、徳川家康は寅で、このふたりは冲です。家康が豊臣家を滅ぼしたのは、この関係が根底にあったからでしょう。

また、明智光秀の子と織田信長の午も冲です。一方、秀吉と光秀は三合で、家康と信長も三合。光秀が本能寺の変で信長を討ち、結果的に秀吉を利するような展開になったのは、冲と三合で説明できます。

なお、実は相性については、これ以外にもいろいろな見方や考え方があります。先に挙げた見方にしても、ご紹介した三合と冲のほか、支合、方合、刑、破、害などを加味するのが一般的です。

しかし私は、いちばん重要な点だけを見れば、それで大部分がカバーできると思っています。あれもこれも見ると、ややこしくなるばかりで、本質的なことからズレてしまいがちです。また、私がこれまでさまざまな例を見て試行錯誤してきた結果、三合と冲だけを見れば十分という手応えを得ています。

ちなみに、十二支による相性は、年齢差から推測することができます。自分の年齢に近いところなら、4歳差と8歳差は三合となるので吉、6歳差は冲になるので凶です。目安のひとつとしてください。

なお、三合の関係は、作用が強いせいか、初対面でいきなりケンカになることがあります。しかし、その後で仲よくなることが多いようです。

十二支の相性がよくないときの対処法

自分の親友や恋人、あるいは配偶者の十二支を調べたら冲だったという人は、気が気ではないかもしれません。ときどき、真剣に悩む人もいるようです。

でも、冲なら冲で対処法はありますから、変に落ち込まないようにしてください。

まずは、お互いの意見や自由を尊重することがとても大事です。反対に、相手に干渉して、自分の都合のよいように動かそうとすると……いえ、これは何も冲に限ったことではないのですが、冲の関係ならば、いっそう悪い結果になりますから気をつけましょう。

また、時と場合に応じて、間に第三者を入れるのもよい方法です。ご夫婦ならば、お子さんがその役目を果たしてくれるかもしれません。

もうひとつは、右か左か選ばねばならないような場面がきたら、運気が高いほうの人に従うことをおすすめします。たとえば恋人同士の場合、男性が秋で、女性が冬ならば、いざというときには男性の意見に従うのが無難です。反対に、女性が秋で男性が冬なら、女性の意見に従うほうがよいでしょう。

このようにして、お互いに心地よさが感じられる距離を大切にしながらつきあってください。

九星と五行で相性を見る

第3章で、自分が生まれた年の九星を調べたと思います。それを確認して、次ページの「九星の相性」を見てください【図34】。

前掲のYさんの場合、九星は「八白土星」でした。表の該当欄を見ると、相性がよいのは二黒土星、五黄土星、六白金星、七赤金星、九紫火星、よくないのは一白水星、

図34　九星の相性（人の相性）

九星	よい	よくない
一白水星	三碧・四緑・六白・七赤	二黒・五黄・八白・九紫
二黒土星	五黄・六白・七赤・八白・九紫	一白・三碧・四緑
三碧木星	一白・四緑・九紫	二黒・五黄・六白・七赤・八白
四緑木星	一白・三碧・九紫	二黒・五黄・六白・七赤・八白
五黄土星	二黒・六白・七赤・八白・九紫	一白・三碧・四緑
六白金星	一白・二黒・五黄・七赤・八白	三碧・四緑・九紫
七赤金星	一白・二黒・五黄・六白・八白	三碧・四緑・九紫
八白土星	二黒・五黄・六白・七赤・九紫	一白・三碧・四緑
九紫火星	二黒・三碧・四緑・五黄・八白	一白・六白・七赤

三碧木星、四緑木星です。

【注意点】

あなたが18歳未満の女性、もしくは25歳未満の男性ならば、「生まれた年」の九星ではなく、「生まれた月」の九星で見てください。

また、6歳未満のお子さんについて相性を見る場合は、「生まれた日」の九星で見てください。

九星の相性と五行についても補足説明をします。

まず、九星の相性は、相性のよしあし

図35　五行の相生・相剋

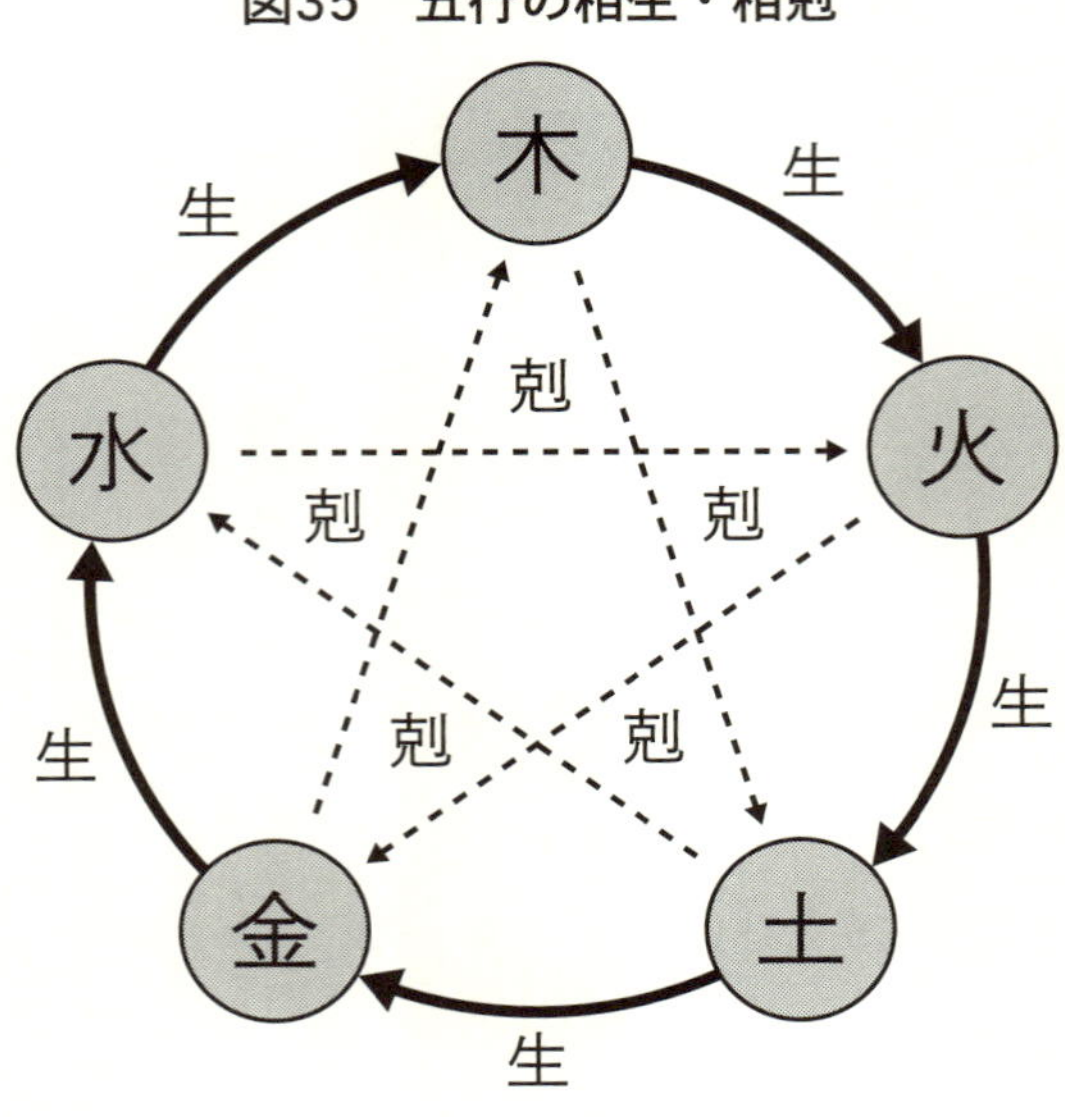

というよりも人間同士の関係性を表すと思ってください。わかりやすく言うと、サポートするかされるか、抑えるか抑えられるか、という関係を示します。

その根拠となる考え方について説明しましょう。

上の図を見てください【図35】。おそらく一度くらいは目にしたことがあると思います。古代中国で生まれた五行説を図式化したものです。

五行説とは、木・火・土・金・水という5つのエネルギー（気）によって、この世の事象すべてを解釈し、説明しようとする思想です。

これら5つのエネルギーには、お互い

を生かす関係と、剋する（打ち負かす）関係があります。

まず、生かす関係について述べます。図では、実線で示してあります。

木は、自らを燃やして火を生じます。火は、物を燃やしつくし、そこから土（灰）を生じます。土は、その堆積物である山から金（鉱物）を生じます。金は、熱によって溶解すると水（液体）を生じます。水は、生命に必須のものであり、木を生じます。

このように相手を生かす関係を相生と言い、母子関係にたとえられることもあります。図中では、隣り合う五行が、相手を生かす関係となります。

察しのよい方は、もうおわかりでしょう。九星には木火土金水いずれかの文字があり、それが五行のエネルギーを示します。したがって、そこに着目して相性を見ていけばよいのです。

たとえば、Yさんの場合は八白土星ですから、五行は「土」です。土を生かす「火」が、Yさんにとっては救いとなり、土に生かされる「金」からは感謝されます。このふたつとの相性がよいのです。

次に、剋する関係について述べます。図では、破線で示してあります。

木は、土を破って成長します。土は、水をせき止めます。水は、火を消します。火は、金（鉱物）を溶かしてしまいます。金は、木を切り倒します。

このように、相手を打ち負かす関係を相剋と言います。図中では、自分の五行からひとつ置いたものが相剋となります。

Yさんの場合、八白土星で五行は「土」ですから、「木」と「水」が相剋に該当します。

なお、五行が同じ場合を「比和」といい、同質のエネルギーがさかんになります。

九星（五行）の相性がよくないときの対処法

自分と相手が相剋の関係なのに、どうしてもつきあっていかねばならないなら、お互いにとって相生となる人をクッションにするという方法がおすすめです。

たとえば「土」のYさんが、「木」の相手と付き合わねばならない場合、「土」と「木」の間にあり、どちらにとっても相性のよい「火」の人に加わってもらいます。するると、関係が穏やかになるはずです。

もうひとつのやり方として、あえて「金」の人に入ってもらうという方法もありま

図36　五行の順位

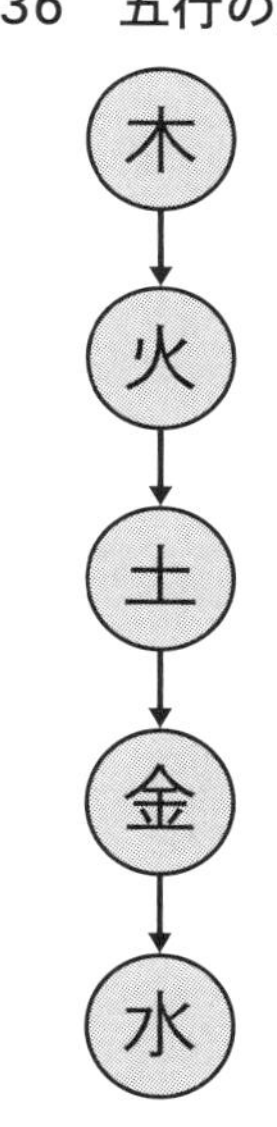

す。「金」は「木」を剋して勢いをそぎますから、Yさん（土）への当たりが弱まるでしょう。まあ、これは少々意地の悪いやり方かもしれませんが……。

木火土金水の順に相手を理解する

五行の相性を見るとき、もうひとつ留意してほしいことがあります。それは、木→火→土→金→水という順に上下関係が生じるということです【図36】。

上下関係といっても、上が下を抑えつけて支配するということではありません。実年齢に関係なく、上にある五行が、下にある五行を理解し、リードしていくという意味です。

たとえば、八白土星のYさんが、九紫火星の後輩に対して「年下なのに頼れるし、オレのことをよく理解しているなあ」と思ったとします。これは、Yさんの五行が「土」、後輩の五行が「火」で、Yさんよりも上に位置するためです。

実例を挙げれば、イチローと弓子夫人の場合、イチローが九紫火星で、弓子夫人が八白土星です。イチローの「火」は弓子夫人の「土」より上にありますから、弓子夫人のほうが年上ですが、リードしているのはイチローのほうでしょう。

ちなみに、このご夫妻は8歳差。三合で、相性のよい組み合わせです。

自分の十二神獣と、相手の十二支の関係を見る

最後に、自分の十二神獣と、相手の十二支の関係を見る方法について説明します。

200ページから、十二神獣の春夏秋冬グラフを改めて掲載しますので、自分の十二神獣を探してください【図37】。

見ていただくとわかりますが、各グラフの下に、十二支が入っています。相手の十

二支がどの季節に位置するかで、その相手があなたにどんな影響を及ぼすかが読み取れます。

Yさんの場合は「応龍」のグラフを見ます。すると、運気がピークを迎える夏3年目の十二支は「午」。これは、午の人と付き合うと、夏3年目のようにさかんな運気がもたらされることを意味します。

反対に、運気の底となるのは冬3年目で、十二支は「子」。したがって、子の人と付き合うと、運気が冷え込む傾向があります。

以上、相性の見方について、3つの方法を述べました。繰り返しになりますが、最も重要なのは十二支の相性です。その次に重要なのが九星の五行で、相手との関係性を見ます。最後の十二神獣については、補足的に考えてください。

図37　十二神獣と十二支の相性

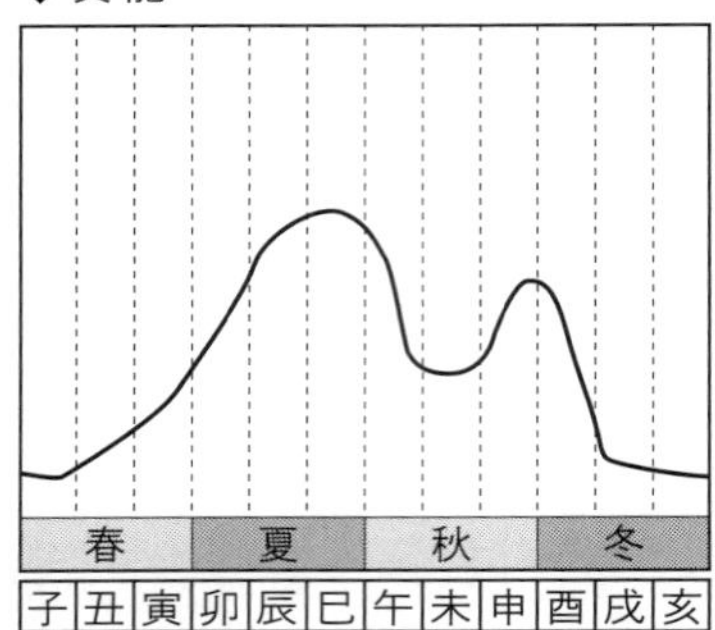

◆応龍

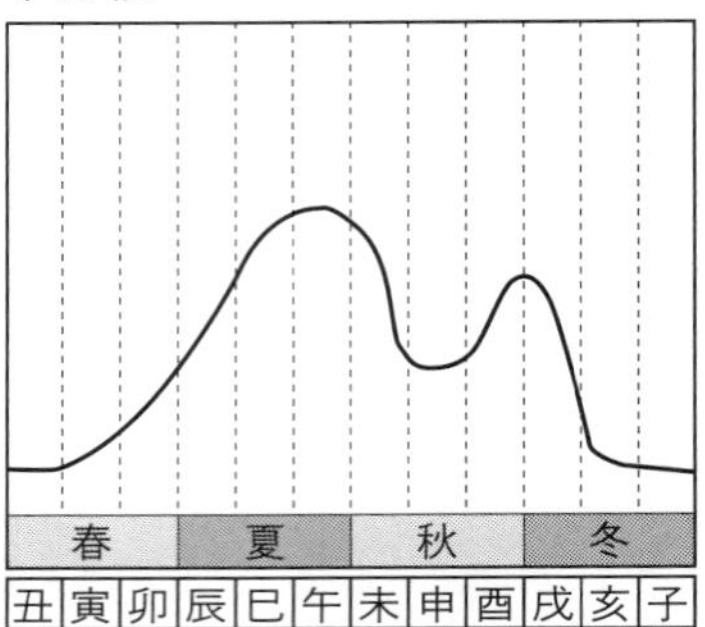

◆白虎

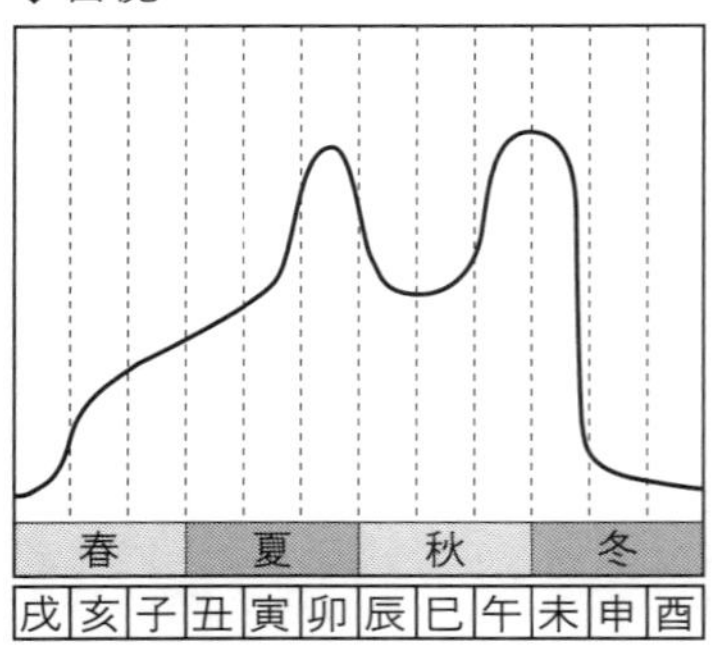

◆麒麟

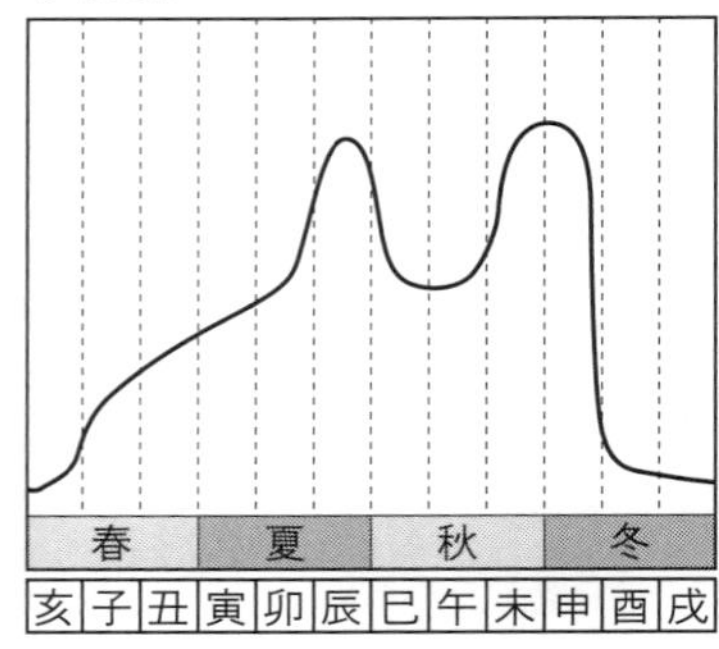

◆朱雀

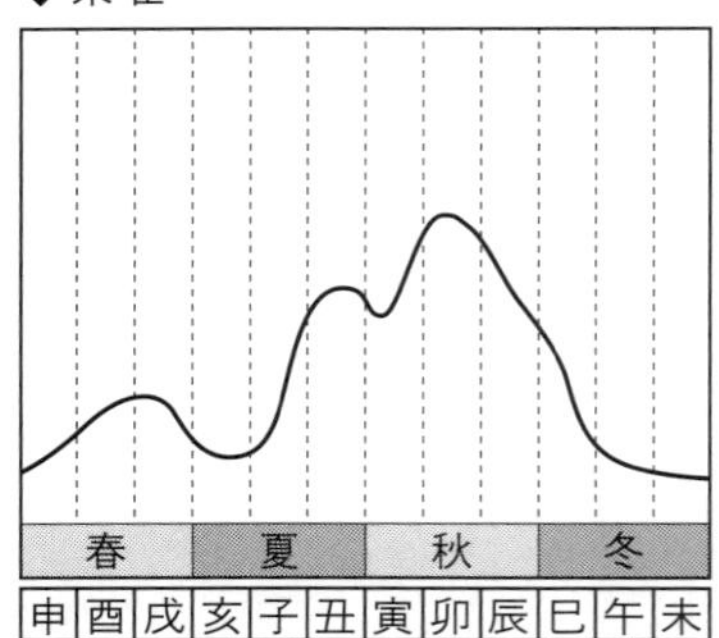

◆鳳凰

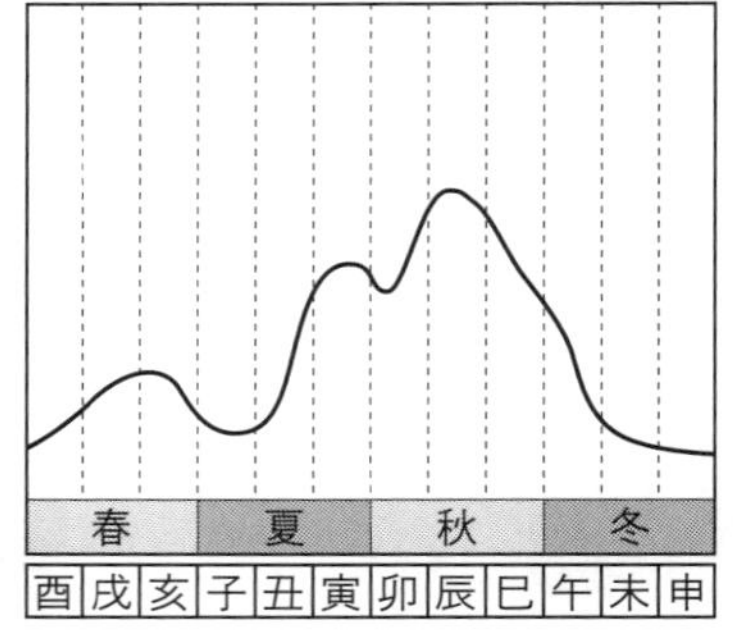

◆獅子

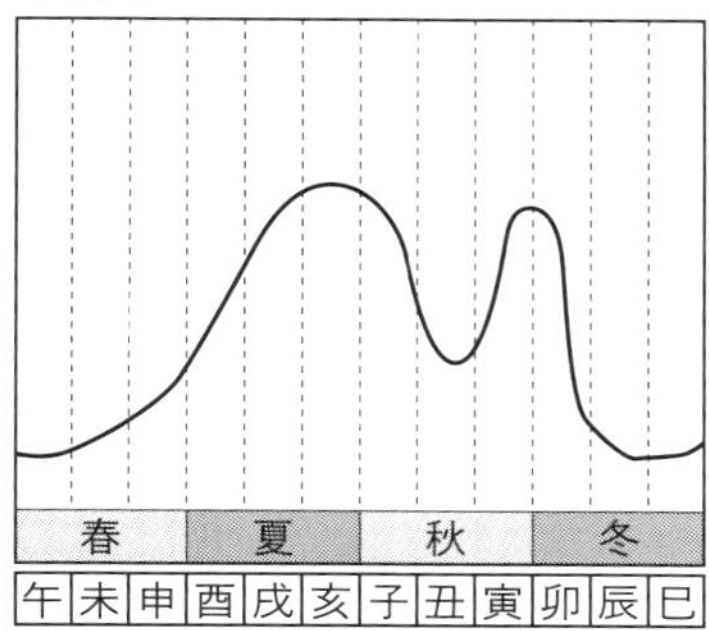

◆天馬

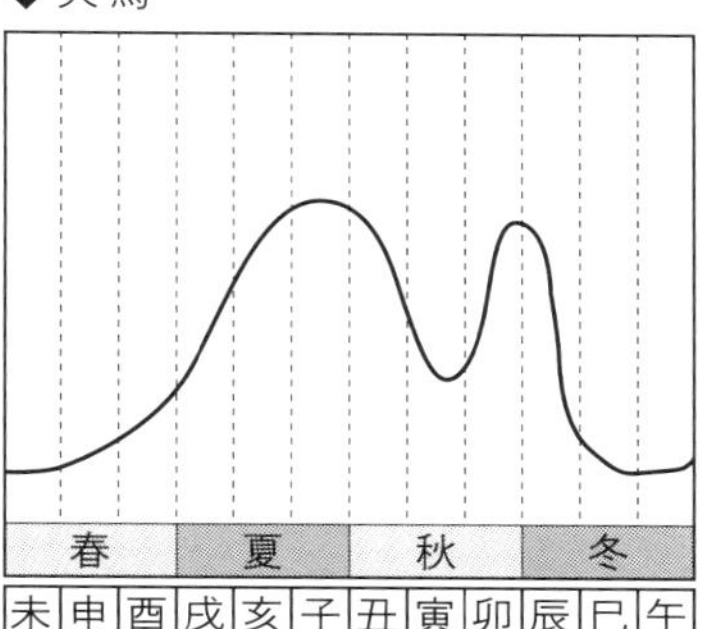

◆青龍

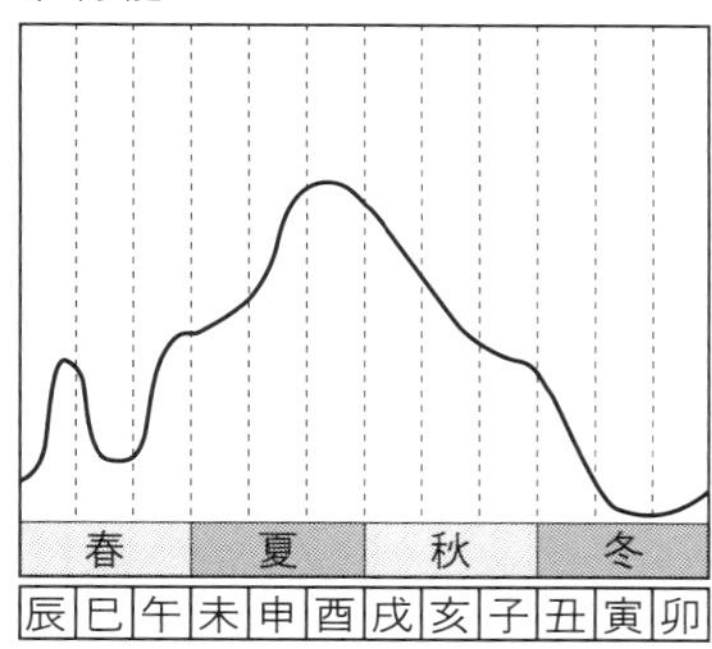

◆蒼龍

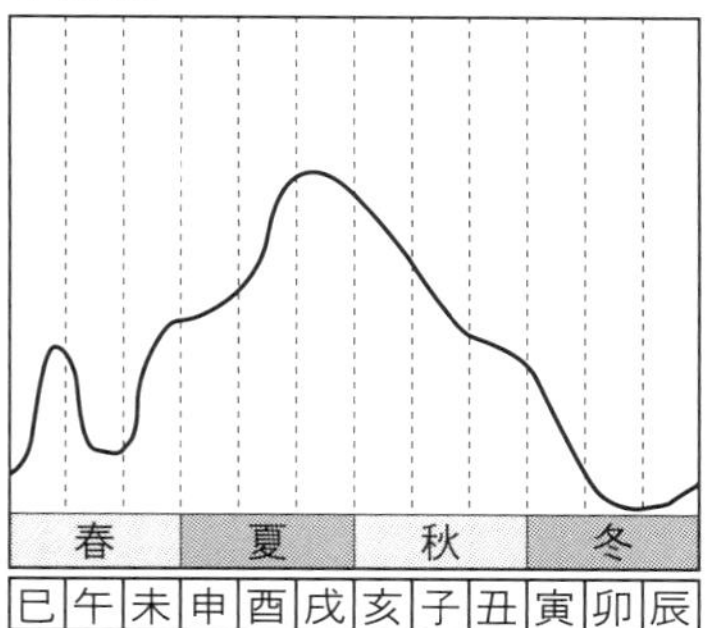

◆玄武

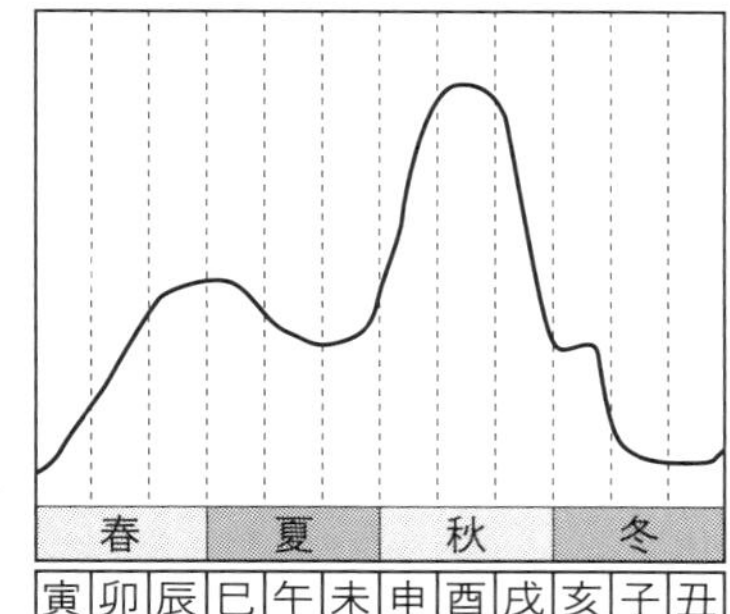

◆霊亀

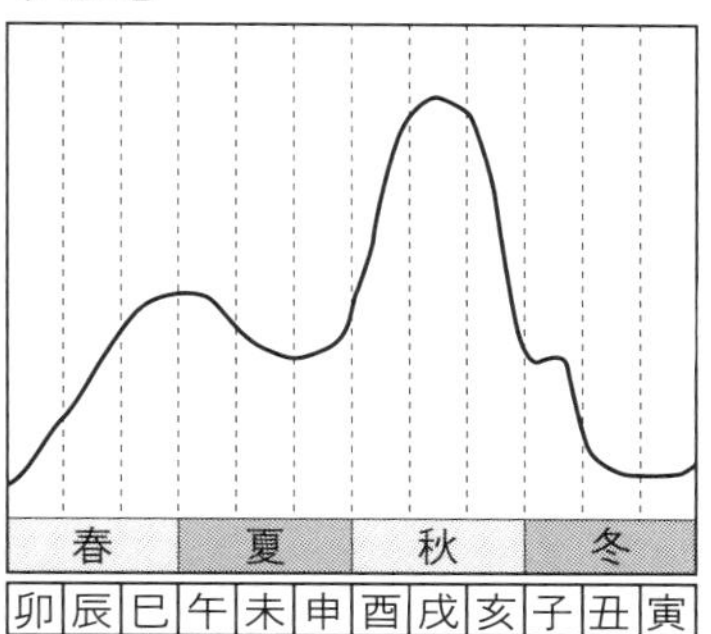

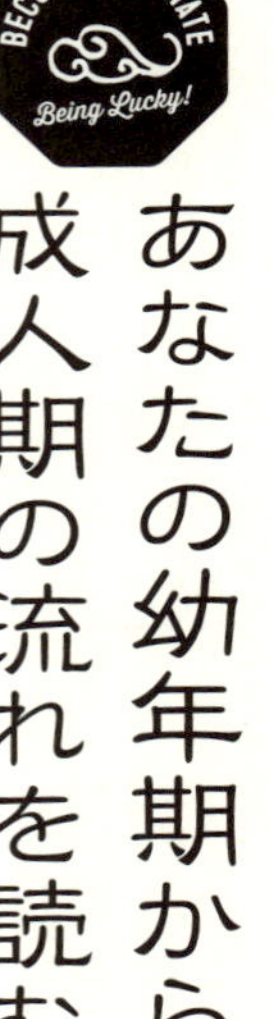
BECOME FORTUNATE
Being Lucky!

あなたの幼年期から成人期の流れを読む

ここでは、あなたの十二支や九星から、持って生まれた傾向などをざっと解読していきます。

とはいえ、ごく一般的な運勢解読ならば、しかるべき専門書がたくさん出ていますので、そこにはあえて触れません。

では何を述べるかというと、あなたの十二支と九星を見ながら、人生におけるスタート地点（幼年期）・コアの部分（思春期）・ゴール地点（成人期以降）について考えるための材料を提供していきます。

第3章で調べた年・月・日それぞれの十二支と九星が必要になりますので、確認してください。

これらのなかで、日の十二支と九星は、あなたのスタート地点、すなわち幼年期の傾向を表します。年齢でいうと、誕生時から6歳くらいまでです。

また、月の十二支と九星は、あなたのコアの部分、いわば学齢期から成人するまでの傾向を表します。この期間には男女差があり、男性の場合は6歳から25歳まで、女性の場合は6歳から18歳までです。

そして年の十二支と九星は、あなたのゴール地点、つまり成人してからの傾向を表します。通常は、この期間が最も長くなります。

なお、それぞれに目安となる期間を示しましたが、たとえば、ある女性が18歳の誕生日を迎えたからといって、性質や傾向がいきなり変化するわけではありません。通常は数年くらいの時間をかけて、徐々に変化していきます。

このとき、日・月・年の十二支や九星の位置関係をチェックすることも大切です。たとえば、日の十二支が「子(ね)」、月の十二支が「午(うま)」の人は、位置的に正反対(190ページの「冲」)の十二支に変化していくので、幼年期を終えるころ、内面的に疾風怒濤(しっぷうどとう)の状態になりやすいのです。

比喩(ひゆ)的(てき)にいえば、新宿を出発して東京駅を目指すつもりだったのに、いきなり正反対の八王子を目指すことになったような感じです。

次の説明は、そういう目で読んでみてください。自分自身が幼年期、学齢期、成人期と進むにつれ、どんな内面的変化を経験してきたか、また、そこに矛盾や葛藤はなかったか、ということを考えるきっかけになると思います。

もちろん、本書を手に取っている皆さんは、ほとんどが成人だと思いますので、年の十二支や九星の解説を一読し、現在の自分の傾向を確認するだけでもけっこうです。

ただ、コアの部分（生まれ月の十二支と九星）は、あなたの性格を形成するのに大きな影響を与えているはずですから、そこも押さえておくとよいでしょう。たとえば、生まれ年の十二支が「子」でも、生まれ月の十二支が「辰」ならば、コアの部分に辰の傾向を持っていますから、そうした考え方ができますし、辰年生まれの人の気持ちがよく理解できるはずです。

十二支が示す性質と運勢

十二支それぞれの性質などを簡単に述べますが、より深く知りたいと思ったら、ぜひ該当する動物を観察してみてください。すばしこく動き回るネズミや、ゆったりと草を食む牛、美しさと迫力が同居する虎などには、十二支の性質がよく表れています。

【子(ね)】人当たりがよくポジティブで、まめまめしく動き回ります。しかし、内面はわりと冷めていて、ベタベタとしたつきあいは好みません。プライドが高く、何事もトップでいたい性分です。

【丑(うし)】うまずたゆまず、マイペースでわが道を行くタイプです。派手さはありませんが、飾り気のない誠実さで信望を集めます。いったん思い込むと融通が利かなくなりがちなので、その点には注意が必要です。

【寅(とら)】野心や反骨精神が旺盛(おうせい)で、バイタリティーにあふれ、周囲を魅了する華やかさがあります。壮大な夢を描き、実現に向けて行動しますが、やや無鉄砲な一面も見られます。勝負事に溺れる人もいます。

【卯(う)】平和主義で、もめごとを嫌います。相手の話をよく聞き、合わせるのがうまいので、交渉上手な印象を与えます。損得には敏感で、損をすると思ったら素早く身を引きます。若くして成功・出世します。

【辰(たつ)】既成概念にとらわれず、ユニークな発想で理想を追求するので、他人から理解されにくい一面があります。頭脳明晰(めいせき)で才能豊かですが、成功するには周囲の協力が不可欠。協調性を養うことが大切です。

【巳(み)】鋭い感性と緻密(ちみつ)な思考力の持ち主です。洗練された美意識と高いプライド、上品な物腰で人を魅了しますが、内面には抜け目のなさや、したたかさを備えています。生来、金運に恵まれています。

【午(うま)】朗らかで変化を好み、じっとしていられない性分です。生まれながらの社交家で、世話好きでもあるため、いつも他人のために動き回っています。やや大ざっぱで、緻密な仕事をなしとげるのは苦手です。

【未(ひつじ)】穏やかで思慮深く、慎重な性格です。攻めより守りが得意で、自分から打って出ることはめったにありません。寛容で忍耐力に優れ、情が厚いので、自然と円満な人間関係をつくることができます。

【申(さる)】好奇心が強く、明るい性格で、どこでも人気を集めます。頭の回転が速く、サッと機転を利かせることができます。飽きっぽい点と、やや計算高い点が、マイナスに作用しないよう気をつけましょう。

【酉(とり)】物事を的確にとらえることができ、理路整然と持論を展開します。細部まで目が行き届き、完璧(かんぺき)主義の傾向があります。何でも器用にこなしますが、器用貧乏にならないよう注意が必要かもしれません。

【戌(いぬ)】真面目(まじめ)で誠実で、義理堅い人です。いったん親しくなったら、相手に尽くす一面があります。正義感の強さを生かせば、よきリーダーになれますが、ひとつ間違えると融通の利かない頑固者になります。

【亥(い)】猪突猛進という言葉のごとく、これと決めたらまっしぐらに進んでいきます。実は繊細な神経の持ち主で、向学心もあり、専門職や研究職を究めれば、その道で大成する可能性を秘めています。

九星が示す性質と運勢

【一白水星(いっぱくすいせい)】初代運を持っています。現状を変革していく人でもあります。そのため、裕福な家に生まれたら没落を招くかもしれないし、貧しい家に生まれたら、一代で財を成すかもしれません。プライドが高く、人に頭を下げるのがやや苦手です。

【二黒土星(じこくどせい)】腹に一物というか、深い企(たくら)みを持って動く一面があります。よく言えば用意周到、悪く言えば油断ならない人です。晩年に運が開ける星なので、若いうちは焦らず、大きな目的に向けてゆっくりと歩いていきましょう。

【三碧木星(さんぺきもくせい)】発明の才と先見の明があります。ただ、先読みがすぎて、世間よりかなり早く走り出してしまうことがしばしばです。そのため、流行を仕掛けたりすることには向いていません。何事もとことんやらないと気が済まないところもあります。

【四緑木星(しろくもくせい)】対人関係が良好です。家庭や結婚にとらわれない、自由なつきあいを好みます。はつらつとした若さを意味する星でもあります。几帳面(きちょうめん)で完璧主義な一面を備えていますが、争いを嫌うために、強く自己主張をしないで相手に合わせる傾向があります。

【五黄土星(ごおうどせい)】自らは動くことなく、ほかの八つの星を支配します。社長やカリスマ性のあるリーダーになれる星ですが、運勢の波が大きく、浮き沈みが見られます。ただ、それに負けない強さを備えているのが特徴です。弱きを助け、強きをくじく一面もあります。

【六白金星(ろっぱくきんせい)】

お祭り騒ぎが好きな人です。しかも自由人で、帝王の星を持っています。場合によっては手のつけられない人となります。磨かれざる珠(たま)を暗示する星でもあり、自己研鑽(じこけんさん)によって大きく開花します。真面目で几帳面なところもあります。

【七赤金星(しちせききんせい)】

六白同様、お祭り騒ぎが好きですが、率先して騒ぐというより、騒ぎに乗じて楽しむタイプです。また、生涯を通じて衣食住に困らない星ともいわれます。器用で才知があり、会話が上手で、だれからも好かれます。洞察力にも優れています。

【八白土星(はっぱくどせい)】

年老いた賢者のような落ち着きと風格があります。悪くすると、人前でふんぞり返っているように見えるので、気をつけねばなりません。後継者の星でもあり、長男・長女でなくとも事業などを継ぐことがあります。努力によって大成するタイプです。

【九紫火星(きゅうしかせい)】

豊かな感受性と先見の明を備えています。美的センスにも優れ、芸術的なことを好みます。ただ、熱しやすく冷めやすい傾向があり、ひとつのことを地道に進めるのはやや苦手です。感情の起伏がわりと激しく、ときに暴走するので注意が必要です。

木火土金水の順に「気が早い」

九星には「水星」「土星」など、五行による分類が付随しています。これもまた、性格や傾向を知るには役立ちます。

簡単に言うと、木火土金水の順に「気が早い」のです。生まれ持った魂のエネルギーが、素早いか、ゆったりしているかの違いとも言えます。

あくまでたとえですが、木星は、話を半分くらい聞いたところでバーッと走り出しますし、時代に理解されない「早すぎた天才」のような傾向があります。

火星は、世の中を一歩先取りすることが上手です。先見の明があり、センスのよい人です。

土星は中庸です。その時代に流行したものを受け入れ、楽しみます。

金星は、いわゆる「後の先」を取るタイプ。世の中の動きや相手の言動を受けて、自分がどう対応するかを決めます。

水星は、状況をじっくりと観察し、自分なりのロジックを構築してから行動します。そのとおりに物事が進まないと、ストレスを抱える傾向があります。

実は、五行のこうした傾向は、運気の進行速度にも反映されます。

第4章で、春夏秋冬の波を調べたと思いますが、たとえば九星が「木星」の人はグラフよりも若干早めに、九星が水星の人は若干遅めに運気が推移する可能性があります。さすがに1年以上の誤差が生じることはないと思いますが、このような現象が起こり得ることを覚えておいてください。

六十干支(ろくじっかんし)と九星のめぐり方

この章の最後に、十二支と九星に関する基礎的な知識を補足しておきます。

まずは、十二支について補足します。

十二支が年月日時のいずれにも配当されることは、第3章で述べました。実は、この十二支は、十干とともに使用されます。

十干というのは、甲・乙・丙・丁・戊・己・庚・辛・壬・癸の10種類で、五行すなわち木・火・土・金・水の陽と陰を表します。たとえば、甲というのは「木の兄」で木気の陽、乙とは「木の弟」で木気の陰を意味するのです。

そして、十二支も十干も、決まった順序で年月日時をめぐっています。十干は先述した順序、十二支は皆さんもよくご存じのとおり、子・丑・寅・卯・辰・巳・午・未・申・酉・戌・亥という順序です。

次ページに、十干・十二支の組み合わせを示しました。十干が6巡する間に、十二支は5巡して、60通りの組み合わせができます。これが六十干支です【図38】。1の甲子から始まり、60の癸亥まで進んだら、また1の甲子に戻り、暦がめぐっていきます。「還暦」という言葉がありますね？　これは、生まれた年の干支から始まり、60通りの干支が一巡して「暦が還る」ことを意味します。

九星と十二支は五行に分類されます。先述のとおり九星については名称に付された「木」「火」などがそれを表します。たとえば、一白水星ならば、五行は「水」です。十二支と五行の対応については、図を参照してください【図39】。

図38　六十干支

1	2	3	4	5	6	7	8	9	10
甲子（きのえね）	乙丑（きのとうし）	丙寅（ひのえとら）	丁卯（ひのとう）	戊辰（つちのえたつ）	己巳（つちのとみ）	庚午（かのえうま）	辛未（かのとひつじ）	壬申（みずのえさる）	癸酉（みずのととり）
11	**12**	**13**	**14**	**15**	**16**	**17**	**18**	**19**	**20**
甲戌（きのえいぬ）	乙亥（きのとい）	丙子（ひのえね）	丁丑（ひのとうし）	戊寅（つちのえとら）	己卯（つちのとう）	庚辰（かのえたつ）	辛巳（かのとみ）	壬午（みずのえうま）	癸未（みずのとひつじ）
21	**22**	**23**	**24**	**25**	**26**	**27**	**28**	**29**	**30**
甲申（きのえさる）	乙酉（きのととり）	丙戌（ひのえいぬ）	丁亥（ひのとい）	戊子（つちのえね）	己丑（つちのとうし）	庚寅（かのえとら）	辛卯（かのとう）	壬辰（みずのえたつ）	癸巳（みずのとみ）
31	**32**	**33**	**34**	**35**	**36**	**37**	**38**	**39**	**40**
甲午（きのえうま）	乙未（きのとひつじ）	丙申（ひのえさる）	丁酉（ひのととり）	戊戌（つちのえいぬ）	己亥（つちのとい）	庚子（かのえね）	辛丑（かのとうし）	壬寅（みずのえとら）	癸卯（みずのとう）
41	**42**	**43**	**44**	**45**	**46**	**47**	**48**	**49**	**50**
甲辰（きのえたつ）	乙巳（きのとみ）	丙午（ひのえうま）	丁未（ひのとひつじ）	戊申（つちのえさる）	己酉（つちのととり）	庚戌（かのえいぬ）	辛亥（かのとい）	壬子（みずのえね）	癸丑（みずのとうし）
51	**52**	**53**	**54**	**55**	**56**	**57**	**58**	**59**	**60**
甲寅（きのえとら）	乙卯（きのとう）	丙辰（ひのえたつ）	丁巳（ひのとみ）	戊午（つちのえうま）	己未（つちのとひつじ）	庚申（かのえさる）	辛酉（かのととり）	壬戌（みずのえいぬ）	癸亥（みずのとい）

さて、次は九星です。九星もまた、年月日時をめぐっています。そのため、たとえば２０１７年は「一白水星」、翌２０１８年は「九紫火星」と、年ごとに変化していきます。

そこで、改めて巻末資料２７４ページの九星盤を見てください。「一白水星」の場合は「一」が、「九紫火星」の場合は「九」が中央にきて、残り８つの九星が周辺に配置されています。つまり、９つの星が盤上を移動しているということです。

これら９種類の盤のなかで、九星の「定位置」を示すのが「五黄土星」の盤です。これを「定位盤」といいます【図

図39　十二支と五行の対応

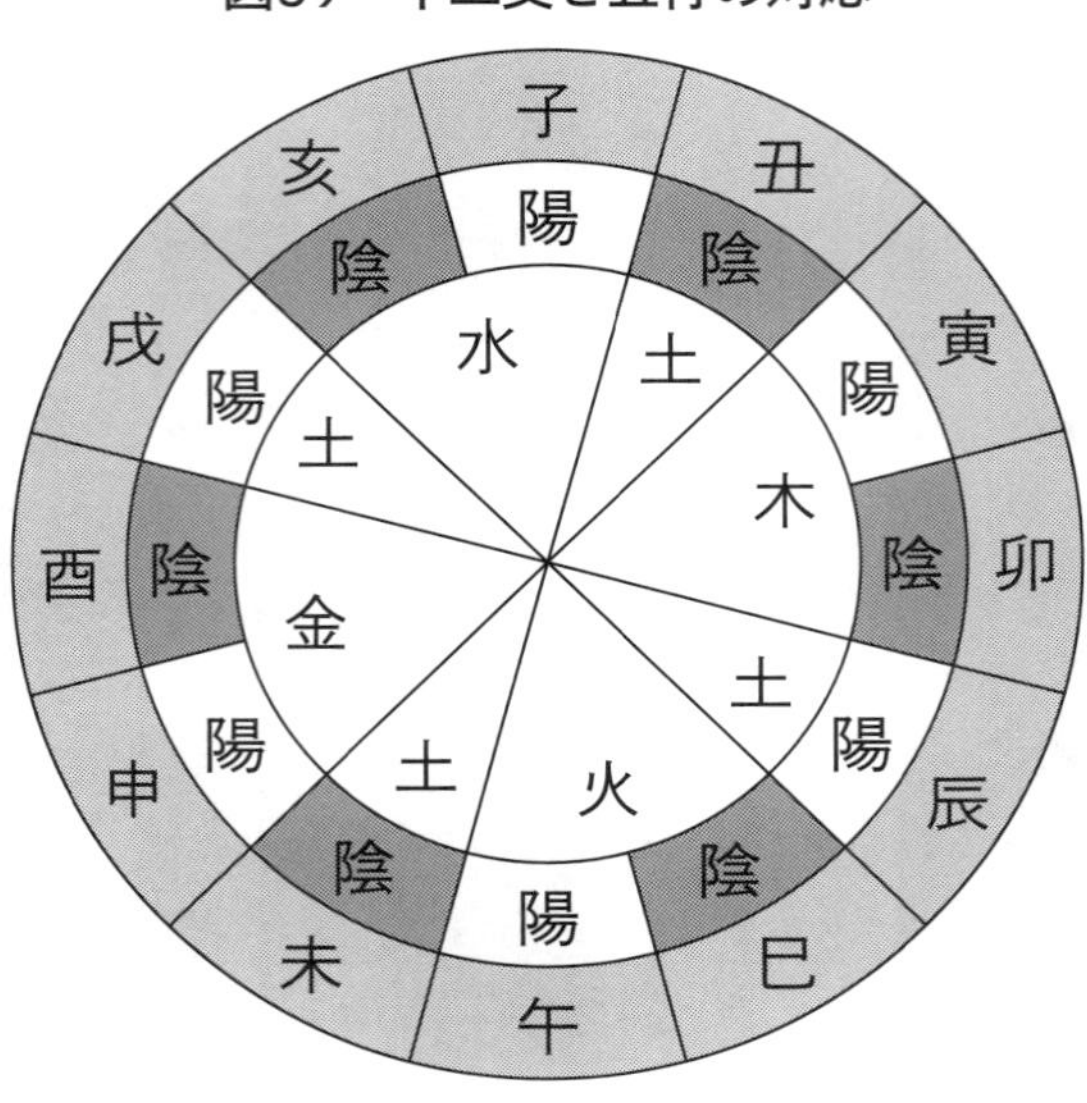

40】。これがなぜ定位盤かというと、五行の本来の位置を示すものだからです。

また、盤上を九星が移動するに際しては、一定の法則性があります。それを示したのが次ページの「九星のめぐり方」です【図41】。

六十干支や九星のめぐり方については、本書を参考に、方位取りや相性診断などを繰り返すうちに、だんだん「なるほど」と思えるようになっていくと思います。今すぐに理解できなくても、記憶にとどめていただければと思います。

図40　九星の定位盤

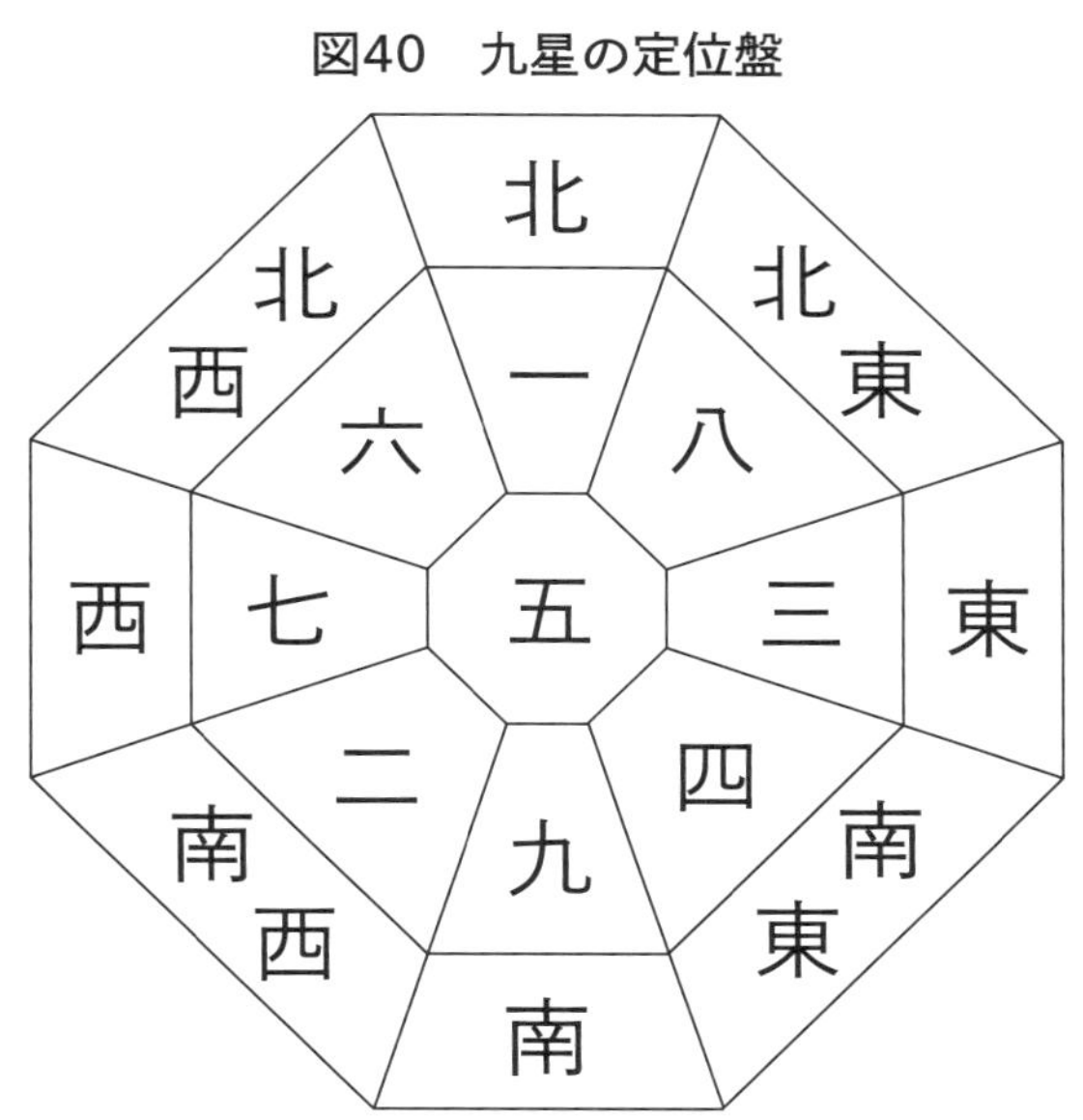

図41　九星のめぐり方

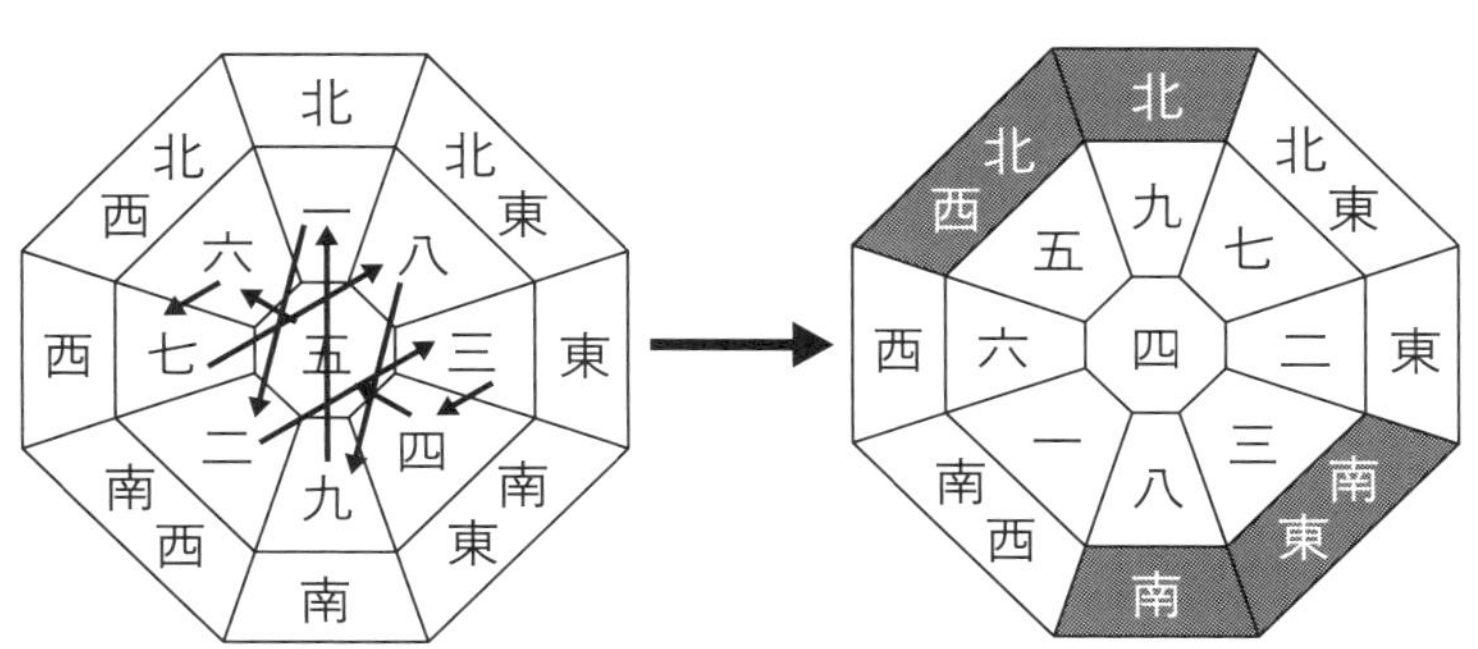

五黄土星（定位盤）の盤上を九星が一定の法則に従って移動すると、四緑木星の盤となる。

GUIDE TO BECOME A MILLIONAIRE

第7章

プラスαの行動で運気を底上げする

BE MORE FORTUNATE OR LUCKY

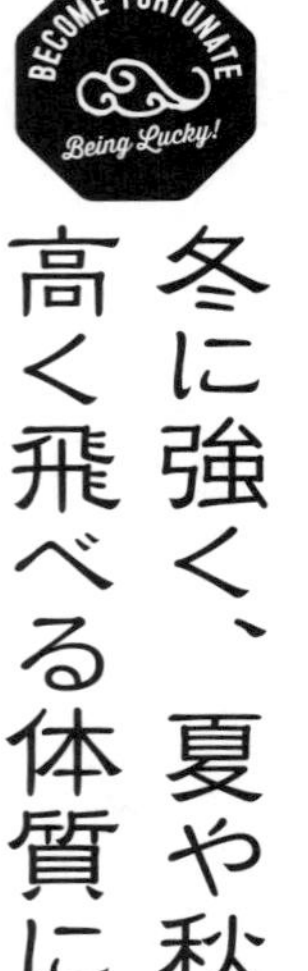
BECOME FORTUNATE
Being Lucky!

冬に強く、夏や秋に高く飛べる体質に！

人生には春夏秋冬のリズムがあり、夏または秋に運気のピークが到来することは、もうおわかりいただけたと思います。第6章で自分の運気を調べて、「やった！　今がピークじゃん！」と、密(ひそ)かにガッツポーズをした人もいることでしょう。

しかし、ここで少し考えてみてください。

計算上では、「まさに今がピーク」に当たる人が、日本全国に約3000万人いるはずです。

「いや、自分は今、12年周期のなかでも最高の年だから！」という人でも、同じように最高潮を迎えている人が、約1000万人いる計算になります。

宝くじを引き合いに出せば、自分と同じくらい運がよいというライバルが、3000万人なり1000万人なり存在しているわけです。そんな状況下で大きな幸運をつかもうとするなら、ライバルたちに1馬身くらいの差をつけねばなりません。

この章では、そのためにおすすめしたい行動を紹介します。いわば運気を底上げして、冬に強く、夏や秋により高く飛べるようになるためのコツです。

具体的には次の3つです。

①十二支別の守護尊にお参りする
②神仏にお参りするときは礼儀正しく
③天守閣のある城へ行く

では、順番に説明していきましょう。

なお、これら3つは、機会があれば実践する程度に考えてください。守護尊や神仏に敬意を払うことは、言うまでもなく大切ですが、無理をして毎日お参りする必要はありません。天守閣のある城も同様で、旅行などの機会を利用して足を運びましょう。

BECOME FORTUNATE
Being Lucky!

十二支別の守護尊にお参りする

私の知人が守護尊へのお参りを実践したところ、交通事故にあわなくなったという話を76ページでしました。私自身も折に触れて守護尊を参拝していますが、やはりご利益がいただけると感じます。

守護尊は、生まれ年の十二支によって異なりますので、次に記します。また、参考までに、守護尊がお祀(まつ)りされている著名な寺社も併記します。ただし、特別な期間のみ拝観できるという寺院もありますので、参拝の際にはあらかじめ確認してください。

【子年生まれ】

守護尊は、千手観音菩薩(せんじゅかんのんぼさつ)です。千手千眼観自在菩薩ともいわれます。「千の手」と「千の眼」で、漏らすことなく衆生(しゅじょう)を救済する菩薩です。

日本で見られる観音像の多くは42臂で、そのうち40臂それぞれに異なる物を持ち、ご利益も異なります。たとえば、宝剣を持つ手で悪鬼をこらしめ、宝鏡を持つ手で智(ち)

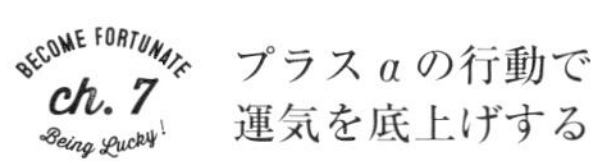

慧を授けてくださいます。

千手観音菩薩をお祀りする寺院は、清水寺（京都市）、三十三間堂（京都市）、葛井寺（大阪府藤井寺市）など。

【丑・寅年生まれ】

守護尊は、虚空蔵菩薩です。虚空とは、この宇宙の一切を蔵する無限の世界。それに匹敵するくらい広大無辺の智慧と功徳に満ちた菩薩という意味です。

福徳、知恵の増進、災害消除のご利益がいただけるとされています。

虚空蔵菩薩をお祀りする寺院は、法輪寺（京都市）、神護寺（京都市）、鞍馬寺（京都市）など。

【卯年生まれ】

守護尊は、文殊菩薩です。「三人寄れば文殊の智慧」という言葉にもあるとおり、智慧をつかさどるといわれます。もともと文殊菩薩の智慧とは、悟りへいたる叡知を意味しますが、そこから派生して、一般世間でいう知恵も含まれるようになりました。

単独で広く信仰されていますが、普賢菩薩とともにお釈迦様の脇侍となることもあります。その場合、多くは獅子に乗った姿で表現されます。

文殊菩薩をお祀りする寺院は、日本三文殊といわれる安倍文殊院（奈良県桜井市）、智恩寺（京都府宮津市）、大聖寺（山形県東置賜郡高畠町）など。

【辰・巳年生まれ】

守護尊は、普賢菩薩です。あらゆる場所に現れ、慈悲と理知によって衆生を導くという、賢者の功徳を示すとされます。智慧をつかさどる文殊菩薩と行動をともにすることが多く、文殊菩薩が獅子に乗っているのに対して、普賢菩薩は6本の牙を持つ白象に乗った姿で表現されます。

女人成仏を説く『法華経』に登場するため、平安時代には、特に女性の信仰を集めました。

普賢菩薩をお祀りする寺院は、普賢寺（三重県多気郡多気町）、岩船寺（京都府木津川市）、大光明寺（京都市）など。

【午年生まれ】

守護尊は、勢至菩薩です。阿弥陀如来の右脇侍として知られる菩薩で、智慧の光をもって一切を照らし、衆生が地獄や餓鬼道へ落ちないよう、救いの手を差し伸べます。智慧第一の菩薩とされます。

衆生の臨終に際して、極楽世界へ導いてくれる菩薩として信仰を集めてきました。勢至菩薩をお祀りする寺院は、知恩院（京都市）、清涼寺（京都市）、中尊寺（岩手県西磐井郡平泉町）など。

【未・申年生まれ】

守護尊は、大日如来です。密教では、宇宙の真理を体現する如来とされ、すべての仏菩薩は、大日如来から生まれたとします。悟りを得るための智慧を象徴する金剛界大日如来と、無限の慈悲を象徴する胎蔵界大日如来というふたつの側面があります。金剛とはダイヤモンドのことで、智慧が決して傷つかないことを意味します。また、胎蔵とは、母親の胎内で赤子が育つように、すべての存在が大日如来に内包されていることを意味します。

大日如来をお祀りする寺院は、智積院（京都市）、円成寺（奈良市）、金剛峯寺（和歌山県伊都郡高野町）など。

【酉年生まれ】

守護尊は、不動明王です。ルーツはヒンドゥー教のシヴァ神で、これが仏教に取り入れられ、大日如来の使者とされました。忿怒相といい、見る者を怖い顔でにらみつけていますが、これは如来の命によるもの。この形相で魔を滅ぼし、障害を取り除き、修行を成就させる手助けをしているのです。

不動明王をお祀りする寺院は、成田山新勝寺（千葉県成田市）、高幡不動尊金剛寺（東京都日野市）、不動ヶ岡不動尊總願寺（埼玉県加須市）など。

【戌・亥年生まれ】

守護尊は、阿弥陀如来です。西方（極楽）浄土の主であり、極楽往生を願う衆生を救済します。四十八の誓願を立てて長期間の修行に入り、悟りを開いて如来となりました。その第十八願が最も有名で、阿弥陀仏を念ずれば極楽往生できるというものです。

極楽という言葉が広く一般に浸透していることからもわかるように、日本人にとっては非常になじみの深い仏様で、全国の寺院の半数近くは、阿弥陀仏をご本尊としています。

たとえば東本願寺（京都市）、善光寺（長野市）、中尊寺（岩手県西磐井郡平泉町）、増上寺（東京都港区）など、観光名所としても有名な寺院が数多くあります。

神仏にお参りするときは礼儀正しく

76ページでは、神仏にお参りするときの礼儀について少し触れました。ここでもう一度、大事なポイントを挙げてみます。

①午前中に済ませる

②ちゃんとした服装で行く

③お札を購入する

①の「午前中に済ませる」ですが、太陽が傾き始める前に寺社の境内を出るのが理想です。したがって、午前中が目安となります。譲っても、午後2時までには済ませてください。

傾き始めた太陽は、まさに「斜陽」のエネルギーを発しています。それよりは、太陽がまだ若々しい時間帯に参拝するほうが、運気上昇には効果的です。

私の実感としても、午前中と午後の違いは結果に表れます。午前中に参拝を済ませたほうが、効果が強く長続きします。これに比べると、午後の参拝は効果が弱く、すぐに消えてしまいます。

また、夕刻に近づくと「魔の時刻」にかかる心配も出てきます。「逢魔(おうま)が時」という言葉を聞いたことがあるでしょう? 夕方にさしかかり、明るくもなく暗くもない薄ぼんやりとした時間帯で、人の心が迷いにとらわれがちです。まさに魔が差すわけです。それを回避するためにも、午前中がおすすめです。

②の「ちゃんとした服装で行く」については、77ページで述べたとおりです。人間よりはるかに上の存在に、自分の願いを伝えに行くのですから、失礼のない身なりで行きましょう。

そして、③の「お札を購入する」について。お守りを買って携帯するのもけっこうですが、私の正直な実感としては、お札のほうが、効力が強いように思います。

買ってきたお札は、神仏の方位である北または北西の高い位置にお祀りしましょう。北または北西を背にして、南または南東を向くように安置します。

また、お札の有効期間は、一般にその年の暮れまでとされていますから、確認のうえ、期日が来たら返納してください。

天守閣のある城へ行く

私が認める唯一にして万人向けのパワースポットは天守閣です。行けば儲かると実感しているので、あれこれ余計なことを考えず、時間をつくって行くようにしています。ちなみに２０１５年は、方位取りをかねて、10回ほど天守閣にのぼりました。

一説によれば、天守閣にはよい気というか、殿様の気がまだ残っているそうです。それも手伝ってか、天守閣に行くと、一国一城の主（あるじ）の気持ちになって眼下に広がる国土を眺め、領主の視点から物事を考えることができます。そうした物の見方を身につけることが人生を変えていくのかもしれません。

また、不思議なことに、天守閣を備えた城周辺の土地は、今も栄えていることが多いのです。

ただし、天守閣を備えた城ならどこでもよいというわけではありません。運気向上のパワーが得られるのは、若干の例外はあるものの、戦国時代から安土桃山時代に築かれた城です。近年に復元されたものであっても効果が得られます。

それに比べると江戸時代に築かれた城の多くは、平和な時代に築城されたためか、天下を取るというより人々を管理するための施設になっています。そのせいか、さしたるパワーは感じられません。

次に、城の具体例をいくつか挙げておきます。このほかにも、大きなパワーをいただけそうな城が全国にありますので、調べてみてください。

なお、天守閣までのぼるときは、エレベーターより階段をおすすめしますが、城によってはかなりの段数がありますから、体力と要相談です。

また、天守閣へ行くときも、神社や仏閣と同じように、午前中のほうが効果的です。

・小田原城（神奈川県小田原市）
・松本城（長野県松本市）
・掛川城（静岡県掛川市）
・犬山城（愛知県犬山市）
・大洲（おおず）城（愛媛県大洲市）
・大坂城（大阪市）
・福知山城（京都市）
・長浜城（滋賀県長浜市）
・岡山城（岡山市）
・広島城（広島市）
・熊本城（熊本市）

十二支・九星早見表

（230〜270ページ）

1939年（卯七）

月/日		1日	2日	3日	4日	5日	6日	7日	8日	9日	10日	11日	12日	13日	14日	15日	16日	17日	18日	19日	20日	21日	22日	23日	24日	25日	26日	27日	28日	29日	30日	31日
2月	寅八	巳三	午四	未五	申六	酉七	戌八	亥九	子一	丑二	寅三	卯四	辰五	巳六	午七	未八	申九	酉一	戌二	亥三	子四	丑五	寅六	卯七	辰八	巳九	午一	未二	申三			
3月	卯七	酉四	戌五	亥六	子七	丑八	寅九	卯一	辰二	巳三	午四	未五	申六	酉七	戌八	亥九	子一	丑二	寅三	卯四	辰五	巳六	午七	未八	申九	酉一	戌二	亥三	子四	丑五	寅六	卯七
4月	辰六	辰八	巳九	午一	未二	申三	酉四	戌五	亥六	子七	丑八	寅九	卯一	辰二	巳三	午四	未五	申六	酉七	戌八	亥九	子一	丑二	寅三	卯四	辰五	巳六	午七	未八	申九	酉一	
5月	巳五	戌二	亥三	子四	丑五	寅六	卯七	辰八	巳九	午一	未二	申三	酉四	戌五	亥六	子七	丑八	寅九	卯一	辰二	巳三	午四	未五	申六	酉七	戌八	亥九	子九	丑八	寅七	卯六	辰五
6月	午四	巳四	午三	未二	申一	酉九	戌八	亥七	子六	丑五	寅四	卯三	辰二	巳一	午九	未八	申七	酉六	戌五	亥四	子三	丑二	寅一	卯九	辰八	巳七	午六	未五	申四	酉三	戌二	
7月	未三	亥一	子九	丑八	寅七	卯六	辰五	巳四	午三	未二	申一	酉九	戌八	亥七	子六	丑五	寅四	卯三	辰二	巳一	午九	未八	申七	酉六	戌五	亥四	子三	丑二	寅一	卯九	辰八	巳七
8月	申二	午六	未五	申四	酉三	戌二	亥一	子九	丑八	寅七	卯六	辰五	巳四	午三	未二	申一	酉九	戌八	亥七	子六	丑五	寅四	卯三	辰二	巳一	午九	未八	申七	酉六	戌五	亥四	子三
9月	酉一	丑二	寅一	卯九	辰八	巳七	午六	未五	申四	酉三	戌二	亥一	子九	丑八	寅七	卯六	辰五	巳四	午三	未二	申一	酉九	戌八	亥七	子六	丑五	寅四	卯三	辰二	巳一	午九	
10月	戌九	未八	申七	酉六	戌五	亥四	子三	丑二	寅一	卯九	辰八	巳七	午六	未五	申四	酉三	戌二	亥一	子九	丑八	寅七	卯六	辰五	巳四	午三	未二	申一	酉九	戌八	亥七	子六	丑五
11月	亥八	寅四	卯三	辰二	巳一	午九	未八	申七	酉六	戌五	亥四	子三	丑二	寅一	卯九	辰八	巳七	午六	未五	申四	酉三	戌二	亥一	子九	丑八	寅七	卯六	辰五	巳四	午三	未二	
12月	子七	申一	酉九	戌八	亥七	子六	丑五	寅四	卯三	辰二	巳一	午九	未八	申七	酉六	戌五	亥四	子三	丑二	寅一	卯九	辰八	巳七	午七	未八	申九	酉一	戌二	亥三	子四	丑五	寅六
翌1	丑六	卯七	辰八	巳九	午一	未二	申三	酉四	戌五	亥六	子七	丑八	寅九	卯一	辰二	巳三	午四	未五	申六	酉七	戌八	亥九	子一	丑二	寅三	卯四	辰五	巳六	午七	未八	申九	酉一

1940年（辰六）

月/日		1日	2日	3日	4日	5日	6日	7日	8日	9日	10日	11日	12日	13日	14日	15日	16日	17日	18日	19日	20日	21日	22日	23日	24日	25日	26日	27日	28日	29日	30日	31日
2月	寅五	戌二	亥三	子四	丑五	寅六	卯七	辰八	巳九	午一	未二	申三	酉四	戌五	亥六	子七	丑八	寅九	卯一	辰二	巳三	午四	未五	申六	酉七	戌八	亥九	子一	丑二	寅三		
3月	卯四	卯四	辰五	巳六	午七	未八	申九	酉一	戌二	亥三	子四	丑五	寅六	卯七	辰八	巳九	午一	未二	申三	酉四	戌五	亥六	子七	丑八	寅九	卯一	辰二	巳三	午四	未五	申六	酉七
4月	辰三	戌八	亥九	子一	丑二	寅三	卯四	辰五	巳六	午七	未八	申九	酉一	戌二	亥三	子四	丑五	寅六	卯七	辰八	巳九	午一	未二	申三	酉四	戌五	亥六	子七	丑八	寅九	卯一	
5月	巳二	辰二	巳三	午四	未五	申六	酉七	戌八	亥九	子一	丑二	寅三	卯四	辰五	巳六	午七	未八	申九	酉一	戌二	亥三	子四	丑五	寅六	卯七	辰八	巳九	午一	未二	申三	酉四	戌五
6月	午一	亥六	子七	丑八	寅九	卯一	辰二	巳三	午四	未五	申六	酉七	戌八	亥九	子一	丑二	寅三	卯四	辰五	巳六	午七	未八	申九	酉一	戌二	亥三	子四	丑五	寅六	卯七	辰八	
7月	未九	巳九	午一	未二	申三	酉四	戌五	亥六	子七	丑八	寅九	卯一	辰二	巳三	午四	未五	申六	酉七	戌八	亥九	子九	丑八	寅七	卯六	辰五	巳四	午三	未二	申一	酉九	戌八	亥七
8月	申八	子六	丑五	寅四	卯三	辰二	巳一	午九	未八	申七	酉六	戌五	亥四	子三	丑二	寅一	卯九	辰八	巳七	午六	未五	申四	酉三	戌二	亥一	子九	丑八	寅七	卯六	辰五	巳四	午三
9月	酉七	未二	申一	酉九	戌八	亥七	子六	丑五	寅四	卯三	辰二	巳一	午九	未八	申七	酉六	戌五	亥四	子三	丑二	寅一	卯九	辰八	巳七	午六	未五	申四	酉三	戌二	亥一	子九	
10月	戌六	丑八	寅七	卯六	辰五	巳四	午三	未二	申一	酉九	戌八	亥七	子六	丑五	寅四	卯三	辰二	巳一	午九	未八	申七	酉六	戌五	亥四	子三	丑二	寅一	卯九	辰八	巳七	午六	未五
11月	亥五	申四	酉三	戌二	亥一	子九	丑八	寅七	卯六	辰五	巳四	午三	未二	申一	酉九	戌八	亥七	子六	丑五	寅四	卯三	辰二	巳一	午九	未八	申七	酉六	戌五	亥四	子三	丑二	
12月	子四	寅一	卯九	辰八	巳七	午六	未五	申四	酉三	戌二	亥一	子九	丑八	寅七	卯六	辰五	巳四	午三	未二	申一	酉九	戌八	亥七	子六	丑五	寅四	卯三	辰二	巳一	午九	未八	申七
翌1	丑三	酉六	戌五	亥四	子三	丑二	寅一	卯九	辰八	巳七	午六	未五	申四	酉三	戌二	亥一	子一	丑二	寅三	卯四	辰五	巳六	午七	未八	申九	酉一	戌二	亥三	子四	丑五	寅六	卯七

1941年（巳五）

月/日		1日	2日	3日	4日	5日	6日	7日	8日	9日	10日	11日	12日	13日	14日	15日	16日	17日	18日	19日	20日	21日	22日	23日	24日	25日	26日	27日	28日	29日	30日	31日
2月	寅二	辰八	巳九	午一	未二	申三	酉四	戌五	亥六	子七	丑八	寅九	卯一	辰二	巳三	午四	未五	申六	酉七	戌八	亥九	子一	丑二	寅三	卯四	辰五	巳六	午七	未八			
3月	卯一	申九	酉一	戌二	亥三	子四	丑五	寅六	卯七	辰八	巳九	午一	未二	申三	酉四	戌五	亥六	子七	丑八	寅九	卯一	辰二	巳三	午四	未五	申六	酉七	戌八	亥九	子一	丑二	寅三
4月	辰九	卯四	辰五	巳六	午七	未八	申九	酉一	戌二	亥三	子四	丑五	寅六	卯七	辰八	巳九	午一	未二	申三	酉四	戌五	亥六	子七	丑八	寅九	卯一	辰二	巳三	午四	未五	申六	
5月	巳八	酉七	戌八	亥九	子一	丑二	寅三	卯四	辰五	巳六	午七	未八	申九	酉一	戌二	亥三	子四	丑五	寅六	卯七	辰八	巳九	午一	未二	申三	酉四	戌五	亥六	子七	丑八	寅九	卯一
6月	午七	辰二	巳三	午四	未五	申六	酉七	戌八	亥九	子一	丑二	寅三	卯四	辰五	巳六	午七	未八	申九	酉一	戌二	亥三	子四	丑五	寅六	卯七	辰八	巳九	午一	未二	申三	酉四	
7月	未六	戌五	亥六	子七	丑八	寅九	卯一	辰二	巳三	午四	未五	申六	酉七	戌八	亥九	子九	丑八	寅七	卯六	辰五	巳四	午三	未二	申一	酉九	戌八	亥七	子六	丑五	寅四	卯三	辰二
8月	申五	巳一	午九	未八	申七	酉六	戌五	亥四	子三	丑二	寅一	卯九	辰八	巳七	午六	未五	申四	酉三	戌二	亥一	子九	丑八	寅七	卯六	辰五	巳四	午三	未二	申一	酉九	戌八	亥七
9月	酉四	子六	丑五	寅四	卯三	辰二	巳一	午九	未八	申七	酉六	戌五	亥四	子三	丑二	寅一	卯九	辰八	巳七	午六	未五	申四	酉三	戌二	亥一	子九	丑八	寅七	卯六	辰五	巳四	
10月	戌三	午三	未二	申一	酉九	戌八	亥七	子六	丑五	寅四	卯三	辰二	巳一	午九	未八	申七	酉六	戌五	亥四	子三	丑二	寅一	卯九	辰八	巳七	午六	未五	申四	酉三	戌二	亥一	子九
11月	亥二	丑八	寅七	卯六	辰五	巳四	午三	未二	申一	酉九	戌八	亥七	子六	丑五	寅四	卯三	辰二	巳一	午九	未八	申七	酉六	戌五	亥四	子三	丑二	寅一	卯九	辰八	巳七	午六	
12月	子一	未五	申四	酉三	戌二	亥一	子九	丑八	寅七	卯六	辰五	巳四	午三	未二	申一	酉九	戌八	亥七	子六	丑五	寅四	卯三	辰二	巳一	午九	未八	申七	酉六	戌五	亥四	子三	丑二
翌1	丑九	寅一	卯九	辰八	巳七	午六	未五	申四	酉三	戌二	亥一	子一	丑二	寅三	卯四	辰五	巳六	午七	未八	申九	酉一	戌二	亥三	子四	丑五	寅六	卯七	辰八	巳九	午一	未二	申三

1942年（午四）

月/日		1日	2日	3日	4日	5日	6日	7日	8日	9日	10日	11日	12日	13日	14日	15日	16日	17日	18日	19日	20日	21日	22日	23日	24日	25日	26日	27日	28日	29日	30日	31日
2月	寅八	酉四	戌五	亥六	子七	丑八	寅九	卯一	辰二	巳三	午四	未五	申六	酉七	戌八	亥九	子一	丑二	寅三	卯四	辰五	巳六	午七	未八	申九	酉一	戌二	亥三	子四			
3月	卯七	丑五	寅六	卯七	辰八	巳九	午一	未二	申三	酉四	戌五	亥六	子七	丑八	寅九	卯一	辰二	巳三	午四	未五	申六	酉七	戌八	亥九	子一	丑二	寅三	卯四	辰五	巳六	午七	未八
4月	辰六	申九	酉一	戌二	亥三	子四	丑五	寅六	卯七	辰八	巳九	午一	未二	申三	酉四	戌五	亥六	子七	丑八	寅九	卯一	辰二	巳三	午四	未五	申六	酉七	戌八	亥九	子一	丑二	
5月	巳五	寅三	卯四	辰五	巳六	午七	未八	申九	酉一	戌二	亥三	子四	丑五	寅六	卯七	辰八	巳九	午一	未二	申三	酉四	戌五	亥六	子七	丑八	寅九	卯一	辰二	巳三	午四	未五	申六
6月	午四	酉七	戌八	亥九	子一	丑二	寅三	卯四	辰五	巳六	午七	未八	申九	酉一	戌二	亥三	子四	丑五	寅六	卯七	辰八	巳九	午一	未二	申三	酉四	戌五	亥六	子七	丑八	寅九	
7月	未三	卯一	辰二	巳三	午四	未五	申六	酉七	戌八	亥九	子九	丑八	寅七	卯六	辰五	巳四	午三	未二	申一	酉九	戌八	亥七	子六	丑五	寅四	卯三	辰二	巳一	午九	未八	申七	酉六
8月	申二	戌五	亥四	子三	丑二	寅一	卯九	辰八	巳七	午六	未五	申四	酉三	戌二	亥一	子九	丑八	寅七	卯六	辰五	巳四	午三	未二	申一	酉九	戌八	亥七	子六	丑五	寅四	卯三	辰二
9月	酉一	巳一	午九	未八	申七	酉六	戌五	亥四	子三	丑二	寅一	卯九	辰八	巳七	午六	未五	申四	酉三	戌二	亥一	子九	丑八	寅七	卯六	辰五	巳四	午三	未二	申一	酉九	戌八	
10月	戌九	亥七	子六	丑五	寅四	卯三	辰二	巳一	午九	未八	申七	酉六	戌五	亥四	子三	丑二	寅一	卯九	辰八	巳七	午六	未五	申四	酉三	戌二	亥一	子九	丑八	寅七	卯六	辰五	巳四
11月	亥八	午三	未二	申一	酉九	戌八	亥七	子六	丑五	寅四	卯三	辰二	巳一	午九	未八	申七	酉六	戌五	亥四	子三	丑二	寅一	卯九	辰八	巳七	午六	未五	申四	酉三	戌二	亥一	
12月	子七	子九	丑八	寅七	卯六	辰五	巳四	午三	未二	申一	酉九	戌八	亥七	子六	丑五	寅四	卯三	辰二	巳一	午九	未八	申七	酉六	戌五	亥四	子三	丑二	寅一	卯九	辰八	巳七	午六
翌1	丑六	未五	申四	酉三	戌二	亥一	子一	丑二	寅三	卯四	辰五	巳六	午七	未八	申九	酉一	戌二	亥三	子四	丑五	寅六	卯七	辰八	巳九	午一	未二	申三	酉四	戌五	亥六	子七	丑八

1943年（未三）

月/日		1日	2日	3日	4日	5日	6日	7日	8日	9日	10日	11日	12日	13日	14日	15日	16日	17日	18日	19日	20日	21日	22日	23日	24日	25日	26日	27日	28日	29日	30日	31日
2月	寅五	寅九	卯一	辰二	巳三	午四	未五	申六	酉七	戌八	亥九	子一	丑二	寅三	卯四	辰五	巳六	午七	未八	申九	酉一	戌二	亥三	子四	丑五	寅六	卯七	辰八	巳九			
3月	卯四	午一	未二	申三	酉四	戌五	亥六	子七	丑八	寅九	卯一	辰二	巳三	午四	未五	申六	酉七	戌八	亥九	子一	丑二	寅三	卯四	辰五	巳六	午七	未八	申九	酉一	戌二	亥三	子四
4月	辰三	丑五	寅六	卯七	辰八	巳九	午一	未二	申三	酉四	戌五	亥六	子七	丑八	寅九	卯一	辰二	巳三	午四	未五	申六	酉七	戌八	亥九	子一	丑二	寅三	卯四	辰五	巳六	午七	
5月	巳二	未八	申九	酉一	戌二	亥三	子四	丑五	寅六	卯七	辰八	巳九	午一	未二	申三	酉四	戌五	亥六	子七	丑八	寅九	卯一	辰二	巳三	午四	未五	申六	酉七	戌八	亥九	子一	丑二
6月	午一	寅三	卯四	辰五	巳六	午七	未八	申九	酉一	戌二	亥三	子四	丑五	寅六	卯七	辰八	巳九	午一	未二	申三	酉四	戌五	亥六	子七	丑八	寅九	卯一	辰二	巳三	午四	未五	
7月	未九	申六	酉七	戌八	亥九	子九	丑八	寅七	卯六	辰五	巳四	午三	未二	申一	酉九	戌八	亥七	子六	丑五	寅四	卯三	辰二	巳一	午九	未八	申七	酉六	戌五	亥四	子三	丑二	寅一
8月	申八	卯九	辰八	巳七	午六	未五	申四	酉三	戌二	亥一	子九	丑八	寅七	卯六	辰五	巳四	午三	未二	申一	酉九	戌八	亥七	子六	丑五	寅四	卯三	辰二	巳一	午九	未八	申七	酉六
9月	酉七	戌五	亥四	子三	丑二	寅一	卯九	辰八	巳七	午六	未五	申四	酉三	戌二	亥一	子九	丑八	寅七	卯六	辰五	巳四	午三	未二	申一	酉九	戌八	亥七	子六	丑五	寅四	卯三	
10月	戌六	辰二	巳一	午九	未八	申七	酉六	戌五	亥四	子三	丑二	寅一	卯九	辰八	巳七	午六	未五	申四	酉三	戌二	亥一	子九	丑八	寅七	卯六	辰五	巳四	午三	未二	申一	酉九	戌八
11月	亥五	亥七	子六	丑五	寅四	卯三	辰二	巳一	午九	未八	申七	酉六	戌五	亥四	子三	丑二	寅一	卯九	辰八	巳七	午六	未五	申四	酉三	戌二	亥一	子九	丑八	寅七	卯六	辰五	
12月	子四	巳四	午三	未二	申一	酉九	戌八	亥七	子六	丑五	寅四	卯三	辰二	巳一	午九	未八	申七	酉六	戌五	亥四	子三	丑二	寅一	卯九	辰八	巳七	午六	未五	申四	酉三	戌二	亥一
翌1	丑三	子一	丑二	寅三	卯四	辰五	巳六	午七	未八	申九	酉一	戌二	亥三	子四	丑五	寅六	卯七	辰八	巳九	午一	未二	申三	酉四	戌五	亥六	子七	丑八	寅九	卯一	辰二	巳三	午四

1944年（申二）

月/日		1日	2日	3日	4日	5日	6日	7日	8日	9日	10日	11日	12日	13日	14日	15日	16日	17日	18日	19日	20日	21日	22日	23日	24日	25日	26日	27日	28日	29日	30日	31日
2月	寅二	未五	申六	酉七	戌八	亥九	子一	丑二	寅三	卯四	辰五	巳六	午七	未八	申九	酉一	戌二	亥三	子四	丑五	寅六	卯七	辰八	巳九	午一	未二	申三	酉四	戌五	亥六		
3月	卯一	子七	丑八	寅九	卯一	辰二	巳三	午四	未五	申六	酉七	戌八	亥九	子一	丑二	寅三	卯四	辰五	巳六	午七	未八	申九	酉一	戌二	亥三	子四	丑五	寅六	卯七	辰八	巳九	午一
4月	辰九	未二	申三	酉四	戌五	亥六	子七	丑八	寅九	卯一	辰二	巳三	午四	未五	申六	酉七	戌八	亥九	子一	丑二	寅三	卯四	辰五	巳六	午七	未八	申九	酉一	戌二	亥三	子四	
5月	巳八	丑五	寅六	卯七	辰八	巳九	午一	未二	申三	酉四	戌五	亥六	子七	丑八	寅九	卯一	辰二	巳三	午四	未五	申六	酉七	戌八	亥九	子一	丑二	寅三	卯四	辰五	巳六	午七	未八
6月	午七	申九	酉一	戌二	亥三	子四	丑五	寅六	卯七	辰八	巳九	午一	未二	申三	酉四	戌五	亥六	子七	丑八	寅九	卯一	辰二	巳三	午四	未五	申六	酉七	戌八	亥九	子九	丑八	
7月	未六	寅七	卯六	辰五	巳四	午三	未二	申一	酉九	戌八	亥七	子六	丑五	寅四	卯三	辰二	巳一	午九	未八	申七	酉六	戌五	亥四	子三	丑二	寅一	卯九	辰八	巳七	午六	未五	申四
8月	申五	酉三	戌二	亥一	子九	丑八	寅七	卯六	辰五	巳四	午三	未二	申一	酉九	戌八	亥七	子六	丑五	寅四	卯三	辰二	巳一	午九	未八	申七	酉六	戌五	亥四	子三	丑二	寅一	卯九
9月	酉四	辰八	巳七	午六	未五	申四	酉三	戌二	亥一	子九	丑八	寅七	卯六	辰五	巳四	午三	未二	申一	酉九	戌八	亥七	子六	丑五	寅四	卯三	辰二	巳一	午九	未八	申七	酉六	
10月	戌三	戌五	亥四	子三	丑二	寅一	卯九	辰八	巳七	午六	未五	申四	酉三	戌二	亥一	子九	丑八	寅七	卯六	辰五	巳四	午三	未二	申一	酉九	戌八	亥七	子六	丑五	寅四	卯三	辰二
11月	亥二	巳一	午九	未八	申七	酉六	戌五	亥四	子三	丑二	寅一	卯九	辰八	巳七	午六	未五	申四	酉三	戌二	亥一	子九	丑八	寅七	卯六	辰五	巳四	午三	未二	申一	酉九	戌八	
12月	子一	亥七	子六	丑五	寅四	卯三	辰二	巳一	午九	未八	申七	酉六	戌五	亥四	子三	丑二	寅一	卯九	辰八	巳七	午六	未五	申四	酉三	戌二	亥一	子一	丑二	寅三	卯四	辰五	巳六
翌1	丑九	午七	未八	申九	酉一	戌二	亥三	子四	丑五	寅六	卯七	辰八	巳九	午一	未二	申三	酉四	戌五	亥六	子七	丑八	寅九	卯一	辰二	巳三	午四	未五	申六	酉七	戌八	亥九	子一

1945年（酉一）

月/日		1日	2日	3日	4日	5日	6日	7日	8日	9日	10日	11日	12日	13日	14日	15日	16日	17日	18日	19日	20日	21日	22日	23日	24日	25日	26日	27日	28日	29日	30日	31日
2月	寅八	丑二	寅三	卯四	辰五	巳六	午七	未八	申九	酉一	戌二	亥三	子四	丑五	寅六	卯七	辰八	巳九	午一	未二	申三	酉四	戌五	亥六	子七	丑八	寅九	卯一	辰二			
3月	卯七	巳三	午四	未五	申六	酉七	戌八	亥九	子一	丑二	寅三	卯四	辰五	巳六	午七	未八	申九	酉一	戌二	亥三	子四	丑五	寅六	卯七	辰八	巳九	午一	未二	申三	酉四	戌五	亥六
4月	辰六	子七	丑八	寅九	卯一	辰二	巳三	午四	未五	申六	酉七	戌八	亥九	子一	丑二	寅三	卯四	辰五	巳六	午七	未八	申九	酉一	戌二	亥三	子四	丑五	寅六	卯七	辰八	巳九	
5月	巳五	午一	未二	申三	酉四	戌五	亥六	子七	丑八	寅九	卯一	辰二	巳三	午四	未五	申六	酉七	戌八	亥九	子一	丑二	寅三	卯四	辰五	巳六	午七	未八	申九	酉一	戌二	亥三	子四
6月	午四	丑五	寅六	卯七	辰八	巳九	午一	未二	申三	酉四	戌五	亥六	子七	丑八	寅九	卯一	辰二	巳三	午四	未五	申六	酉七	戌八	亥九	子九	丑八	寅七	卯六	辰五	巳四	午三	
7月	未三	未二	申一	酉九	戌八	亥七	子六	丑五	寅四	卯三	辰二	巳一	午九	未八	申七	酉六	戌五	亥四	子三	丑二	寅一	卯九	辰八	巳七	午六	未五	申四	酉三	戌二	亥一	子九	丑八
8月	申二	寅七	卯六	辰五	巳四	午三	未二	申一	酉九	戌八	亥七	子六	丑五	寅四	卯三	辰二	巳一	午九	未八	申七	酉六	戌五	亥四	子三	丑二	寅一	卯九	辰八	巳七	午六	未五	申四
9月	酉一	酉三	戌二	亥一	子九	丑八	寅七	卯六	辰五	巳四	午三	未二	申一	酉九	戌八	亥七	子六	丑五	寅四	卯三	辰二	巳一	午九	未八	申七	酉六	戌五	亥四	子三	丑二	寅一	
10月	戌九	卯九	辰八	巳七	午六	未五	申四	酉三	戌二	亥一	子九	丑八	寅七	卯六	辰五	巳四	午三	未二	申一	酉九	戌八	亥七	子六	丑五	寅四	卯三	辰二	巳一	午九	未八	申七	酉六
11月	亥八	戌五	亥四	子三	丑二	寅一	卯九	辰八	巳七	午六	未五	申四	酉三	戌二	亥一	子九	丑八	寅七	卯六	辰五	巳四	午三	未二	申一	酉九	戌八	亥七	子六	丑五	寅四	卯三	
12月	子七	辰二	巳一	午九	未八	申七	酉六	戌五	亥四	子三	丑二	寅一	卯九	辰八	巳七	午六	未五	申四	酉三	戌二	亥一	子一	丑二	寅三	卯四	辰五	巳六	午七	未八	申九	酉一	戌二
翌1	丑六	亥三	子四	丑五	寅六	卯七	辰八	巳九	午一	未二	申三	酉四	戌五	亥六	子七	丑八	寅九	卯一	辰二	巳三	午四	未五	申六	酉七	戌八	亥九	子一	丑二	寅三	卯四	辰五	巳六

1946年（戌九）

月/日		1日	2日	3日	4日	5日	6日	7日	8日	9日	10日	11日	12日	13日	14日	15日	16日	17日	18日	19日	20日	21日	22日	23日	24日	25日	26日	27日	28日	29日	30日	31日
2月	寅五	午七	未八	申九	酉一	戌二	亥三	子四	丑五	寅六	卯七	辰八	巳九	午一	未二	申三	酉四	戌五	亥六	子七	丑八	寅九	卯一	辰二	巳三	午四	未五	申六	酉七			
3月	卯四	戌八	亥九	子一	丑二	寅三	卯四	辰五	巳六	午七	未八	申九	酉一	戌二	亥三	子四	丑五	寅六	卯七	辰八	巳九	午一	未二	申三	酉四	戌五	亥六	子七	丑八	寅九	卯一	辰二
4月	辰三	巳三	午四	未五	申六	酉七	戌八	亥九	子一	丑二	寅三	卯四	辰五	巳六	午七	未八	申九	酉一	戌二	亥三	子四	丑五	寅六	卯七	辰八	巳九	午一	未二	申三	酉四	戌五	
5月	巳二	亥六	子七	丑八	寅九	卯一	辰二	巳三	午四	未五	申六	酉七	戌八	亥九	子一	丑二	寅三	卯四	辰五	巳六	午七	未八	申九	酉一	戌二	亥三	子四	丑五	寅六	卯七	辰八	巳九
6月	午一	午一	未二	申三	酉四	戌五	亥六	子七	丑八	寅九	卯一	辰二	巳三	午四	未五	申六	酉七	戌八	亥九	子九	丑八	寅七	卯六	辰五	巳四	午三	未二	申一	酉九	戌八	亥七	
7月	未九	子六	丑五	寅四	卯三	辰二	巳一	午九	未八	申七	酉六	戌五	亥四	子三	丑二	寅一	卯九	辰八	巳七	午六	未五	申四	酉三	戌二	亥一	子九	丑八	寅七	卯六	辰五	巳四	午三
8月	申八	未二	申一	酉九	戌八	亥七	子六	丑五	寅四	卯三	辰二	巳一	午九	未八	申七	酉六	戌五	亥四	子三	丑二	寅一	卯九	辰八	巳七	午六	未五	申四	酉三	戌二	亥一	子九	丑八
9月	酉七	寅七	卯六	辰五	巳四	午三	未二	申一	酉九	戌八	亥七	子六	丑五	寅四	卯三	辰二	巳一	午九	未八	申七	酉六	戌五	亥四	子三	丑二	寅一	卯九	辰八	巳七	午六	未五	
10月	戌六	申四	酉三	戌二	亥一	子九	丑八	寅七	卯六	辰五	巳四	午三	未二	申一	酉九	戌八	亥七	子六	丑五	寅四	卯三	辰二	巳一	午九	未八	申七	酉六	戌五	亥四	子三	丑二	寅一
11月	亥五	卯九	辰八	巳七	午六	未五	申四	酉三	戌二	亥一	子九	丑八	寅七	卯六	辰五	巳四	午三	未二	申一	酉九	戌八	亥七	子六	丑五	寅四	卯三	辰二	巳一	午九	未八	申七	
12月	子四	酉六	戌五	亥四	子三	丑二	寅一	卯九	辰八	巳七	午六	未五	申四	酉三	戌二	亥一	子一	丑二	寅三	卯四	辰五	巳六	午七	未八	申九	酉一	戌二	亥三	子四	丑五	寅六	卯七
翌1	丑三	辰八	巳九	午一	未二	申三	酉四	戌五	亥六	子七	丑八	寅九	卯一	辰二	巳三	午四	未五	申六	酉七	戌八	亥九	子一	丑二	寅三	卯四	辰五	巳六	午七	未八	申九	酉一	戌二

1947年（亥八）

月/日		1日	2日	3日	4日	5日	6日	7日	8日	9日	10日	11日	12日	13日	14日	15日	16日	17日	18日	19日	20日	21日	22日	23日	24日	25日	26日	27日	28日	29日	30日	31日
2月	寅二	亥三	子四	丑五	寅六	卯七	辰八	巳九	午一	未二	申三	酉四	戌五	亥六	子七	丑八	寅九	卯一	辰二	巳三	午四	未五	申六	酉七	戌八	亥九	子一	丑二	寅三			
3月	卯一	卯四	辰五	巳六	午七	未八	申九	酉一	戌二	亥三	子四	丑五	寅六	卯七	辰八	巳九	午一	未二	申三	酉四	戌五	亥六	子七	丑八	寅九	卯一	辰二	巳三	午四	未五	申六	酉七
4月	辰九	戌八	亥九	子一	丑二	寅三	卯四	辰五	巳六	午七	未八	申九	酉一	戌二	亥三	子四	丑五	寅六	卯七	辰八	巳九	午一	未二	申三	酉四	戌五	亥六	子七	丑八	寅九	卯一	
5月	巳八	辰二	巳三	午四	未五	申六	酉七	戌八	亥九	子一	丑二	寅三	卯四	辰五	巳六	午七	未八	申九	酉一	戌二	亥三	子四	丑五	寅六	卯七	辰八	巳九	午一	未二	申三	酉四	戌五
6月	午七	亥六	子七	丑八	寅九	卯一	辰二	巳三	午四	未五	申六	酉七	戌八	亥九	子九	丑八	寅七	卯六	辰五	巳四	午三	未二	申一	酉九	戌八	亥七	子六	丑五	寅四	卯三	辰二	
7月	未六	巳一	午九	未八	申七	酉六	戌五	亥四	子三	丑二	寅一	卯九	辰八	巳七	午六	未五	申四	酉三	戌二	亥一	子九	丑八	寅七	卯六	辰五	巳四	午三	未二	申一	酉九	戌八	亥七
8月	申五	子六	丑五	寅四	卯三	辰二	巳一	午九	未八	申七	酉六	戌五	亥四	子三	丑二	寅一	卯九	辰八	巳七	午六	未五	申四	酉三	戌二	亥一	子九	丑八	寅七	卯六	辰五	巳四	午三
9月	酉四	未二	申一	酉九	戌八	亥七	子六	丑五	寅四	卯三	辰二	巳一	午九	未八	申七	酉六	戌五	亥四	子三	丑二	寅一	卯九	辰八	巳七	午六	未五	申四	酉三	戌二	亥一	子九	
10月	戌三	丑八	寅七	卯六	辰五	巳四	午三	未二	申一	酉九	戌八	亥七	子六	丑五	寅四	卯三	辰二	巳一	午九	未八	申七	酉六	戌五	亥四	子三	丑二	寅一	卯九	辰八	巳七	午六	未五
11月	亥二	申四	酉三	戌二	亥一	子九	丑八	寅七	卯六	辰五	巳四	午三	未二	申一	酉九	戌八	亥七	子六	丑五	寅四	卯三	辰二	巳一	午九	未八	申七	酉六	戌五	亥四	子三	丑二	
12月	子一	寅一	卯九	辰八	巳七	午六	未五	申四	酉三	戌二	亥一	子一	丑二	寅三	卯四	辰五	巳六	午七	未八	申九	酉一	戌二	亥三	子四	丑五	寅六	卯七	辰八	巳九	午一	未二	申三
翌1	丑九	酉四	戌五	亥六	子七	丑八	寅九	卯一	辰二	巳三	午四	未五	申六	酉七	戌八	亥九	子一	丑二	寅三	卯四	辰五	巳六	午七	未八	申九	酉一	戌二	亥三	子四	丑五	寅六	卯七

1948年（子七）

月/日		1日	2日	3日	4日	5日	6日	7日	8日	9日	10日	11日	12日	13日	14日	15日	16日	17日	18日	19日	20日	21日	22日	23日	24日	25日	26日	27日	28日	29日	30日	31日
2月	寅八	辰八	巳九	午一	未二	申三	酉四	戌五	亥六	子七	丑八	寅九	卯一	辰二	巳三	午四	未五	申六	酉七	戌八	亥九	子一	丑二	寅三	卯四	辰五	巳六	午七	未八	申九		
3月	卯七	酉一	戌二	亥三	子四	丑五	寅六	卯七	辰八	巳九	午一	未二	申三	酉四	戌五	亥六	子七	丑八	寅九	卯一	辰二	巳三	午四	未五	申六	酉七	戌八	亥九	子一	丑二	寅三	卯四
4月	辰六	辰五	巳六	午七	未八	申九	酉一	戌二	亥三	子四	丑五	寅六	卯七	辰八	巳九	午一	未二	申三	酉四	戌五	亥六	子七	丑八	寅九	卯一	辰二	巳三	午四	未五	申六	酉七	
5月	巳五	戌八	亥九	子一	丑二	寅三	卯四	辰五	巳六	午七	未八	申九	酉一	戌二	亥三	子四	丑五	寅六	卯七	辰八	巳九	午一	未二	申三	酉四	戌五	亥六	子七	丑八	寅九	卯一	辰二
6月	午四	巳三	午四	未五	申六	酉七	戌八	亥九	子九	丑八	寅七	卯六	辰五	巳四	午三	未二	申一	酉九	戌八	亥七	子六	丑五	寅四	卯三	辰二	巳一	午九	未八	申七	酉六	戌五	
7月	未三	亥四	子三	丑二	寅一	卯九	辰八	巳七	午六	未五	申四	酉三	戌二	亥一	子九	丑八	寅七	卯六	辰五	巳四	午三	未二	申一	酉九	戌八	亥七	子六	丑五	寅四	卯三	辰二	巳一
8月	申二	午九	未八	申七	酉六	戌五	亥四	子三	丑二	寅一	卯九	辰八	巳七	午六	未五	申四	酉三	戌二	亥一	子九	丑八	寅七	卯六	辰五	巳四	午三	未二	申一	酉九	戌八	亥七	子六
9月	酉一	丑五	寅四	卯三	辰二	巳一	午九	未八	申七	酉六	戌五	亥四	子三	丑二	寅一	卯九	辰八	巳七	午六	未五	申四	酉三	戌二	亥一	子九	丑八	寅七	卯六	辰五	巳四	午三	
10月	戌九	未二	申一	酉九	戌八	亥七	子六	丑五	寅四	卯三	辰二	巳一	午九	未八	申七	酉六	戌五	亥四	子三	丑二	寅一	卯九	辰八	巳七	午六	未五	申四	酉三	戌二	亥一	子九	丑八
11月	亥八	寅七	卯六	辰五	巳四	午三	未二	申一	酉九	戌八	亥七	子六	丑五	寅四	卯三	辰二	巳一	午九	未八	申七	酉六	戌五	亥四	子三	丑二	寅一	卯九	辰八	巳七	午六	未五	
12月	子七	申四	酉三	戌二	亥一	子一	丑二	寅三	卯四	辰五	巳六	午七	未八	申九	酉一	戌二	亥三	子四	丑五	寅六	卯七	辰八	巳九	午一	未二	申三	酉四	戌五	亥六	子七	丑八	寅九
翌1	丑六	卯一	辰二	巳三	午四	未五	申六	酉七	戌八	亥九	子一	丑二	寅三	卯四	辰五	巳六	午七	未八	申九	酉一	戌二	亥三	子四	丑五	寅六	卯七	辰八	巳九	午一	未二	申三	酉四

1949年（丑六）

月/日		1日	2日	3日	4日	5日	6日	7日	8日	9日	10日	11日	12日	13日	14日	15日	16日	17日	18日	19日	20日	21日	22日	23日	24日	25日	26日	27日	28日	29日	30日	31日
2月	寅五	戌五	亥六	子七	丑八	寅九	卯一	辰二	巳三	午四	未五	申六	酉七	戌八	亥九	子一	丑二	寅三	卯四	辰五	巳六	午七	未八	申九	酉一	戌二	亥三	子四	丑五			
3月	卯四	寅六	卯七	辰八	巳九	午一	未二	申三	酉四	戌五	亥六	子七	丑八	寅九	卯一	辰二	巳三	午四	未五	申六	酉七	戌八	亥九	子一	丑二	寅三	卯四	辰五	巳六	午七	未八	申九
4月	辰三	酉一	戌二	亥三	子四	丑五	寅六	卯七	辰八	巳九	午一	未二	申三	酉四	戌五	亥六	子七	丑八	寅九	卯一	辰二	巳三	午四	未五	申六	酉七	戌八	亥九	子一	丑二	寅三	
5月	巳二	卯四	辰五	巳六	午七	未八	申九	酉一	戌二	亥三	子四	丑五	寅六	卯七	辰八	巳九	午一	未二	申三	酉四	戌五	亥六	子七	丑八	寅九	卯一	辰二	巳三	午四	未五	申六	酉七
6月	午一	戌八	亥九	子九	丑八	寅七	卯六	辰五	巳四	午三	未二	申一	酉九	戌八	亥七	子六	丑五	寅四	卯三	辰二	巳一	午九	未八	申七	酉六	戌五	亥四	子三	丑二	寅一	卯九	
7月	未九	辰八	巳七	午六	未五	申四	酉三	戌二	亥一	子九	丑八	寅七	卯六	辰五	巳四	午三	未二	申一	酉九	戌八	亥七	子六	丑五	寅四	卯三	辰二	巳一	午九	未八	申七	酉六	戌五
8月	申八	亥四	子三	丑二	寅一	卯九	辰八	巳七	午六	未五	申四	酉三	戌二	亥一	子九	丑八	寅七	卯六	辰五	巳四	午三	未二	申一	酉九	戌八	亥七	子六	丑五	寅四	卯三	辰二	巳一
9月	酉七	午九	未八	申七	酉六	戌五	亥四	子三	丑二	寅一	卯九	辰八	巳七	午六	未五	申四	酉三	戌二	亥一	子九	丑八	寅七	卯六	辰五	巳四	午三	未二	申一	酉九	戌八	亥七	
10月	戌六	子六	丑五	寅四	卯三	辰二	巳一	午九	未八	申七	酉六	戌五	亥四	子三	丑二	寅一	卯九	辰八	巳七	午六	未五	申四	酉三	戌二	亥一	子九	丑八	寅七	卯六	辰五	巳四	午三
11月	亥五	未二	申一	酉九	戌八	亥七	子六	丑五	寅四	卯三	辰二	巳一	午九	未八	申七	酉六	戌五	亥四	子三	丑二	寅一	卯九	辰八	巳七	午六	未五	申四	酉三	戌二	亥一	子一	
12月	子四	丑二	寅三	卯四	辰五	巳六	午七	未八	申九	酉一	戌二	亥三	子四	丑五	寅六	卯七	辰八	巳九	午一	未二	申三	酉四	戌五	亥六	子七	丑八	寅九	卯一	辰二	巳三	午四	未五
翌1	丑三	申六	酉七	戌八	亥九	子一	丑二	寅三	卯四	辰五	巳六	午七	未八	申九	酉一	戌二	亥三	子四	丑五	寅六	卯七	辰八	巳九	午一	未二	申三	酉四	戌五	亥六	子七	丑八	寅九

1950年（寅五）

月/日		1日	2日	3日	4日	5日	6日	7日	8日	9日	10日	11日	12日	13日	14日	15日	16日	17日	18日	19日	20日	21日	22日	23日	24日	25日	26日	27日	28日	29日	30日	31日
2月	寅二	卯一	辰二	巳三	午四	未五	申六	酉七	戌八	亥九	子一	丑二	寅三	卯四	辰五	巳六	午七	未八	申九	酉一	戌二	亥三	子四	丑五	寅六	卯七	辰八	巳九	午一			
3月	卯一	未二	申三	酉四	戌五	亥六	子七	丑八	寅九	卯一	辰二	巳三	午四	未五	申六	酉七	戌八	亥九	子一	丑二	寅三	卯四	辰五	巳六	午七	未八	申九	酉一	戌二	亥三	子四	丑五
4月	辰九	寅六	卯七	辰八	巳九	午一	未二	申三	酉四	戌五	亥六	子七	丑八	寅九	卯一	辰二	巳三	午四	未五	申六	酉七	戌八	亥九	子一	丑二	寅三	卯四	辰五	巳六	午七	未八	
5月	巳八	申九	酉一	戌二	亥三	子四	丑五	寅六	卯七	辰八	巳九	午一	未二	申三	酉四	戌五	亥六	子七	丑八	寅九	卯一	辰二	巳三	午四	未五	申六	酉七	戌八	亥九	子九	丑八	寅七
6月	午七	卯六	辰五	巳四	午三	未二	申一	酉九	戌八	亥七	子六	丑五	寅四	卯三	辰二	巳一	午九	未八	申七	酉六	戌五	亥四	子三	丑二	寅一	卯九	辰八	巳七	午六	未五	申四	
7月	未六	酉三	戌二	亥一	子九	丑八	寅七	卯六	辰五	巳四	午三	未二	申一	酉九	戌八	亥七	子六	丑五	寅四	卯三	辰二	巳一	午九	未八	申七	酉六	戌五	亥四	子三	丑二	寅一	卯九
8月	申五	辰八	巳七	午六	未五	申四	酉三	戌二	亥一	子九	丑八	寅七	卯六	辰五	巳四	午三	未二	申一	酉九	戌八	亥七	子六	丑五	寅四	卯三	辰二	巳一	午九	未八	申七	酉六	戌五
9月	酉四	亥四	子三	丑二	寅一	卯九	辰八	巳七	午六	未五	申四	酉三	戌二	亥一	子九	丑八	寅七	卯六	辰五	巳四	午三	未二	申一	酉九	戌八	亥七	子六	丑五	寅四	卯三	辰二	
10月	戌三	巳一	午九	未八	申七	酉六	戌五	亥四	子三	丑二	寅一	卯九	辰八	巳七	午六	未五	申四	酉三	戌二	亥一	子九	丑八	寅七	卯六	辰五	巳四	午三	未二	申一	酉九	戌八	亥七
11月	亥二	子六	丑五	寅四	卯三	辰二	巳一	午九	未八	申七	酉六	戌五	亥四	子三	丑二	寅一	卯九	辰八	巳七	午六	未五	申四	酉三	戌二	亥一	子一	丑二	寅三	卯四	辰五	巳六	
12月	子一	午七	未八	申九	酉一	戌二	亥三	子四	丑五	寅六	卯七	辰八	巳九	午一	未二	申三	酉四	戌五	亥六	子七	丑八	寅九	卯一	辰二	巳三	午四	未五	申六	酉七	戌八	亥九	子一
翌1	丑九	丑二	寅三	卯四	辰五	巳六	午七	未八	申九	酉一	戌二	亥三	子四	丑五	寅六	卯七	辰八	巳九	午一	未二	申三	酉四	戌五	亥六	子七	丑八	寅九	卯一	辰二	巳三	午四	未五

1951年（卯四）

月/日		1日	2日	3日	4日	5日	6日	7日	8日	9日	10日	11日	12日	13日	14日	15日	16日	17日	18日	19日	20日	21日	22日	23日	24日	25日	26日	27日	28日	29日	30日	31日
2月	寅八	申六	酉七	戌八	亥九	子一	丑二	寅三	卯四	辰五	巳六	午七	未八	申九	酉一	戌二	亥三	子四	丑五	寅六	卯七	辰八	巳九	午一	未二	申三	酉四	戌五	亥六			
3月	卯七	子七	丑八	寅九	卯一	辰二	巳三	午四	未五	申六	酉七	戌八	亥九	子一	丑二	寅三	卯四	辰五	巳六	午七	未八	申九	酉一	戌二	亥三	子四	丑五	寅六	卯七	辰八	巳九	午一
4月	辰六	未二	申三	酉四	戌五	亥六	子七	丑八	寅九	卯一	辰二	巳三	午四	未五	申六	酉七	戌八	亥九	子一	丑二	寅三	卯四	辰五	巳六	午七	未八	申九	酉一	戌二	亥三	子四	
5月	巳五	丑五	寅六	卯七	辰八	巳九	午一	未二	申三	酉四	戌五	亥六	子七	丑八	寅九	卯一	辰二	巳三	午四	未五	申六	酉七	戌八	亥九	子一	丑二	寅三	卯四	辰五	巳六	午七	未八
6月	午四	申九	酉一	戌二	亥三	子四	丑五	寅六	卯七	辰八	巳九	午一	未二	申三	酉四	戌五	亥六	子七	丑八	寅九	卯一	辰二	巳三	午三	未二	申一	酉九	戌八	亥七	子六	丑五	
7月	未三	寅四	卯三	辰二	巳一	午九	未八	申七	酉六	戌五	亥四	子三	丑二	寅一	卯九	辰八	巳七	午六	未五	申四	酉三	戌二	亥一	子九	丑八	寅七	卯六	辰五	巳四	午三	未二	申一
8月	申二	酉九	戌八	亥七	子六	丑五	寅四	卯三	辰二	巳一	午九	未八	申七	酉六	戌五	亥四	子三	丑二	寅一	卯九	辰八	巳七	午六	未五	申四	酉三	戌二	亥一	子九	丑八	寅七	卯六
9月	酉一	辰五	巳四	午三	未二	申一	酉九	戌八	亥七	子六	丑五	寅四	卯三	辰二	巳一	午九	未八	申七	酉六	戌五	亥四	子三	丑二	寅一	卯九	辰八	巳七	午六	未五	申四	酉三	
10月	戌九	戌二	亥一	子九	丑八	寅七	卯六	辰五	巳四	午三	未二	申一	酉九	戌八	亥七	子六	丑五	寅四	卯三	辰二	巳一	午九	未八	申七	酉六	戌五	亥四	子三	丑二	寅一	卯九	辰八
11月	亥八	巳七	午六	未五	申四	酉三	戌二	亥一	子九	丑八	寅七	卯六	辰五	巳四	午三	未二	申一	酉九	戌八	亥七	子六	丑五	寅四	卯三	辰二	巳一	午九	未八	申七	酉六	戌五	
12月	子七	亥四	子三	丑二	寅一	卯九	辰八	巳七	午六	未五	申四	酉三	戌二	亥一	子九	丑八	寅七	卯六	辰五	巳四	午三	未二	申一	酉九	戌八	亥七	子六	丑五	寅四	卯三	辰二	巳一
翌1	丑六	午九	未八	申七	酉六	戌五	亥四	子三	丑二	寅一	卯九	辰八	巳七	午六	未五	申四	酉三	戌二	亥一	子一	丑二	寅三	卯四	辰五	巳六	午七	未八	申九	酉一	戌二	亥三	子四

1952年（辰三）

月/日		1日	2日	3日	4日	5日	6日	7日	8日	9日	10日	11日	12日	13日	14日	15日	16日	17日	18日	19日	20日	21日	22日	23日	24日	25日	26日	27日	28日	29日	30日	31日
2月	寅五	丑五	寅六	卯七	辰八	巳九	午一	未二	申三	酉四	戌五	亥六	子七	丑八	寅九	卯一	辰二	巳三	午四	未五	申六	酉七	戌八	亥九	子一	丑二	寅三	卯四	辰五	巳六		
3月	卯四	午七	未八	申九	酉一	戌二	亥三	子四	丑五	寅六	卯七	辰八	巳九	午一	未二	申三	酉四	戌五	亥六	子七	丑八	寅九	卯一	辰二	巳三	午四	未五	申六	酉七	戌八	亥九	子一
4月	辰三	丑二	寅三	卯四	辰五	巳六	午七	未八	申九	酉一	戌二	亥三	子四	丑五	寅六	卯七	辰八	巳九	午一	未二	申三	酉四	戌五	亥六	子七	丑八	寅九	卯一	辰二	巳三	午四	
5月	巳二	未五	申六	酉七	戌八	亥九	子一	丑二	寅三	卯四	辰五	巳六	午七	未八	申九	酉一	戌二	亥三	子四	丑五	寅六	卯七	辰八	巳九	午一	未二	申三	酉四	戌五	亥六	子七	丑八
6月	午一	寅九	卯一	辰二	巳三	午四	未五	申六	酉七	戌八	亥九	子一	丑二	寅三	卯四	辰五	巳六	午七	未八	申九	酉一	戌二	亥三	子四	丑五	寅六	卯七	辰八	巳九	午一	未二	
7月	未九	申三	酉四	戌五	亥六	子七	丑八	寅九	卯一	辰二	巳三	午四	未五	申六	酉七	戌八	亥九	子九	丑八	寅七	卯六	辰五	巳四	午三	未二	申一	酉九	戌八	亥七	子六	丑五	寅四
8月	申八	卯三	辰二	巳一	午九	未八	申七	酉六	戌五	亥四	子三	丑二	寅一	卯九	辰八	巳七	午六	未五	申四	酉三	戌二	亥一	子九	丑八	寅七	卯六	辰五	巳四	午三	未二	申一	酉九
9月	酉七	戌八	亥七	子六	丑五	寅四	卯三	辰二	巳一	午九	未八	申七	酉六	戌五	亥四	子三	丑二	寅一	卯九	辰八	巳七	午六	未五	申四	酉三	戌二	亥一	子九	丑八	寅七	卯六	
10月	戌六	辰五	巳四	午三	未二	申一	酉九	戌八	亥七	子六	丑五	寅四	卯三	辰二	巳一	午九	未八	申七	酉六	戌五	亥四	子三	丑二	寅一	卯九	辰八	巳七	午六	未五	申四	酉三	戌二
11月	亥五	亥一	子九	丑八	寅七	卯六	辰五	巳四	午三	未二	申一	酉九	戌八	亥七	子六	丑五	寅四	卯三	辰二	巳一	午九	未八	申七	酉六	戌五	亥四	子三	丑二	寅一	卯九	辰八	
12月	子四	巳七	午六	未五	申四	酉三	戌二	亥一	子九	丑八	寅七	卯六	辰五	巳四	午三	未二	申一	酉九	戌八	亥七	子六	丑五	寅四	卯三	辰二	巳一	午九	未八	申七	酉六	戌五	亥四
翌1	丑三	子三	丑二	寅一	卯九	辰八	巳七	午六	未五	申四	酉三	戌二	亥一	子一	丑二	寅三	卯四	辰五	巳六	午七	未八	申九	酉一	戌二	亥三	子四	丑五	寅六	卯七	辰八	巳九	午一

1953年（巳二）

月/日		1日	2日	3日	4日	5日	6日	7日	8日	9日	10日	11日	12日	13日	14日	15日	16日	17日	18日	19日	20日	21日	22日	23日	24日	25日	26日	27日	28日	29日	30日	31日
2月	寅二	未二	申三	酉四	戌五	亥六	子七	丑八	寅九	卯一	辰二	巳三	午四	未五	申六	酉七	戌八	亥九	子一	丑二	寅三	卯四	辰五	巳六	午七	未八	申九	酉一	戌二			
3月	卯一	亥三	子四	丑五	寅六	卯七	辰八	巳九	午一	未二	申三	酉四	戌五	亥六	子七	丑八	寅九	卯一	辰二	巳三	午四	未五	申六	酉七	戌八	亥九	子一	丑二	寅三	卯四	辰五	巳六
4月	辰九	午七	未八	申九	酉一	戌二	亥三	子四	丑五	寅六	卯七	辰八	巳九	午一	未二	申三	酉四	戌五	亥六	子七	丑八	寅九	卯一	辰二	巳三	午四	未五	申六	酉七	戌八	亥九	
5月	巳八	子一	丑二	寅三	卯四	辰五	巳六	午七	未八	申九	酉一	戌二	亥三	子四	丑五	寅六	卯七	辰八	巳九	午一	未二	申三	酉四	戌五	亥六	子七	丑八	寅九	卯一	辰二	巳三	午四
6月	午七	未五	申六	酉七	戌八	亥九	子一	丑二	寅三	卯四	辰五	巳六	午七	未八	申九	酉一	戌二	亥三	子四	丑五	寅六	卯七	辰八	巳九	午一	未二	申三	酉四	戌五	亥六	子七	
7月	未六	丑八	寅九	卯一	辰二	巳三	午四	未五	申六	酉七	戌八	亥九	子九	丑八	寅七	卯六	辰五	巳四	午三	未二	申一	酉九	戌八	亥七	子六	丑五	寅四	卯三	辰二	巳一	午九	未八
8月	申五	申七	酉六	戌五	亥四	子三	丑二	寅一	卯九	辰八	巳七	午六	未五	申四	酉三	戌二	亥一	子九	丑八	寅七	卯六	辰五	巳四	午三	未二	申一	酉九	戌八	亥七	子六	丑五	寅四
9月	酉四	卯三	辰二	巳一	午九	未八	申七	酉六	戌五	亥四	子三	丑二	寅一	卯九	辰八	巳七	午六	未五	申四	酉三	戌二	亥一	子九	丑八	寅七	卯六	辰五	巳四	午三	未二	申一	
10月	戌三	酉九	戌八	亥七	子六	丑五	寅四	卯三	辰二	巳一	午九	未八	申七	酉六	戌五	亥四	子三	丑二	寅一	卯九	辰八	巳七	午六	未五	申四	酉三	戌二	亥一	子九	丑八	寅七	卯六
11月	亥二	辰五	巳四	午三	未二	申一	酉九	戌八	亥七	子六	丑五	寅四	卯三	辰二	巳一	午九	未八	申七	酉六	戌五	亥四	子三	丑二	寅一	卯九	辰八	巳七	午六	未五	申四	酉三	
12月	子一	戌二	亥一	子九	丑八	寅七	卯六	辰五	巳四	午三	未二	申一	酉九	戌八	亥七	子六	丑五	寅四	卯三	辰二	巳一	午九	未八	申七	酉六	戌五	亥四	子三	丑二	寅一	卯九	辰八
翌1	丑九	巳七	午六	未五	申四	酉三	戌二	亥一	子一	丑二	寅三	卯四	辰五	巳六	午七	未八	申九	酉一	戌二	亥三	子四	丑五	寅六	卯七	辰八	巳九	午一	未二	申三	酉四	戌五	亥六

1954年（午一）

月/日		1日	2日	3日	4日	5日	6日	7日	8日	9日	10日	11日	12日	13日	14日	15日	16日	17日	18日	19日	20日	21日	22日	23日	24日	25日	26日	27日	28日	29日	30日	31日
2月	寅八	子七	丑八	寅九	卯一	辰二	巳三	午四	未五	申六	酉七	戌八	亥九	子一	丑二	寅三	卯四	辰五	巳六	午七	未八	申九	酉一	戌二	亥三	子四	丑五	寅六	卯七			
3月	卯七	辰八	巳九	午一	未二	申三	酉四	戌五	亥六	子七	丑八	寅九	卯一	辰二	巳三	午四	未五	申六	酉七	戌八	亥九	子一	丑二	寅三	卯四	辰五	巳六	午七	未八	申九	酉一	戌二
4月	辰六	亥三	子四	丑五	寅六	卯七	辰八	巳九	午一	未二	申三	酉四	戌五	亥六	子七	丑八	寅九	卯一	辰二	巳三	午四	未五	申六	酉七	戌八	亥九	子一	丑二	寅三	卯四	辰五	
5月	巳五	巳六	午七	未八	申九	酉一	戌二	亥三	子四	丑五	寅六	卯七	辰八	巳九	午一	未二	申三	酉四	戌五	亥六	子七	丑八	寅九	卯一	辰二	巳三	午四	未五	申六	酉七	戌八	亥九
6月	午四	子一	丑二	寅三	卯四	辰五	巳六	午七	未八	申九	酉一	戌二	亥三	子四	丑五	寅六	卯七	辰八	巳九	午一	未二	申三	酉四	戌五	亥六	子七	丑八	寅九	卯一	辰二	巳三	
7月	未三	午四	未五	申六	酉七	戌八	亥九	子九	丑八	寅七	卯六	辰五	巳四	午三	未二	申一	酉九	戌八	亥七	子六	丑五	寅四	卯三	辰二	巳一	午九	未八	申七	酉六	戌五	亥四	子三
8月	申二	丑二	寅一	卯九	辰八	巳七	午六	未五	申四	酉三	戌二	亥一	子九	丑八	寅七	卯六	辰五	巳四	午三	未二	申一	酉九	戌八	亥七	子六	丑五	寅四	卯三	辰二	巳一	午九	未八
9月	酉一	申七	酉六	戌五	亥四	子三	丑二	寅一	卯九	辰八	巳七	午六	未五	申四	酉三	戌二	亥一	子九	丑八	寅七	卯六	辰五	巳四	午三	未二	申一	酉九	戌八	亥七	子六	丑五	
10月	戌九	寅四	卯三	辰二	巳一	午九	未八	申七	酉六	戌五	亥四	子三	丑二	寅一	卯九	辰八	巳七	午六	未五	申四	酉三	戌二	亥一	子九	丑八	寅七	卯六	辰五	巳四	午三	未二	申一
11月	亥八	酉九	戌八	亥七	子六	丑五	寅四	卯三	辰二	巳一	午九	未八	申七	酉六	戌五	亥四	子三	丑二	寅一	卯九	辰八	巳七	午六	未五	申四	酉三	戌二	亥一	子九	丑八	寅七	
12月	子七	卯六	辰五	巳四	午三	未二	申一	酉九	戌八	亥七	子六	丑五	寅四	卯三	辰二	巳一	午九	未八	申七	酉六	戌五	亥四	子三	丑二	寅一	卯九	辰八	巳七	午六	未五	申四	酉三
翌1	丑六	戌二	亥一	子一	丑二	寅三	卯四	辰五	巳六	午七	未八	申九	酉一	戌二	亥三	子四	丑五	寅六	卯七	辰八	巳九	午一	未二	申三	酉四	戌五	亥六	子七	丑八	寅九	卯一	辰二

1955年（未九）

月/日		1日	2日	3日	4日	5日	6日	7日	8日	9日	10日	11日	12日	13日	14日	15日	16日	17日	18日	19日	20日	21日	22日	23日	24日	25日	26日	27日	28日	29日	30日	31日
2月	寅五	巳三	午四	未五	申六	酉七	戌八	亥九	子一	丑二	寅三	卯四	辰五	巳六	午七	未八	申九	酉一	戌二	亥三	子四	丑五	寅六	卯七	辰八	巳九	午一	未二	申三			
3月	卯四	酉四	戌五	亥六	子七	丑八	寅九	卯一	辰二	巳三	午四	未五	申六	酉七	戌八	亥九	子一	丑二	寅三	卯四	辰五	巳六	午七	未八	申九	酉一	戌二	亥三	子四	丑五	寅六	卯七
4月	辰三	辰八	巳九	午一	未二	申三	酉四	戌五	亥六	子七	丑八	寅九	卯一	辰二	巳三	午四	未五	申六	酉七	戌八	亥九	子一	丑二	寅三	卯四	辰五	巳六	午七	未八	申九	酉一	
5月	巳二	戌二	亥三	子四	丑五	寅六	卯七	辰八	巳九	午一	未二	申三	酉四	戌五	亥六	子七	丑八	寅九	卯一	辰二	巳三	午四	未五	申六	酉七	戌八	亥九	子一	丑二	寅三	卯四	辰五
6月	午一	巳六	午七	未八	申九	酉一	戌二	亥三	子四	丑五	寅六	卯七	辰八	巳九	午一	未二	申三	酉四	戌五	亥六	子七	丑八	寅九	卯一	辰二	巳三	午四	未五	申六	酉七	戌八	
7月	未九	亥九	子九	丑八	寅七	卯六	辰五	巳四	午三	未二	申一	酉九	戌八	亥七	子六	丑五	寅四	卯三	辰二	巳一	午九	未八	申七	酉六	戌五	亥四	子三	丑二	寅一	卯九	辰八	巳七
8月	申八	午六	未五	申四	酉三	戌二	亥一	子九	丑八	寅七	卯六	辰五	巳四	午三	未二	申一	酉九	戌八	亥七	子六	丑五	寅四	卯三	辰二	巳一	午九	未八	申七	酉六	戌五	亥四	子三
9月	酉七	丑二	寅一	卯九	辰八	巳七	午六	未五	申四	酉三	戌二	亥一	子九	丑八	寅七	卯六	辰五	巳四	午三	未二	申一	酉九	戌八	亥七	子六	丑五	寅四	卯三	辰二	巳一	午九	
10月	戌六	未八	申七	酉六	戌五	亥四	子三	丑二	寅一	卯九	辰八	巳七	午六	未五	申四	酉三	戌二	亥一	子九	丑八	寅七	卯六	辰五	巳四	午三	未二	申一	酉九	戌八	亥七	子六	丑五
11月	亥五	寅四	卯三	辰二	巳一	午九	未八	申七	酉六	戌五	亥四	子三	丑二	寅一	卯九	辰八	巳七	午六	未五	申四	酉三	戌二	亥一	子九	丑八	寅七	卯六	辰五	巳四	午三	未二	
12月	子四	申一	酉九	戌八	亥七	子六	丑五	寅四	卯三	辰二	巳一	午九	未八	申七	酉六	戌五	亥四	子三	丑二	寅一	卯九	辰八	巳七	午六	未五	申四	酉三	戌二	亥一	子一	丑二	寅三
翌1	丑三	卯四	辰五	巳六	午七	未八	申九	酉一	戌二	亥三	子四	丑五	寅六	卯七	辰八	巳九	午一	未二	申三	酉四	戌五	亥六	子七	丑八	寅九	卯一	辰二	巳三	午四	未五	申六	酉七

1956年（申八）

月/日		1日	2日	3日	4日	5日	6日	7日	8日	9日	10日	11日	12日	13日	14日	15日	16日	17日	18日	19日	20日	21日	22日	23日	24日	25日	26日	27日	28日	29日	30日	31日
2月	寅二	戌八	亥九	子一	丑二	寅三	卯四	辰五	巳六	午七	未八	申九	酉一	戌二	亥三	子四	丑五	寅六	卯七	辰八	巳九	午一	未二	申三	酉四	戌五	亥六	子七	丑八	寅九		
3月	卯一	卯一	辰二	巳三	午四	未五	申六	酉七	戌八	亥九	子一	丑二	寅三	卯四	辰五	巳六	午七	未八	申九	酉一	戌二	亥三	子四	丑五	寅六	卯七	辰八	巳九	午一	未二	申三	酉四
4月	辰九	戌五	亥六	子七	丑八	寅九	卯一	辰二	巳三	午四	未五	申六	酉七	戌八	亥九	子一	丑二	寅三	卯四	辰五	巳六	午七	未八	申九	酉一	戌二	亥三	子四	丑五	寅六	卯七	
5月	巳八	辰八	巳九	午一	未二	申三	酉四	戌五	亥六	子七	丑八	寅九	卯一	辰二	巳三	午四	未五	申六	酉七	戌八	亥九	子一	丑二	寅三	卯四	辰五	巳六	午七	未八	申九	酉一	戌二
6月	午七	亥三	子四	丑五	寅六	卯七	辰八	巳九	午一	未二	申三	酉四	戌五	亥六	子七	丑八	寅九	卯一	辰二	巳三	午四	未五	申六	酉七	戌八	亥九	子九	丑八	寅七	卯六	辰五	
7月	未六	巳四	午三	未二	申一	酉九	戌八	亥七	子六	丑五	寅四	卯三	辰二	巳一	午九	未八	申七	酉六	戌五	亥四	子三	丑二	寅一	卯九	辰八	巳七	午六	未五	申四	酉三	戌二	亥一
8月	申五	子九	丑八	寅七	卯六	辰五	巳四	午三	未二	申一	酉九	戌八	亥七	子六	丑五	寅四	卯三	辰二	巳一	午九	未八	申七	酉六	戌五	亥四	子三	丑二	寅一	卯九	辰八	巳七	午六
9月	酉四	未五	申四	酉三	戌二	亥一	子九	丑八	寅七	卯六	辰五	巳四	午三	未二	申一	酉九	戌八	亥七	子六	丑五	寅四	卯三	辰二	巳一	午九	未八	申七	酉六	戌五	亥四	子三	
10月	戌三	丑二	寅一	卯九	辰八	巳七	午六	未五	申四	酉三	戌二	亥一	子九	丑八	寅七	卯六	辰五	巳四	午三	未二	申一	酉九	戌八	亥七	子六	丑五	寅四	卯三	辰二	巳一	午九	未八
11月	亥二	申七	酉六	戌五	亥四	子三	丑二	寅一	卯九	辰八	巳七	午六	未五	申四	酉三	戌二	亥一	子九	丑八	寅七	卯六	辰五	巳四	午三	未二	申一	酉九	戌八	亥七	子六	丑五	
12月	子一	寅四	卯三	辰二	巳一	午九	未八	申七	酉六	戌五	亥四	子三	丑二	寅一	卯九	辰八	巳七	午六	未五	申四	酉三	戌二	亥一	子一	丑二	寅三	卯四	辰五	巳六	午七	未八	申九
翌1	丑九	酉一	戌二	亥三	子四	丑五	寅六	卯七	辰八	巳九	午一	未二	申三	酉四	戌五	亥六	子七	丑八	寅九	卯一	辰二	巳三	午四	未五	申六	酉七	戌八	亥九	子一	丑二	寅三	卯四

1957年（酉七）

月/日		1日	2日	3日	4日	5日	6日	7日	8日	9日	10日	11日	12日	13日	14日	15日	16日	17日	18日	19日	20日	21日	22日	23日	24日	25日	26日	27日	28日	29日	30日	31日
2月	寅八	辰五	巳六	午七	未八	申九	酉一	戌二	亥三	子四	丑五	寅六	卯七	辰八	巳九	午一	未二	申三	酉四	戌五	亥六	子七	丑八	寅九	卯一	辰二	巳三	午四	未五			
3月	卯七	申六	酉七	戌八	亥九	子一	丑二	寅三	卯四	辰五	巳六	午七	未八	申九	酉一	戌二	亥三	子四	丑五	寅六	卯七	辰八	巳九	午一	未二	申三	酉四	戌五	亥六	子七	丑八	寅九
4月	辰六	卯一	辰二	巳三	午四	未五	申六	酉七	戌八	亥九	子一	丑二	寅三	卯四	辰五	巳六	午七	未八	申九	酉一	戌二	亥三	子四	丑五	寅六	卯七	辰八	巳九	午一	未二	申三	
5月	巳五	酉四	戌五	亥六	子七	丑八	寅九	卯一	辰二	巳三	午四	未五	申六	酉七	戌八	亥九	子一	丑二	寅三	卯四	辰五	巳六	午七	未八	申九	酉一	戌二	亥三	子四	丑五	寅六	卯七
6月	午四	辰八	巳九	午一	未二	申三	酉四	戌五	亥六	子七	丑八	寅九	卯一	辰二	巳三	午四	未五	申六	酉七	戌八	亥九	子九	丑八	寅七	卯六	辰五	巳四	午三	未二	申一	酉九	
7月	未三	戌八	亥七	子六	丑五	寅四	卯三	辰二	巳一	午九	未八	申七	酉六	戌五	亥四	子三	丑二	寅一	卯九	辰八	巳七	午六	未五	申四	酉三	戌二	亥一	子九	丑八	寅七	卯六	辰五
8月	申二	巳四	午三	未二	申一	酉九	戌八	亥七	子六	丑五	寅四	卯三	辰二	巳一	午九	未八	申七	酉六	戌五	亥四	子三	丑二	寅一	卯九	辰八	巳七	午六	未五	申四	酉三	戌二	亥一
9月	酉一	子九	丑八	寅七	卯六	辰五	巳四	午三	未二	申一	酉九	戌八	亥七	子六	丑五	寅四	卯三	辰二	巳一	午九	未八	申七	酉六	戌五	亥四	子三	丑二	寅一	卯九	辰八	巳七	
10月	戌九	午六	未五	申四	酉三	戌二	亥一	子九	丑八	寅七	卯六	辰五	巳四	午三	未二	申一	酉九	戌八	亥七	子六	丑五	寅四	卯三	辰二	巳一	午九	未八	申七	酉六	戌五	亥四	子三
11月	亥八	丑二	寅一	卯九	辰八	巳七	午六	未五	申四	酉三	戌二	亥一	子九	丑八	寅七	卯六	辰五	巳四	午三	未二	申一	酉九	戌八	亥七	子六	丑五	寅四	卯三	辰二	巳一	午九	
12月	子七	未八	申七	酉六	戌五	亥四	子三	丑二	寅一	卯九	辰八	巳七	午六	未五	申四	酉三	戌二	亥一	子一	丑二	寅三	卯四	辰五	巳六	午七	未八	申九	酉一	戌二	亥三	子四	丑五
翌1	丑六	寅六	卯七	辰八	巳九	午一	未二	申三	酉四	戌五	亥六	子七	丑八	寅九	卯一	辰二	巳三	午四	未五	申六	酉七	戌八	亥九	子一	丑二	寅三	卯四	辰五	巳六	午七	未八	申九

1958年（戌六）

月/日		1日	2日	3日	4日	5日	6日	7日	8日	9日	10日	11日	12日	13日	14日	15日	16日	17日	18日	19日	20日	21日	22日	23日	24日	25日	26日	27日	28日	29日	30日	31日
2月	寅五	酉一	戌二	亥三	子四	丑五	寅六	卯七	辰八	巳九	午一	未二	申三	酉四	戌五	亥六	子七	丑八	寅九	卯一	辰二	巳三	午四	未五	申六	酉七	戌八	亥九	子一			
3月	卯四	丑二	寅三	卯四	辰五	巳六	午七	未八	申九	酉一	戌二	亥三	子四	丑五	寅六	卯七	辰八	巳九	午一	未二	申三	酉四	戌五	亥六	子七	丑八	寅九	卯一	辰二	巳三	午四	未五
4月	辰三	申六	酉七	戌八	亥九	子一	丑二	寅三	卯四	辰五	巳六	午七	未八	申九	酉一	戌二	亥三	子四	丑五	寅六	卯七	辰八	巳九	午一	未二	申三	酉四	戌五	亥六	子七	丑八	
5月	巳二	寅九	卯一	辰二	巳三	午四	未五	申六	酉七	戌八	亥九	子一	丑二	寅三	卯四	辰五	巳六	午七	未八	申九	酉一	戌二	亥三	子四	丑五	寅六	卯七	辰八	巳九	午一	未二	申三
6月	午一	酉四	戌五	亥六	子七	丑八	寅九	卯一	辰二	巳三	午四	未五	申六	酉七	戌八	亥九	子九	丑八	寅七	卯六	辰五	巳四	午三	未二	申一	酉九	戌八	亥七	子六	丑五	寅四	
7月	未九	卯三	辰二	巳一	午九	未八	申七	酉六	戌五	亥四	子三	丑二	寅一	卯九	辰八	巳七	午六	未五	申四	酉三	戌二	亥一	子九	丑八	寅七	卯六	辰五	巳四	午三	未二	申一	酉九
8月	申八	戌八	亥七	子六	丑五	寅四	卯三	辰二	巳一	午九	未八	申七	酉六	戌五	亥四	子三	丑二	寅一	卯九	辰八	巳七	午六	未五	申四	酉三	戌二	亥一	子九	丑八	寅七	卯六	辰五
9月	酉七	巳四	午三	未二	申一	酉九	戌八	亥七	子六	丑五	寅四	卯三	辰二	巳一	午九	未八	申七	酉六	戌五	亥四	子三	丑二	寅一	卯九	辰八	巳七	午六	未五	申四	酉三	戌二	
10月	戌六	亥一	子九	丑八	寅七	卯六	辰五	巳四	午三	未二	申一	酉九	戌八	亥七	子六	丑五	寅四	卯三	辰二	巳一	午九	未八	申七	酉六	戌五	亥四	子三	丑二	寅一	卯九	辰八	巳七
11月	亥五	午六	未五	申四	酉三	戌二	亥一	子九	丑八	寅七	卯六	辰五	巳四	午三	未二	申一	酉九	戌八	亥七	子六	丑五	寅四	卯三	辰二	巳一	午九	未八	申七	酉六	戌五	亥四	
12月	子四	子三	丑二	寅一	卯九	辰八	巳七	午六	未五	申四	酉三	戌二	亥一	子一	丑二	寅三	卯四	辰五	巳六	午七	未八	申九	酉一	戌二	亥三	子四	丑五	寅六	卯七	辰八	巳九	午一
翌1	丑三	未二	申三	酉四	戌五	亥六	子七	丑八	寅九	卯一	辰二	巳三	午四	未五	申六	酉七	戌八	亥九	子一	丑二	寅三	卯四	辰五	巳六	午七	未八	申九	酉一	戌二	亥三	子四	丑五

1959年（亥五）

月/日		1日	2日	3日	4日	5日	6日	7日	8日	9日	10日	11日	12日	13日	14日	15日	16日	17日	18日	19日	20日	21日	22日	23日	24日	25日	26日	27日	28日	29日	30日	31日
2月	寅二	寅六	卯七	辰八	巳九	午一	未二	申三	酉四	戌五	亥六	子七	丑八	寅九	卯一	辰二	巳三	午四	未五	申六	酉七	戌八	亥九	子一	丑二	寅三	卯四	辰五	巳六			
3月	卯一	午七	未八	申九	酉一	戌二	亥三	子四	丑五	寅六	卯七	辰八	巳九	午一	未二	申三	酉四	戌五	亥六	子七	丑八	寅九	卯一	辰二	巳三	午四	未五	申六	酉七	戌八	亥九	子一
4月	辰九	丑二	寅三	卯四	辰五	巳六	午七	未八	申九	酉一	戌二	亥三	子四	丑五	寅六	卯七	辰八	巳九	午一	未二	申三	酉四	戌五	亥六	子七	丑八	寅九	卯一	辰二	巳三	午四	
5月	巳八	未五	申六	酉七	戌八	亥九	子一	丑二	寅三	卯四	辰五	巳六	午七	未八	申九	酉一	戌二	亥三	子四	丑五	寅六	卯七	辰八	巳九	午一	未二	申三	酉四	戌五	亥六	子七	丑八
6月	午七	寅九	卯一	辰二	巳三	午四	未五	申六	酉七	戌八	亥九	子九	丑八	寅七	卯六	辰五	巳四	午三	未二	申一	酉九	戌八	亥七	子六	丑五	寅四	卯三	辰二	巳一	午九	未八	
7月	未六	申七	酉六	戌五	亥四	子三	丑二	寅一	卯九	辰八	巳七	午六	未五	申四	酉三	戌二	亥一	子九	丑八	寅七	卯六	辰五	巳四	午三	未二	申一	酉九	戌八	亥七	子六	丑五	寅四
8月	申五	卯三	辰二	巳一	午九	未八	申七	酉六	戌五	亥四	子三	丑二	寅一	卯九	辰八	巳七	午六	未五	申四	酉三	戌二	亥一	子九	丑八	寅七	卯六	辰五	巳四	午三	未二	申一	酉九
9月	酉四	戌八	亥七	子六	丑五	寅四	卯三	辰二	巳一	午九	未八	申七	酉六	戌五	亥四	子三	丑二	寅一	卯九	辰八	巳七	午六	未五	申四	酉三	戌二	亥一	子九	丑八	寅七	卯六	
10月	戌三	辰五	巳四	午三	未二	申一	酉九	戌八	亥七	子六	丑五	寅四	卯三	辰二	巳一	午九	未八	申七	酉六	戌五	亥四	子三	丑二	寅一	卯九	辰八	巳七	午六	未五	申四	酉三	戌二
11月	亥二	亥一	子九	丑八	寅七	卯六	辰五	巳四	午三	未二	申一	酉九	戌八	亥七	子六	丑五	寅四	卯三	辰二	巳一	午九	未八	申七	酉六	戌五	亥四	子三	丑二	寅一	卯九	辰八	
12月	子一	巳七	午六	未五	申四	酉三	戌二	亥一	子一	丑二	寅三	卯四	辰五	巳六	午七	未八	申九	酉一	戌二	亥三	子四	丑五	寅六	卯七	辰八	巳九	午一	未二	申三	酉四	戌五	亥六
翌1	丑九	子七	丑八	寅九	卯一	辰二	巳三	午四	未五	申六	酉七	戌八	亥九	子一	丑二	寅三	卯四	辰五	巳六	午七	未八	申九	酉一	戌二	亥三	子四	丑五	寅六	卯七	辰八	巳九	午一

1960年（子四）

月/日		1日	2日	3日	4日	5日	6日	7日	8日	9日	10日	11日	12日	13日	14日	15日	16日	17日	18日	19日	20日	21日	22日	23日	24日	25日	26日	27日	28日	29日	30日	31日
2月	寅八	未二	申三	酉四	戌五	亥六	子七	丑八	寅九	卯一	辰二	巳三	午四	未五	申六	酉七	戌八	亥九	子一	丑二	寅三	卯四	辰五	巳六	午七	未八	申九	酉一	戌二	亥三		
3月	卯七	子四	丑五	寅六	卯七	辰八	巳九	午一	未二	申三	酉四	戌五	亥六	子七	丑八	寅九	卯一	辰二	巳三	午四	未五	申六	酉七	戌八	亥九	子一	丑二	寅三	卯四	辰五	巳六	午七
4月	辰六	未八	申九	酉一	戌二	亥三	子四	丑五	寅六	卯七	辰八	巳九	午一	未二	申三	酉四	戌五	亥六	子七	丑八	寅九	卯一	辰二	巳三	午四	未五	申六	酉七	戌八	亥九	子一	
5月	巳五	丑二	寅三	卯四	辰五	巳六	午七	未八	申九	酉一	戌二	亥三	子四	丑五	寅六	卯七	辰八	巳九	午一	未二	申三	酉四	戌五	亥六	子七	丑八	寅九	卯一	辰二	巳三	午四	未五
6月	午四	申六	酉七	戌八	亥九	子九	丑八	寅七	卯六	辰五	巳四	午三	未二	申一	酉九	戌八	亥七	子六	丑五	寅四	卯三	辰二	巳一	午九	未八	申七	酉六	戌五	亥四	子三	丑二	
7月	未三	寅一	卯九	辰八	巳七	午六	未五	申四	酉三	戌二	亥一	子九	丑八	寅七	卯六	辰五	巳四	午三	未二	申一	酉九	戌八	亥七	子六	丑五	寅四	卯三	辰二	巳一	午九	未八	申七
8月	申二	酉六	戌五	亥四	子三	丑二	寅一	卯九	辰八	巳七	午六	未五	申四	酉三	戌二	亥一	子九	丑八	寅七	卯六	辰五	巳四	午三	未二	申一	酉九	戌八	亥七	子六	丑五	寅四	卯三
9月	酉一	辰二	巳一	午九	未八	申七	酉六	戌五	亥四	子三	丑二	寅一	卯九	辰八	巳七	午六	未五	申四	酉三	戌二	亥一	子九	丑八	寅七	卯六	辰五	巳四	午三	未二	申一	酉九	
10月	戌九	戌八	亥七	子六	丑五	寅四	卯三	辰二	巳一	午九	未八	申七	酉六	戌五	亥四	子三	丑二	寅一	卯九	辰八	巳七	午六	未五	申四	酉三	戌二	亥一	子九	丑八	寅七	卯六	辰五
11月	亥八	巳四	午三	未二	申一	酉九	戌八	亥七	子六	丑五	寅四	卯三	辰二	巳一	午九	未八	申七	酉六	戌五	亥四	子三	丑二	寅一	卯九	辰八	巳七	午六	未五	申四	酉三	戌二	
12月	子七	亥一	子一	丑二	寅三	卯四	辰五	巳六	午七	未八	申九	酉一	戌二	亥三	子四	丑五	寅六	卯七	辰八	巳九	午一	未二	申三	酉四	戌五	亥六	子七	丑八	寅九	卯一	辰二	巳三
翌1	丑六	午四	未五	申六	酉七	戌八	亥九	子一	丑二	寅三	卯四	辰五	巳六	午七	未八	申九	酉一	戌二	亥三	子四	丑五	寅六	卯七	辰八	巳九	午一	未二	申三	酉四	戌五	亥六	子七

1961年（丑三）

月/日	1日	2日	3日	4日	5日	6日	7日	8日	9日	10日	11日	12日	13日	14日	15日	16日	17日	18日	19日	20日	21日	22日	23日	24日	25日	26日	27日	28日	29日	30日	31日
2月 寅五	丑八	寅九	卯一	辰二	巳三	午四	未五	申六	酉七	戌八	亥九	子一	丑二	寅三	卯四	辰五	巳六	午七	未八	申九	酉一	戌二	亥三	子四	丑五	寅六	卯七	辰八			
3月 卯四	巳九	午一	未二	申三	酉四	戌五	亥六	子七	丑八	寅九	卯一	辰二	巳三	午四	未五	申六	酉七	戌八	亥九	子一	丑二	寅三	卯四	辰五	巳六	午七	未八	申九	酉一	戌二	亥三
4月 辰三	子四	丑五	寅六	卯七	辰八	巳九	午一	未二	申三	酉四	戌五	亥六	子七	丑八	寅九	卯一	辰二	巳三	午四	未五	申六	酉七	戌八	亥九	子一	丑二	寅三	卯四	辰五	巳六	
5月 巳二	午七	未八	申九	酉一	戌二	亥三	子四	丑五	寅六	卯七	辰八	巳九	午一	未二	申三	酉四	戌五	亥六	子七	丑八	寅九	卯一	辰二	巳三	午四	未五	申六	酉七	戌八	亥九	子九
6月 午一	丑八	寅七	卯六	辰五	巳四	午三	未二	申一	酉九	戌八	亥七	子六	丑五	寅四	卯三	辰二	巳一	午九	未八	申七	酉六	戌五	亥四	子三	丑二	寅一	卯九	辰八	巳七	午六	
7月 未九	未五	申四	酉三	戌二	亥一	子九	丑八	寅七	卯六	辰五	巳四	午三	未二	申一	酉九	戌八	亥七	子六	丑五	寅四	卯三	辰二	巳一	午九	未八	申七	酉六	戌五	亥四	子三	丑二
8月 申八	寅一	卯九	辰八	巳七	午六	未五	申四	酉三	戌二	亥一	子九	丑八	寅七	卯六	辰五	巳四	午三	未二	申一	酉九	戌八	亥七	子六	丑五	寅四	卯三	辰二	巳一	午九	未八	申七
9月 酉七	酉六	戌五	亥四	子三	丑二	寅一	卯九	辰八	巳七	午六	未五	申四	酉三	戌二	亥一	子九	丑八	寅七	卯六	辰五	巳四	午三	未二	申一	酉九	戌八	亥七	子六	丑五	寅四	
10月 戌六	卯三	辰二	巳一	午九	未八	申七	酉六	戌五	亥四	子三	丑二	寅一	卯九	辰八	巳七	午六	未五	申四	酉三	戌二	亥一	子九	丑八	寅七	卯六	辰五	巳四	午三	未二	申一	酉九
11月 亥五	戌八	亥七	子六	丑五	寅四	卯三	辰二	巳一	午九	未八	申七	酉六	戌五	亥四	子三	丑二	寅一	卯九	辰八	巳七	午六	未五	申四	酉三	戌二	亥一	子一	丑二	寅三	卯四	
12月 子四	辰五	巳六	午七	未八	申九	酉一	戌二	亥三	子四	丑五	寅六	卯七	辰八	巳九	午一	未二	申三	酉四	戌五	亥六	子七	丑八	寅九	卯一	辰二	巳三	午四	未五	申六	酉七	戌八
翌1 丑三	亥九	子一	丑二	寅三	卯四	辰五	巳六	午七	未八	申九	酉一	戌二	亥三	子四	丑五	寅六	卯七	辰八	巳九	午一	未二	申三	酉四	戌五	亥六	子七	丑八	寅九	卯一	辰二	巳三

1962年（寅二）

月/日	1日	2日	3日	4日	5日	6日	7日	8日	9日	10日	11日	12日	13日	14日	15日	16日	17日	18日	19日	20日	21日	22日	23日	24日	25日	26日	27日	28日	29日	30日	31日
2月 寅二	午四	未五	申六	酉七	戌八	亥九	子一	丑二	寅三	卯四	辰五	巳六	午七	未八	申九	酉一	戌二	亥三	子四	丑五	寅六	卯七	辰八	巳九	午一	未二	申三	酉四			
3月 卯一	戌五	亥六	子七	丑八	寅九	卯一	辰二	巳三	午四	未五	申六	酉七	戌八	亥九	子一	丑二	寅三	卯四	辰五	巳六	午七	未八	申九	酉一	戌二	亥三	子四	丑五	寅六	卯七	辰八
4月 辰九	巳九	午一	未二	申三	酉四	戌五	亥六	子七	丑八	寅九	卯一	辰二	巳三	午四	未五	申六	酉七	戌八	亥九	子一	丑二	寅三	卯四	辰五	巳六	午七	未八	申九	酉一	戌二	
5月 巳八	亥三	子四	丑五	寅六	卯七	辰八	巳九	午一	未二	申三	酉四	戌五	亥六	子七	丑八	寅九	卯一	辰二	巳三	午四	未五	申六	酉七	戌八	亥九	子九	丑八	寅七	卯六	辰五	巳四
6月 午七	午三	未二	申一	酉九	戌八	亥七	子六	丑五	寅四	卯三	辰二	巳一	午九	未八	申七	酉六	戌五	亥四	子三	丑二	寅一	卯九	辰八	巳七	午六	未五	申四	酉三	戌二	亥一	
7月 未六	子九	丑八	寅七	卯六	辰五	巳四	午三	未二	申一	酉九	戌八	亥七	子六	丑五	寅四	卯三	辰二	巳一	午九	未八	申七	酉六	戌五	亥四	子三	丑二	寅一	卯九	辰八	巳七	午六
8月 申五	未五	申四	酉三	戌二	亥一	子九	丑八	寅七	卯六	辰五	巳四	午三	未二	申一	酉九	戌八	亥七	子六	丑五	寅四	卯三	辰二	巳一	午九	未八	申七	酉六	戌五	亥四	子三	丑二
9月 酉四	寅一	卯九	辰八	巳七	午六	未五	申四	酉三	戌二	亥一	子九	丑八	寅七	卯六	辰五	巳四	午三	未二	申一	酉九	戌八	亥七	子六	丑五	寅四	卯三	辰二	巳一	午九	未八	
10月 戌三	申七	酉六	戌五	亥四	子三	丑二	寅一	卯九	辰八	巳七	午六	未五	申四	酉三	戌二	亥一	子九	丑八	寅七	卯六	辰五	巳四	午三	未二	申一	酉九	戌八	亥七	子六	丑五	寅四
11月 亥二	卯三	辰二	巳一	午九	未八	申七	酉六	戌五	亥四	子三	丑二	寅一	卯九	辰八	巳七	午六	未五	申四	酉三	戌二	亥一	子九	丑八	寅七	卯六	辰五	巳四	午三	未二	申一	
12月 子一	酉九	戌八	亥七	子六	丑五	寅四	卯三	辰二	巳一	午九	未八	申七	酉六	戌五	亥四	子三	丑二	寅一	卯九	辰八	巳七	午七	未八	申九	酉一	戌二	亥三	子四	丑五	寅六	卯七
翌1 丑九	辰八	巳九	午一	未二	申三	酉四	戌五	亥六	子七	丑八	寅九	卯一	辰二	巳三	午四	未五	申六	酉七	戌八	亥九	子一	丑二	寅三	卯四	辰五	巳六	午七	未八	申九	酉一	戌二

1963年（卯一）

月/日		1日	2日	3日	4日	5日	6日	7日	8日	9日	10日	11日	12日	13日	14日	15日	16日	17日	18日	19日	20日	21日	22日	23日	24日	25日	26日	27日	28日	29日	30日	31日
2月	寅八	亥三	子四	丑五	寅六	卯七	辰八	巳九	午一	未二	申三	酉四	戌五	亥六	子七	丑八	寅九	卯一	辰二	巳三	午四	未五	申六	酉七	戌八	亥九	子一	丑二	寅三			
3月	卯七	卯四	辰五	巳六	午七	未八	申九	酉一	戌二	亥三	子四	丑五	寅六	卯七	辰八	巳九	午一	未二	申三	酉四	戌五	亥六	子七	丑八	寅九	卯一	辰二	巳三	午四	未五	申六	酉七
4月	辰六	戌八	亥九	子一	丑二	寅三	卯四	辰五	巳六	午七	未八	申九	酉一	戌二	亥三	子四	丑五	寅六	卯七	辰八	巳九	午一	未二	申三	酉四	戌五	亥六	子七	丑八	寅九	卯一	
5月	巳五	辰二	巳三	午四	未五	申六	酉七	戌八	亥九	子一	丑二	寅三	卯四	辰五	巳六	午七	未八	申九	酉一	戌二	亥三	子四	丑五	寅六	卯七	辰八	巳九	午一	未二	申三	酉四	戌五
6月	午四	亥六	子七	丑八	寅九	卯一	辰二	巳三	午四	未五	申六	酉七	戌八	亥九	子一	丑二	寅三	卯四	辰五	巳六	午七	未八	申九	酉一	戌二	亥三	子四	丑五	寅六	卯七	辰八	
7月	未三	巳九	午一	未二	申三	酉四	戌五	亥六	子七	丑八	寅九	卯一	辰二	巳三	午四	未五	申六	酉七	戌八	亥九	子九	丑八	寅七	卯六	辰五	巳四	午三	未二	申一	酉九	戌八	亥七
8月	申二	子六	丑五	寅四	卯三	辰二	巳一	午九	未八	申七	酉六	戌五	亥四	子三	丑二	寅一	卯九	辰八	巳七	午六	未五	申四	酉三	戌二	亥一	子九	丑八	寅七	卯六	辰五	巳四	午三
9月	酉一	未二	申一	酉九	戌八	亥七	子六	丑五	寅四	卯三	辰二	巳一	午九	未八	申七	酉六	戌五	亥四	子三	丑二	寅一	卯九	辰八	巳七	午六	未五	申四	酉三	戌二	亥一	子九	
10月	戌九	丑八	寅七	卯六	辰五	巳四	午三	未二	申一	酉九	戌八	亥七	子六	丑五	寅四	卯三	辰二	巳一	午九	未八	申七	酉六	戌五	亥四	子三	丑二	寅一	卯九	辰八	巳七	午六	未五
11月	亥八	申四	酉三	戌二	亥一	子九	丑八	寅七	卯六	辰五	巳四	午三	未二	申一	酉九	戌八	亥七	子六	丑五	寅四	卯三	辰二	巳一	午九	未八	申七	酉六	戌五	亥四	子三	丑二	
12月	子七	寅一	卯九	辰八	巳七	午六	未五	申四	酉三	戌二	亥一	子九	丑八	寅七	卯六	辰五	巳四	午三	未二	申一	酉九	戌八	亥七	子六	丑五	寅四	卯三	辰二	巳一	午九	未八	申七
翌1	丑六	酉六	戌五	亥四	子三	丑二	寅一	卯九	辰八	巳七	午六	未五	申四	酉三	戌二	亥一	子一	丑二	寅三	卯四	辰五	巳六	午七	未八	申九	酉一	戌二	亥三	子四	丑五	寅六	卯七

1964年（辰九）

月/日		1日	2日	3日	4日	5日	6日	7日	8日	9日	10日	11日	12日	13日	14日	15日	16日	17日	18日	19日	20日	21日	22日	23日	24日	25日	26日	27日	28日	29日	30日	31日
2月	寅五	辰八	巳九	午一	未二	申三	酉四	戌五	亥六	子七	丑八	寅九	卯一	辰二	巳三	午四	未五	申六	酉七	戌八	亥九	子一	丑二	寅三	卯四	辰五	巳六	午七	未八	申九		
3月	卯四	酉一	戌二	亥三	子四	丑五	寅六	卯七	辰八	巳九	午一	未二	申三	酉四	戌五	亥六	子七	丑八	寅九	卯一	辰二	巳三	午四	未五	申六	酉七	戌八	亥九	子一	丑二	寅三	卯四
4月	辰三	辰五	巳六	午七	未八	申九	酉一	戌二	亥三	子四	丑五	寅六	卯七	辰八	巳九	午一	未二	申三	酉四	戌五	亥六	子七	丑八	寅九	卯一	辰二	巳三	午四	未五	申六	酉七	
5月	巳二	戌八	亥九	子一	丑二	寅三	卯四	辰五	巳六	午七	未八	申九	酉一	戌二	亥三	子四	丑五	寅六	卯七	辰八	巳九	午一	未二	申三	酉四	戌五	亥六	子七	丑八	寅九	卯一	辰二
6月	午一	巳三	午四	未五	申六	酉七	戌八	亥九	子一	丑二	寅三	卯四	辰五	巳六	午七	未八	申九	酉一	戌二	亥三	子四	丑五	寅六	卯七	辰八	巳九	午一	未二	申三	酉四	戌五	
7月	未九	亥六	子七	丑八	寅九	卯一	辰二	巳三	午四	未五	申六	酉七	戌八	亥九	子九	丑八	寅七	卯六	辰五	巳四	午三	未二	申一	酉九	戌八	亥七	子六	丑五	寅四	卯三	辰二	巳一
8月	申八	午九	未八	申七	酉六	戌五	亥四	子三	丑二	寅一	卯九	辰八	巳七	午六	未五	申四	酉三	戌二	亥一	子九	丑八	寅七	卯六	辰五	巳四	午三	未二	申一	酉九	戌八	亥七	子六
9月	酉七	丑五	寅四	卯三	辰二	巳一	午九	未八	申七	酉六	戌五	亥四	子三	丑二	寅一	卯九	辰八	巳七	午六	未五	申四	酉三	戌二	亥一	子九	丑八	寅七	卯六	辰五	巳四	午三	
10月	戌六	未二	申一	酉九	戌八	亥七	子六	丑五	寅四	卯三	辰二	巳一	午九	未八	申七	酉六	戌五	亥四	子三	丑二	寅一	卯九	辰八	巳七	午六	未五	申四	酉三	戌二	亥一	子九	丑八
11月	亥五	寅七	卯六	辰五	巳四	午三	未二	申一	酉九	戌八	亥七	子六	丑五	寅四	卯三	辰二	巳一	午九	未八	申七	酉六	戌五	亥四	子三	丑二	寅一	卯九	辰八	巳七	午六	未五	
12月	子四	申四	酉三	戌二	亥一	子九	丑八	寅七	卯六	辰五	巳四	午三	未二	申一	酉九	戌八	亥七	子六	丑五	寅四	卯三	辰二	巳一	午九	未八	申七	酉六	戌五	亥四	子三	丑二	寅一
翌1	丑三	卯九	辰八	巳七	午六	未五	申四	酉三	戌二	亥一	子一	丑二	寅三	卯四	辰五	巳六	午七	未八	申九	酉一	戌二	亥三	子四	丑五	寅六	卯七	辰八	巳九	午一	未二	申三	酉四

1965年（巳八）

月/日	1日	2日	3日	4日	5日	6日	7日	8日	9日	10日	11日	12日	13日	14日	15日	16日	17日	18日	19日	20日	21日	22日	23日	24日	25日	26日	27日	28日	29日	30日	31日
2月 寅二	戌五	亥六	子七	丑八	寅九	卯一	辰二	巳三	午四	未五	申六	酉七	戌八	亥九	子一	丑二	寅三	卯四	辰五	巳六	午七	未八	申九	酉一	戌二	亥三	子四	丑五			
3月 卯一	寅六	卯七	辰八	巳九	午一	未二	申三	酉四	戌五	亥六	子七	丑八	寅九	卯一	辰二	巳三	午四	未五	申六	酉七	戌八	亥九	子一	丑二	寅三	卯四	辰五	巳六	午七	未八	申九
4月 辰九	酉一	戌二	亥三	子四	丑五	寅六	卯七	辰八	巳九	午一	未二	申三	酉四	戌五	亥六	子七	丑八	寅九	卯一	辰二	巳三	午四	未五	申六	酉七	戌八	亥九	子一	丑二	寅三	
5月 巳八	卯四	辰五	巳六	午七	未八	申九	酉一	戌二	亥三	子四	丑五	寅六	卯七	辰八	巳九	午一	未二	申三	酉四	戌五	亥六	子七	丑八	寅九	卯一	辰二	巳三	午四	未五	申六	酉七
6月 午七	戌八	亥九	子一	丑二	寅三	卯四	辰五	巳六	午七	未八	申九	酉一	戌二	亥三	子四	丑五	寅六	卯七	辰八	巳九	午一	未二	申三	酉四	戌五	亥六	子七	丑八	寅九	卯一	
7月 未六	辰二	巳三	午四	未五	申六	酉七	戌八	亥九	子九	丑八	寅七	卯六	辰五	巳四	午三	未二	申一	酉九	戌八	亥七	子六	丑五	寅四	卯三	辰二	巳一	午九	未八	申七	酉六	戌五
8月 申五	亥四	子三	丑二	寅一	卯九	辰八	巳七	午六	未五	申四	酉三	戌二	亥一	子九	丑八	寅七	卯六	辰五	巳四	午三	未二	申一	酉九	戌八	亥七	子六	丑五	寅四	卯三	辰二	巳一
9月 酉四	午九	未八	申七	酉六	戌五	亥四	子三	丑二	寅一	卯九	辰八	巳七	午六	未五	申四	酉三	戌二	亥一	子九	丑八	寅七	卯六	辰五	巳四	午三	未二	申一	酉九	戌八	亥七	
10月 戌三	子六	丑五	寅四	卯三	辰二	巳一	午九	未八	申七	酉六	戌五	亥四	子三	丑二	寅一	卯九	辰八	巳七	午六	未五	申四	酉三	戌二	亥一	子九	丑八	寅七	卯六	辰五	巳四	午三
11月 亥二	未二	申一	酉九	戌八	亥七	子六	丑五	寅四	卯三	辰二	巳一	午九	未八	申七	酉六	戌五	亥四	子三	丑二	寅一	卯九	辰八	巳七	午六	未五	申四	酉三	戌二	亥一	子九	
12月 子一	丑八	寅七	卯六	辰五	巳四	午三	未二	申一	酉九	戌八	亥七	子六	丑五	寅四	卯三	辰二	巳一	午九	未八	申七	酉六	戌五	亥四	子三	丑二	寅一	卯九	辰八	巳七	午六	未五
翌1 丑九	申四	酉三	戌二	亥一	子一	丑二	寅三	卯四	辰五	巳六	午七	未八	申九	酉一	戌二	亥三	子四	丑五	寅六	卯七	辰八	巳九	午一	未二	申三	酉四	戌五	亥六	子七	丑八	寅九

1966年（午七）

月/日	1日	2日	3日	4日	5日	6日	7日	8日	9日	10日	11日	12日	13日	14日	15日	16日	17日	18日	19日	20日	21日	22日	23日	24日	25日	26日	27日	28日	29日	30日	31日
2月 寅八	卯一	辰二	巳三	午四	未五	申六	酉七	戌八	亥九	子一	丑二	寅三	卯四	辰五	巳六	午七	未八	申九	酉一	戌二	亥三	子四	丑五	寅六	卯七	辰八	巳九	午一			
3月 卯七	未二	申三	酉四	戌五	亥六	子七	丑八	寅九	卯一	辰二	巳三	午四	未五	申六	酉七	戌八	亥九	子一	丑二	寅三	卯四	辰五	巳六	午七	未八	申九	酉一	戌二	亥三	子四	丑五
4月 辰六	寅六	卯七	辰八	巳九	午一	未二	申三	酉四	戌五	亥六	子七	丑八	寅九	卯一	辰二	巳三	午四	未五	申六	酉七	戌八	亥九	子一	丑二	寅三	卯四	辰五	巳六	午七	未八	
5月 巳五	申九	酉一	戌二	亥三	子四	丑五	寅六	卯七	辰八	巳九	午一	未二	申三	酉四	戌五	亥六	子七	丑八	寅九	卯一	辰二	巳三	午四	未五	申六	酉七	戌八	亥九	子一	丑二	寅三
6月 午四	卯四	辰五	巳六	午七	未八	申九	酉一	戌二	亥三	子四	丑五	寅六	卯七	辰八	巳九	午一	未二	申三	酉四	戌五	亥六	子七	丑八	寅九	卯一	辰二	巳三	午四	未五	申六	
7月 未三	酉七	戌八	亥九	子九	丑八	寅七	卯六	辰五	巳四	午三	未二	申一	酉九	戌八	亥七	子六	丑五	寅四	卯三	辰二	巳一	午九	未八	申七	酉六	戌五	亥四	子三	丑二	寅一	卯九
8月 申二	辰八	巳七	午六	未五	申四	酉三	戌二	亥一	子九	丑八	寅七	卯六	辰五	巳四	午三	未二	申一	酉九	戌八	亥七	子六	丑五	寅四	卯三	辰二	巳一	午九	未八	申七	酉六	戌五
9月 酉一	亥四	子三	丑二	寅一	卯九	辰八	巳七	午六	未五	申四	酉三	戌二	亥一	子九	丑八	寅七	卯六	辰五	巳四	午三	未二	申一	酉九	戌八	亥七	子六	丑五	寅四	卯三	辰二	
10月 戌九	巳一	午九	未八	申七	酉六	戌五	亥四	子三	丑二	寅一	卯九	辰八	巳七	午六	未五	申四	酉三	戌二	亥一	子九	丑八	寅七	卯六	辰五	巳四	午三	未二	申一	酉九	戌八	亥七
11月 亥八	子六	丑五	寅四	卯三	辰二	巳一	午九	未八	申七	酉六	戌五	亥四	子三	丑二	寅一	卯九	辰八	巳七	午六	未五	申四	酉三	戌二	亥一	子九	丑八	寅七	卯六	辰五	巳四	
12月 子七	午三	未二	申一	酉九	戌八	亥七	子六	丑五	寅四	卯三	辰二	巳一	午九	未八	申七	酉六	戌五	亥四	子三	丑二	寅一	卯九	辰八	巳七	午六	未五	申四	酉三	戌二	亥一	子一
翌1 丑六	丑二	寅三	卯四	辰五	巳六	午七	未八	申九	酉一	戌二	亥三	子四	丑五	寅六	卯七	辰八	巳九	午一	未二	申三	酉四	戌五	亥六	子七	丑八	寅九	卯一	辰二	巳三	午四	未五

1967年（未六）

月/日		1日	2日	3日	4日	5日	6日	7日	8日	9日	10日	11日	12日	13日	14日	15日	16日	17日	18日	19日	20日	21日	22日	23日	24日	25日	26日	27日	28日	29日	30日	31日
2月	寅五	申六	酉七	戌八	亥九	子一	丑二	寅三	卯四	辰五	巳六	午七	未八	申九	酉一	戌二	亥三	子四	丑五	寅六	卯七	辰八	巳九	午一	未二	申三	酉四	戌五	亥六			
3月	卯四	子七	丑八	寅九	卯一	辰二	巳三	午四	未五	申六	酉七	戌八	亥九	子一	丑二	寅三	卯四	辰五	巳六	午七	未八	申九	酉一	戌二	亥三	子四	丑五	寅六	卯七	辰八	巳九	午一
4月	辰三	未二	申三	酉四	戌五	亥六	子七	丑八	寅九	卯一	辰二	巳三	午四	未五	申六	酉七	戌八	亥九	子一	丑二	寅三	卯四	辰五	巳六	午七	未八	申九	酉一	戌二	亥三	子四	
5月	巳二	丑五	寅六	卯七	辰八	巳九	午一	未二	申三	酉四	戌五	亥六	子七	丑八	寅九	卯一	辰二	巳三	午四	未五	申六	酉七	戌八	亥九	子一	丑二	寅三	卯四	辰五	巳六	午七	未八
6月	午一	申九	酉一	戌二	亥三	子四	丑五	寅六	卯七	辰八	巳九	午一	未二	申三	酉四	戌五	亥六	子七	丑八	寅九	卯一	辰二	巳三	午四	未五	申六	酉七	戌八	亥九	子九	丑八	
7月	未九	寅七	卯六	辰五	巳四	午三	未二	申一	酉九	戌八	亥七	子六	丑五	寅四	卯三	辰二	巳一	午九	未八	申七	酉六	戌五	亥四	子三	丑二	寅一	卯九	辰八	巳七	午六	未五	申四
8月	申八	酉三	戌二	亥一	子九	丑八	寅七	卯六	辰五	巳四	午三	未二	申一	酉九	戌八	亥七	子六	丑五	寅四	卯三	辰二	巳一	午九	未八	申七	酉六	戌五	亥四	子三	丑二	寅一	卯九
9月	酉七	辰八	巳七	午六	未五	申四	酉三	戌二	亥一	子九	丑八	寅七	卯六	辰五	巳四	午三	未二	申一	酉九	戌八	亥七	子六	丑五	寅四	卯三	辰二	巳一	午九	未八	申七	酉六	
10月	戌六	戌五	亥四	子三	丑二	寅一	卯九	辰八	巳七	午六	未五	申四	酉三	戌二	亥一	子九	丑八	寅七	卯六	辰五	巳四	午三	未二	申一	酉九	戌八	亥七	子六	丑五	寅四	卯三	辰二
11月	亥五	巳一	午九	未八	申七	酉六	戌五	亥四	子三	丑二	寅一	卯九	辰八	巳七	午六	未五	申四	酉三	戌二	亥一	子九	丑八	寅七	卯六	辰五	巳四	午三	未二	申一	酉九	戌八	
12月	子四	亥七	子六	丑五	寅四	卯三	辰二	巳一	午九	未八	申七	酉六	戌五	亥四	子三	丑二	寅一	卯九	辰八	巳七	午六	未五	申四	酉三	戌二	亥一	子一	丑二	寅三	卯四	辰五	巳六
翌1	丑三	午七	未八	申九	酉一	戌二	亥三	子四	丑五	寅六	卯七	辰八	巳九	午一	未二	申三	酉四	戌五	亥六	子七	丑八	寅九	卯一	辰二	巳三	午四	未五	申六	酉七	戌八	亥九	子一

1968年（申五）

月/日		1日	2日	3日	4日	5日	6日	7日	8日	9日	10日	11日	12日	13日	14日	15日	16日	17日	18日	19日	20日	21日	22日	23日	24日	25日	26日	27日	28日	29日	30日	31日
2月	寅二	丑二	寅三	卯四	辰五	巳六	午七	未八	申九	酉一	戌二	亥三	子四	丑五	寅六	卯七	辰八	巳九	午一	未二	申三	酉四	戌五	亥六	子七	丑八	寅九	卯一	辰二	巳三		
3月	卯一	午四	未五	申六	酉七	戌八	亥九	子一	丑二	寅三	卯四	辰五	巳六	午七	未八	申九	酉一	戌二	亥三	子四	丑五	寅六	卯七	辰八	巳九	午一	未二	申三	酉四	戌五	亥六	子七
4月	辰九	丑八	寅九	卯一	辰二	巳三	午四	未五	申六	酉七	戌八	亥九	子一	丑二	寅三	卯四	辰五	巳六	午七	未八	申九	酉一	戌二	亥三	子四	丑五	寅六	卯七	辰八	巳九	午一	
5月	巳八	未二	申三	酉四	戌五	亥六	子七	丑八	寅九	卯一	辰二	巳三	午四	未五	申六	酉七	戌八	亥九	子一	丑二	寅三	卯四	辰五	巳六	午七	未八	申九	酉一	戌二	亥三	子四	丑五
6月	午七	寅六	卯七	辰八	巳九	午一	未二	申三	酉四	戌五	亥六	子七	丑八	寅九	卯一	辰二	巳三	午四	未五	申六	酉七	戌八	亥九	子九	丑八	寅七	卯六	辰五	巳四	午三	未二	
7月	未六	申一	酉九	戌八	亥七	子六	丑五	寅四	卯三	辰二	巳一	午九	未八	申七	酉六	戌五	亥四	子三	丑二	寅一	卯九	辰八	巳七	午六	未五	申四	酉三	戌二	亥一	子九	丑八	寅七
8月	申五	卯六	辰五	巳四	午三	未二	申一	酉九	戌八	亥七	子六	丑五	寅四	卯三	辰二	巳一	午九	未八	申七	酉六	戌五	亥四	子三	丑二	寅一	卯九	辰八	巳七	午六	未五	申四	酉三
9月	酉四	戌二	亥一	子九	丑八	寅七	卯六	辰五	巳四	午三	未二	申一	酉九	戌八	亥七	子六	丑五	寅四	卯三	辰二	巳一	午九	未八	申七	酉六	戌五	亥四	子三	丑二	寅一	卯九	
10月	戌三	辰八	巳七	午六	未五	申四	酉三	戌二	亥一	子九	丑八	寅七	卯六	辰五	巳四	午三	未二	申一	酉九	戌八	亥七	子六	丑五	寅四	卯三	辰二	巳一	午九	未八	申七	酉六	戌五
11月	亥二	亥四	子三	丑二	寅一	卯九	辰八	巳七	午六	未五	申四	酉三	戌二	亥一	子九	丑八	寅七	卯六	辰五	巳四	午三	未二	申一	酉九	戌八	亥七	子六	丑五	寅四	卯三	辰二	
12月	子一	巳一	午九	未八	申七	酉六	戌五	亥四	子三	丑二	寅一	卯九	辰八	巳七	午六	未五	申四	酉三	戌二	亥一	子一	丑二	寅三	卯四	辰五	巳六	午七	未八	申九	酉一	戌二	亥三
翌1	丑九	子四	丑五	寅六	卯七	辰八	巳九	午一	未二	申三	酉四	戌五	亥六	子七	丑八	寅九	卯一	辰二	巳三	午四	未五	申六	酉七	戌八	亥九	子一	丑二	寅三	卯四	辰五	巳六	午七

1969年（酉四）

月/日		1日	2日	3日	4日	5日	6日	7日	8日	9日	10日	11日	12日	13日	14日	15日	16日	17日	18日	19日	20日	21日	22日	23日	24日	25日	26日	27日	28日	29日	30日	31日
2月	寅八	未八	申九	酉一	戌二	亥三	子四	丑五	寅六	卯七	辰八	巳九	午一	未二	申三	酉四	戌五	亥六	子七	丑八	寅九	卯一	辰二	巳三	午四	未五	申六	酉七	戌八			
3月	卯七	亥九	子一	丑二	寅三	卯四	辰五	巳六	午七	未八	申九	酉一	戌二	亥三	子四	丑五	寅六	卯七	辰八	巳九	午一	未二	申三	酉四	戌五	亥六	子七	丑八	寅九	卯一	辰二	巳三
4月	辰六	午四	未五	申六	酉七	戌八	亥九	子一	丑二	寅三	卯四	辰五	巳六	午七	未八	申九	酉一	戌二	亥三	子四	丑五	寅六	卯七	辰八	巳九	午一	未二	申三	酉四	戌五	亥六	
5月	巳五	子七	丑八	寅九	卯一	辰二	巳三	午四	未五	申六	酉七	戌八	亥九	子一	丑二	寅三	卯四	辰五	巳六	午七	未八	申九	酉一	戌二	亥三	子四	丑五	寅六	卯七	辰八	巳九	午一
6月	午四	未二	申三	酉四	戌五	亥六	子七	丑八	寅九	卯一	辰二	巳三	午四	未五	申六	酉七	戌八	亥九	子九	丑八	寅七	卯六	辰五	巳四	午三	未二	申一	酉九	戌八	亥七	子六	
7月	未三	丑五	寅四	卯三	辰二	巳一	午九	未八	申七	酉六	戌五	亥四	子三	丑二	寅一	卯九	辰八	巳七	午六	未五	申四	酉三	戌二	亥一	子九	丑八	寅七	卯六	辰五	巳四	午三	未二
8月	申二	申一	酉九	戌八	亥七	子六	丑五	寅四	卯三	辰二	巳一	午九	未八	申七	酉六	戌五	亥四	子三	丑二	寅一	卯九	辰八	巳七	午六	未五	申四	酉三	戌二	亥一	子九	丑八	寅七
9月	酉一	卯六	辰五	巳四	午三	未二	申一	酉九	戌八	亥七	子六	丑五	寅四	卯三	辰二	巳一	午九	未八	申七	酉六	戌五	亥四	子三	丑二	寅一	卯九	辰八	巳七	午六	未五	申四	
10月	戌九	酉三	戌二	亥一	子九	丑八	寅七	卯六	辰五	巳四	午三	未二	申一	酉九	戌八	亥七	子六	丑五	寅四	卯三	辰二	巳一	午九	未八	申七	酉六	戌五	亥四	子三	丑二	寅一	卯九
11月	亥八	辰八	巳七	午六	未五	申四	酉三	戌二	亥一	子九	丑八	寅七	卯六	辰五	巳四	午三	未二	申一	酉九	戌八	亥七	子六	丑五	寅四	卯三	辰二	巳一	午九	未八	申七	酉六	
12月	子七	戌五	亥四	子三	丑二	寅一	卯九	辰八	巳七	午六	未五	申四	酉三	戌二	亥一	子一	丑二	寅三	卯四	辰五	巳六	午七	未八	申九	酉一	戌二	亥三	子四	丑五	寅六	卯七	辰八
翌1	丑六	巳九	午一	未二	申三	酉四	戌五	亥六	子七	丑八	寅九	卯一	辰二	巳三	午四	未五	申六	酉七	戌八	亥九	子一	丑二	寅三	卯四	辰五	巳六	午七	未八	申九	酉一	戌二	亥三

1970年（戊三）

月/日		1日	2日	3日	4日	5日	6日	7日	8日	9日	10日	11日	12日	13日	14日	15日	16日	17日	18日	19日	20日	21日	22日	23日	24日	25日	26日	27日	28日	29日	30日	31日
2月	寅五	子四	丑五	寅六	卯七	辰八	巳九	午一	未二	申三	酉四	戌五	亥六	子七	丑八	寅九	卯一	辰二	巳三	午四	未五	申六	酉七	戌八	亥九	子一	丑二	寅三	卯四			
3月	卯四	辰五	巳六	午七	未八	申九	酉一	戌二	亥三	子四	丑五	寅六	卯七	辰八	巳九	午一	未二	申三	酉四	戌五	亥六	子七	丑八	寅九	卯一	辰二	巳三	午四	未五	申六	酉七	戌八
4月	辰三	亥九	子一	丑二	寅三	卯四	辰五	巳六	午七	未八	申九	酉一	戌二	亥三	子四	丑五	寅六	卯七	辰八	巳九	午一	未二	申三	酉四	戌五	亥六	子七	丑八	寅九	卯一	辰二	
5月	巳二	巳三	午四	未五	申六	酉七	戌八	亥九	子一	丑二	寅三	卯四	辰五	巳六	午七	未八	申九	酉一	戌二	亥三	子四	丑五	寅六	卯七	辰八	巳九	午一	未二	申三	酉四	戌五	亥六
6月	午一	子七	丑八	寅九	卯一	辰二	巳三	午四	未五	申六	酉七	戌八	亥九	子九	丑八	寅七	卯六	辰五	巳四	午三	未二	申一	酉九	戌八	亥七	子六	丑五	寅四	卯三	辰二	巳一	
7月	未九	午九	未八	申七	酉六	戌五	亥四	子三	丑二	寅一	卯九	辰八	巳七	午六	未五	申四	酉三	戌二	亥一	子九	丑八	寅七	卯六	辰五	巳四	午三	未二	申一	酉九	戌八	亥七	子六
8月	申八	丑五	寅四	卯三	辰二	巳一	午九	未八	申七	酉六	戌五	亥四	子三	丑二	寅一	卯九	辰八	巳七	午六	未五	申四	酉三	戌二	亥一	子九	丑八	寅七	卯六	辰五	巳四	午三	未二
9月	酉七	申一	酉九	戌八	亥七	子六	丑五	寅四	卯三	辰二	巳一	午九	未八	申七	酉六	戌五	亥四	子三	丑二	寅一	卯九	辰八	巳七	午六	未五	申四	酉三	戌二	亥一	子九	丑八	
10月	戌六	寅七	卯六	辰五	巳四	午三	未二	申一	酉九	戌八	亥七	子六	丑五	寅四	卯三	辰二	巳一	午九	未八	申七	酉六	戌五	亥四	子三	丑二	寅一	卯九	辰八	巳七	午六	未五	申四
11月	亥五	酉三	戌二	亥一	子九	丑八	寅七	卯六	辰五	巳四	午三	未二	申一	酉九	戌八	亥七	子六	丑五	寅四	卯三	辰二	巳一	午九	未八	申七	酉六	戌五	亥四	子三	丑二	寅一	
12月	子四	卯九	辰八	巳七	午六	未五	申四	酉三	戌二	亥一	子一	丑二	寅三	卯四	辰五	巳六	午七	未八	申九	酉一	戌二	亥三	子四	丑五	寅六	卯七	辰八	巳九	午一	未二	申三	酉四
翌1	丑三	戌五	亥六	子七	丑八	寅九	卯一	辰二	巳三	午四	未五	申六	酉七	戌八	亥九	子一	丑二	寅三	卯四	辰五	巳六	午七	未八	申九	酉一	戌二	亥三	子四	丑五	寅六	卯七	辰八

1971年（亥二）

月/日		1日	2日	3日	4日	5日	6日	7日	8日	9日	10日	11日	12日	13日	14日	15日	16日	17日	18日	19日	20日	21日	22日	23日	24日	25日	26日	27日	28日	29日	30日	31日
2月	寅二	巳九	午一	未二	申三	酉四	戌五	亥六	子七	丑八	寅九	卯一	辰二	巳三	午四	未五	申六	酉七	戌八	亥九	子一	丑二	寅三	卯四	辰五	巳六	午七	未八	申九			
3月	卯一	酉一	戌二	亥三	子四	丑五	寅六	卯七	辰八	巳九	午一	未二	申三	酉四	戌五	亥六	子七	丑八	寅九	卯一	辰二	巳三	午四	未五	申六	酉七	戌八	亥九	子一	丑二	寅三	卯四
4月	辰九	辰五	巳六	午七	未八	申九	酉一	戌二	亥三	子四	丑五	寅六	卯七	辰八	巳九	午一	未二	申三	酉四	戌五	亥六	子七	丑八	寅九	卯一	辰二	巳三	午四	未五	申六	酉七	
5月	巳八	戌八	亥九	子一	丑二	寅三	卯四	辰五	巳六	午七	未八	申九	酉一	戌二	亥三	子四	丑五	寅六	卯七	辰八	巳九	午一	未二	申三	酉四	戌五	亥六	子七	丑八	寅九	卯一	辰二
6月	午七	巳三	午四	未五	申六	酉七	戌八	亥九	子九	丑八	寅七	卯六	辰五	巳四	午三	未二	申一	酉九	戌八	亥七	子六	丑五	寅四	卯三	辰二	巳一	午九	未八	申七	酉六	戌五	
7月	未六	亥四	子三	丑二	寅一	卯九	辰八	巳七	午六	未五	申四	酉三	戌二	亥一	子九	丑八	寅七	卯六	辰五	巳四	午三	未二	申一	酉九	戌八	亥七	子六	丑五	寅四	卯三	辰二	巳一
8月	申五	午九	未八	申七	酉六	戌五	亥四	子三	丑二	寅一	卯九	辰八	巳七	午六	未五	申四	酉三	戌二	亥一	子九	丑八	寅七	卯六	辰五	巳四	午三	未二	申一	酉九	戌八	亥七	子六
9月	酉四	丑五	寅四	卯三	辰二	巳一	午九	未八	申七	酉六	戌五	亥四	子三	丑二	寅一	卯九	辰八	巳七	午六	未五	申四	酉三	戌二	亥一	子九	丑八	寅七	卯六	辰五	巳四	午三	
10月	戌三	未二	申一	酉九	戌八	亥七	子六	丑五	寅四	卯三	辰二	巳一	午九	未八	申七	酉六	戌五	亥四	子三	丑二	寅一	卯九	辰八	巳七	午六	未五	申四	酉三	戌二	亥一	子九	丑八
11月	亥二	寅七	卯六	辰五	巳四	午三	未二	申一	酉九	戌八	亥七	子六	丑五	寅四	卯三	辰二	巳一	午九	未八	申七	酉六	戌五	亥四	子三	丑二	寅一	卯九	辰八	巳七	午六	未五	
12月	子一	申四	酉三	戌二	亥一	子一	丑二	寅三	卯四	辰五	巳六	午七	未八	申九	酉一	戌二	亥三	子四	丑五	寅六	卯七	辰八	巳九	午一	未二	申三	酉四	戌五	亥六	子七	丑八	寅九
翌1	丑九	卯一	辰二	巳三	午四	未五	申六	酉七	戌八	亥九	子一	丑二	寅三	卯四	辰五	巳六	午七	未八	申九	酉一	戌二	亥三	子四	丑五	寅六	卯七	辰八	巳九	午一	未二	申三	酉四

1972年（子一）

月/日		1日	2日	3日	4日	5日	6日	7日	8日	9日	10日	11日	12日	13日	14日	15日	16日	17日	18日	19日	20日	21日	22日	23日	24日	25日	26日	27日	28日	29日	30日	31日
2月	寅八	戌五	亥六	子七	丑八	寅九	卯一	辰二	巳三	午四	未五	申六	酉七	戌八	亥九	子一	丑二	寅三	卯四	辰五	巳六	午七	未八	申九	酉一	戌二	亥三	子四	丑五	寅六		
3月	卯七	卯七	辰八	巳九	午一	未二	申三	酉四	戌五	亥六	子七	丑八	寅九	卯一	辰二	巳三	午四	未五	申六	酉七	戌八	亥九	子一	丑二	寅三	卯四	辰五	巳六	午七	未八	申九	酉一
4月	辰六	戌二	亥三	子四	丑五	寅六	卯七	辰八	巳九	午一	未二	申三	酉四	戌五	亥六	子七	丑八	寅九	卯一	辰二	巳三	午四	未五	申六	酉七	戌八	亥九	子一	丑二	寅三	卯四	
5月	巳五	辰五	巳六	午七	未八	申九	酉一	戌二	亥三	子四	丑五	寅六	卯七	辰八	巳九	午一	未二	申三	酉四	戌五	亥六	子七	丑八	寅九	卯一	辰二	巳三	午四	未五	申六	酉七	戌八
6月	午四	亥九	子九	丑八	寅七	卯六	辰五	巳四	午三	未二	申一	酉九	戌八	亥七	子六	丑五	寅四	卯三	辰二	巳一	午九	未八	申七	酉六	戌五	亥四	子三	丑二	寅一	卯九	辰八	
7月	未三	巳七	午六	未五	申四	酉三	戌二	亥一	子九	丑八	寅七	卯六	辰五	巳四	午三	未二	申一	酉九	戌八	亥七	子六	丑五	寅四	卯三	辰二	巳一	午九	未八	申七	酉六	戌五	亥四
8月	申二	子三	丑二	寅一	卯九	辰八	巳七	午六	未五	申四	酉三	戌二	亥一	子九	丑八	寅七	卯六	辰五	巳四	午三	未二	申一	酉九	戌八	亥七	子六	丑五	寅四	卯三	辰二	巳一	午九
9月	酉一	未八	申七	酉六	戌五	亥四	子三	丑二	寅一	卯九	辰八	巳七	午六	未五	申四	酉三	戌二	亥一	子九	丑八	寅七	卯六	辰五	巳四	午三	未二	申一	酉九	戌八	亥七	子六	
10月	戌九	丑五	寅四	卯三	辰二	巳一	午九	未八	申七	酉六	戌五	亥四	子三	丑二	寅一	卯九	辰八	巳七	午六	未五	申四	酉三	戌二	亥一	子九	丑八	寅七	卯六	辰五	巳四	午三	未二
11月	亥八	申一	酉九	戌八	亥七	子六	丑五	寅四	卯三	辰二	巳一	午九	未八	申七	酉六	戌五	亥四	子三	丑二	寅一	卯九	辰八	巳七	午六	未五	申四	酉三	戌二	亥一	子一	丑二	
12月	子七	寅三	卯四	辰五	巳六	午七	未八	申九	酉一	戌二	亥三	子四	丑五	寅六	卯七	辰八	巳九	午一	未二	申三	酉四	戌五	亥六	子七	丑八	寅九	卯一	辰二	巳三	午四	未五	申六
翌1	丑六	酉七	戌八	亥九	子一	丑二	寅三	卯四	辰五	巳六	午七	未八	申九	酉一	戌二	亥三	子四	丑五	寅六	卯七	辰八	巳九	午一	未二	申三	酉四	戌五	亥六	子七	丑八	寅九	卯一

1973年（丑九）

月/日		1日	2日	3日	4日	5日	6日	7日	8日	9日	10日	11日	12日	13日	14日	15日	16日	17日	18日	19日	20日	21日	22日	23日	24日	25日	26日	27日	28日	29日	30日	31日
2月	寅五	辰二	巳三	午四	未五	申六	酉七	戌八	亥九	子一	丑二	寅三	卯四	辰五	巳六	午七	未八	申九	酉一	戌二	亥三	子四	丑五	寅六	卯七	辰八	巳九	午一	未二			
3月	卯四	申三	酉四	戌五	亥六	子七	丑八	寅九	卯一	辰二	巳三	午四	未五	申六	酉七	戌八	亥九	子一	丑二	寅三	卯四	辰五	巳六	午七	未八	申九	酉一	戌二	亥三	子四	丑五	寅六
4月	辰三	卯七	辰八	巳九	午一	未二	申三	酉四	戌五	亥六	子七	丑八	寅九	卯一	辰二	巳三	午四	未五	申六	酉七	戌八	亥九	子一	丑二	寅三	卯四	辰五	巳六	午七	未八	申九	
5月	巳二	酉一	戌二	亥三	子四	丑五	寅六	卯七	辰八	巳九	午一	未二	申三	酉四	戌五	亥六	子七	丑八	寅九	卯一	辰二	巳三	午四	未五	申六	酉七	戌八	亥九	子九	丑八	寅七	卯六
6月	午一	辰五	巳四	午三	未二	申一	酉九	戌八	亥七	子六	丑五	寅四	卯三	辰二	巳一	午九	未八	申七	酉六	戌五	亥四	子三	丑二	寅一	卯九	辰八	巳七	午六	未五	申四	酉三	
7月	未九	戌二	亥一	子九	丑八	寅七	卯六	辰五	巳四	午三	未二	申一	酉九	戌八	亥七	子六	丑五	寅四	卯三	辰二	巳一	午九	未八	申七	酉六	戌五	亥四	子三	丑二	寅一	卯九	辰八
8月	申八	巳七	午六	未五	申四	酉三	戌二	亥一	子九	丑八	寅七	卯六	辰五	巳四	午三	未二	申一	酉九	戌八	亥七	子六	丑五	寅四	卯三	辰二	巳一	午九	未八	申七	酉六	戌五	亥四
9月	酉七	子三	丑二	寅一	卯九	辰八	巳七	午六	未五	申四	酉三	戌二	亥一	子九	丑八	寅七	卯六	辰五	巳四	午三	未二	申一	酉九	戌八	亥七	子六	丑五	寅四	卯三	辰二	巳一	
10月	戌六	午九	未八	申七	酉六	戌五	亥四	子三	丑二	寅一	卯九	辰八	巳七	午六	未五	申四	酉三	戌二	亥一	子九	丑八	寅七	卯六	辰五	巳四	午三	未二	申一	酉九	戌八	亥七	子六
11月	亥五	丑五	寅四	卯三	辰二	巳一	午九	未八	申七	酉六	戌五	亥四	子三	丑二	寅一	卯九	辰八	巳七	午六	未五	申四	酉三	戌二	亥一	子一	丑二	寅三	卯四	辰五	巳六	午七	
12月	子四	未八	申九	酉一	戌二	亥三	子四	丑五	寅六	卯七	辰八	巳九	午一	未二	申三	酉四	戌五	亥六	子七	丑八	寅九	卯一	辰二	巳三	午四	未五	申六	酉七	戌八	亥九	子一	丑二
翌1	丑三	寅三	卯四	辰五	巳六	午七	未八	申九	酉一	戌二	亥三	子四	丑五	寅六	卯七	辰八	巳九	午一	未二	申三	酉四	戌五	亥六	子七	丑八	寅九	卯一	辰二	巳三	午四	未五	申六

1974年（寅八）

月/日		1日	2日	3日	4日	5日	6日	7日	8日	9日	10日	11日	12日	13日	14日	15日	16日	17日	18日	19日	20日	21日	22日	23日	24日	25日	26日	27日	28日	29日	30日	31日
2月	寅二	酉七	戌八	亥九	子一	丑二	寅三	卯四	辰五	巳六	午七	未八	申九	酉一	戌二	亥三	子四	丑五	寅六	卯七	辰八	巳九	午一	未二	申三	酉四	戌五	亥六	子七			
3月	卯一	丑八	寅九	卯一	辰二	巳三	午四	未五	申六	酉七	戌八	亥九	子一	丑二	寅三	卯四	辰五	巳六	午七	未八	申九	酉一	戌二	亥三	子四	丑五	寅六	卯七	辰八	巳九	午一	未二
4月	辰九	申三	酉四	戌五	亥六	子七	丑八	寅九	卯一	辰二	巳三	午四	未五	申六	酉七	戌八	亥九	子一	丑二	寅三	卯四	辰五	巳六	午七	未八	申九	酉一	戌二	亥三	子四	丑五	
5月	巳八	寅六	卯七	辰八	巳九	午一	未二	申三	酉四	戌五	亥六	子七	丑八	寅九	卯一	辰二	巳三	午四	未五	申六	酉七	戌八	亥九	子一	丑二	寅三	卯四	辰五	巳六	午七	未八	申九
6月	午七	酉一	戌二	亥三	子四	丑五	寅六	卯七	辰八	巳九	午一	未二	申三	酉四	戌五	亥六	子七	丑八	寅九	卯一	辰二	巳三	午三	未二	申一	酉九	戌八	亥七	子六	丑五	寅四	
7月	未六	卯三	辰二	巳一	午九	未八	申七	酉六	戌五	亥四	子三	丑二	寅一	卯九	辰八	巳七	午六	未五	申四	酉三	戌二	亥一	子九	丑八	寅七	卯六	辰五	巳四	午三	未二	申一	酉九
8月	申五	戌八	亥七	子六	丑五	寅四	卯三	辰二	巳一	午九	未八	申七	酉六	戌五	亥四	子三	丑二	寅一	卯九	辰八	巳七	午六	未五	申四	酉三	戌二	亥一	子九	丑八	寅七	卯六	辰五
9月	酉四	巳四	午三	未二	申一	酉九	戌八	亥七	子六	丑五	寅四	卯三	辰二	巳一	午九	未八	申七	酉六	戌五	亥四	子三	丑二	寅一	卯九	辰八	巳七	午六	未五	申四	酉三	戌二	
10月	戌三	亥一	子九	丑八	寅七	卯六	辰五	巳四	午三	未二	申一	酉九	戌八	亥七	子六	丑五	寅四	卯三	辰二	巳一	午九	未八	申七	酉六	戌五	亥四	子三	丑二	寅一	卯九	辰八	巳七
11月	亥二	午六	未五	申四	酉三	戌二	亥一	子九	丑八	寅七	卯六	辰五	巳四	午三	未二	申一	酉九	戌八	亥七	子六	丑五	寅四	卯三	辰二	巳一	午九	未八	申七	酉六	戌五	亥四	
12月	子一	子三	丑二	寅一	卯九	辰八	巳七	午六	未五	申四	酉三	戌二	亥一	子九	丑八	寅七	卯六	辰五	巳四	午三	未二	申一	酉九	戌八	亥七	子六	丑五	寅四	卯三	辰二	巳一	午九
翌1	丑九	未八	申七	酉六	戌五	亥四	子三	丑二	寅一	卯九	辰八	巳七	午六	未五	申四	酉三	戌二	亥一	子一	丑二	寅三	卯四	辰五	巳六	午七	未八	申九	酉一	戌二	亥三	子四	丑五

1975年（卯七）

月/日		1日	2日	3日	4日	5日	6日	7日	8日	9日	10日	11日	12日	13日	14日	15日	16日	17日	18日	19日	20日	21日	22日	23日	24日	25日	26日	27日	28日	29日	30日	31日
2月	寅八	寅六	卯七	辰八	巳九	午一	未二	申三	酉四	戌五	亥六	子七	丑八	寅九	卯一	辰二	巳三	午四	未五	申六	酉七	戌八	亥九	子一	丑二	寅三	卯四	辰五	巳六			
3月	卯七	午七	未八	申九	酉一	戌二	亥三	子四	丑五	寅六	卯七	辰八	巳九	午一	未二	申三	酉四	戌五	亥六	子七	丑八	寅九	卯一	辰二	巳三	午四	未五	申六	酉七	戌八	亥九	子一
4月	辰六	丑二	寅三	卯四	辰五	巳六	午七	未八	申九	酉一	戌二	亥三	子四	丑五	寅六	卯七	辰八	巳九	午一	未二	申三	酉四	戌五	亥六	子七	丑八	寅九	卯一	辰二	巳三	午四	
5月	巳五	未五	申六	酉七	戌八	亥九	子一	丑二	寅三	卯四	辰五	巳六	午七	未八	申九	酉一	戌二	亥三	子四	丑五	寅六	卯七	辰八	巳九	午一	未二	申三	酉四	戌五	亥六	子七	丑八
6月	午四	寅九	卯一	辰二	巳三	午四	未五	申六	酉七	戌八	亥九	子一	丑二	寅三	卯四	辰五	巳六	午七	未八	申九	酉一	戌二	亥三	子四	丑五	寅六	卯七	辰八	巳九	午一	未二	
7月	未三	申三	酉四	戌五	亥六	子七	丑八	寅九	卯一	辰二	巳三	午四	未五	申六	酉七	戌八	亥九	子九	丑八	寅七	卯六	辰五	巳四	午三	未二	申一	酉九	戌八	亥七	子六	丑五	寅四
8月	申二	卯三	辰二	巳一	午九	未八	申七	酉六	戌五	亥四	子三	丑二	寅一	卯九	辰八	巳七	午六	未五	申四	酉三	戌二	亥一	子九	丑八	寅七	卯六	辰五	巳四	午三	未二	申一	酉九
9月	酉一	戌八	亥七	子六	丑五	寅四	卯三	辰二	巳一	午九	未八	申七	酉六	戌五	亥四	子三	丑二	寅一	卯九	辰八	巳七	午六	未五	申四	酉三	戌二	亥一	子九	丑八	寅七	卯六	
10月	戌九	辰五	巳四	午三	未二	申一	酉九	戌八	亥七	子六	丑五	寅四	卯三	辰二	巳一	午九	未八	申七	酉六	戌五	亥四	子三	丑二	寅一	卯九	辰八	巳七	午六	未五	申四	酉三	戌二
11月	亥八	亥一	子九	丑八	寅七	卯六	辰五	巳四	午三	未二	申一	酉九	戌八	亥七	子六	丑五	寅四	卯三	辰二	巳一	午九	未八	申七	酉六	戌五	亥四	子三	丑二	寅一	卯九	辰八	
12月	子七	巳七	午六	未五	申四	酉三	戌二	亥一	子九	丑八	寅七	卯六	辰五	巳四	午三	未二	申一	酉九	戌八	亥七	子六	丑五	寅四	卯三	辰二	巳一	午九	未八	申七	酉六	戌五	亥四
翌1	丑六	子三	丑二	寅一	卯九	辰八	巳七	午六	未五	申四	酉三	戌二	亥一	子一	丑二	寅三	卯四	辰五	巳六	午七	未八	申九	酉一	戌二	亥三	子四	丑五	寅六	卯七	辰八	巳九	午一

1976年（辰六）

月/日		1日	2日	3日	4日	5日	6日	7日	8日	9日	10日	11日	12日	13日	14日	15日	16日	17日	18日	19日	20日	21日	22日	23日	24日	25日	26日	27日	28日	29日	30日	31日
2月	寅五	未二	申三	酉四	戌五	亥六	子七	丑八	寅九	卯一	辰二	巳三	午四	未五	申六	酉七	戌八	亥九	子一	丑二	寅三	卯四	辰五	巳六	午七	未八	申九	酉一	戌二	亥三		
3月	卯四	子四	丑五	寅六	卯七	辰八	巳九	午一	未二	申三	酉四	戌五	亥六	子七	丑八	寅九	卯一	辰二	巳三	午四	未五	申六	酉七	戌八	亥九	子一	丑二	寅三	卯四	辰五	巳六	午七
4月	辰三	未八	申九	酉一	戌二	亥三	子四	丑五	寅六	卯七	辰八	巳九	午一	未二	申三	酉四	戌五	亥六	子七	丑八	寅九	卯一	辰二	巳三	午四	未五	申六	酉七	戌八	亥九	子一	
5月	巳二	丑二	寅三	卯四	辰五	巳六	午七	未八	申九	酉一	戌二	亥三	子四	丑五	寅六	卯七	辰八	巳九	午一	未二	申三	酉四	戌五	亥六	子七	丑八	寅九	卯一	辰二	巳三	午四	未五
6月	午一	申六	酉七	戌八	亥九	子一	丑二	寅三	卯四	辰五	巳六	午七	未八	申九	酉一	戌二	亥三	子四	丑五	寅六	卯七	辰八	巳九	午一	未二	申三	酉四	戌五	亥六	子七	丑八	
7月	未九	寅九	卯一	辰二	巳三	午四	未五	申六	酉七	戌八	亥九	子九	丑八	寅七	卯六	辰五	巳四	午三	未二	申一	酉九	戌八	亥七	子六	丑五	寅四	卯三	辰二	巳一	午九	未八	申七
8月	申八	酉六	戌五	亥四	子三	丑二	寅一	卯九	辰八	巳七	午六	未五	申四	酉三	戌二	亥一	子九	丑八	寅七	卯六	辰五	巳四	午三	未二	申一	酉九	戌八	亥七	子六	丑五	寅四	卯三
9月	酉七	辰二	巳一	午九	未八	申七	酉六	戌五	亥四	子三	丑二	寅一	卯九	辰八	巳七	午六	未五	申四	酉三	戌二	亥一	子九	丑八	寅七	卯六	辰五	巳四	午三	未二	申一	酉九	
10月	戌六	戌八	亥七	子六	丑五	寅四	卯三	辰二	巳一	午九	未八	申七	酉六	戌五	亥四	子三	丑二	寅一	卯九	辰八	巳七	午六	未五	申四	酉三	戌二	亥一	子九	丑八	寅七	卯六	辰五
11月	亥五	巳四	午三	未二	申一	酉九	戌八	亥七	子六	丑五	寅四	卯三	辰二	巳一	午九	未八	申七	酉六	戌五	亥四	子三	丑二	寅一	卯九	辰八	巳七	午六	未五	申四	酉三	戌二	
12月	子四	亥一	子九	丑八	寅七	卯六	辰五	巳四	午三	未二	申一	酉九	戌八	亥七	子六	丑五	寅四	卯三	辰二	巳一	午九	未八	申七	酉六	戌五	亥四	子三	丑二	寅一	卯九	辰八	巳七
翌1	丑三	午六	未五	申四	酉三	戌二	亥一	子一	丑二	寅三	卯四	辰五	巳六	午七	未八	申九	酉一	戌二	亥三	子四	丑五	寅六	卯七	辰八	巳九	午一	未二	申三	酉四	戌五	亥六	子七

1977年（巳五）

月/日		1日	2日	3日	4日	5日	6日	7日	8日	9日	10日	11日	12日	13日	14日	15日	16日	17日	18日	19日	20日	21日	22日	23日	24日	25日	26日	27日	28日	29日	30日	31日
2月	寅二	丑八	寅九	卯一	辰二	巳三	午四	未五	申六	酉七	戌八	亥九	子一	丑二	寅三	卯四	辰五	巳六	午七	未八	申九	酉一	戌二	亥三	子四	丑五	寅六	卯七	辰八			
3月	卯一	巳九	午一	未二	申三	酉四	戌五	亥六	子七	丑八	寅九	卯一	辰二	巳三	午四	未五	申六	酉七	戌八	亥九	子一	丑二	寅三	卯四	辰五	巳六	午七	未八	申九	酉一	戌二	亥三
4月	辰九	子四	丑五	寅六	卯七	辰八	巳九	午一	未二	申三	酉四	戌五	亥六	子七	丑八	寅九	卯一	辰二	巳三	午四	未五	申六	酉七	戌八	亥九	子一	丑二	寅三	卯四	辰五	巳六	
5月	巳八	午七	未八	申九	酉一	戌二	亥三	子四	丑五	寅六	卯七	辰八	巳九	午一	未二	申三	酉四	戌五	亥六	子七	丑八	寅九	卯一	辰二	巳三	午四	未五	申六	酉七	戌八	亥九	子一
6月	午七	丑二	寅三	卯四	辰五	巳六	午七	未八	申九	酉一	戌二	亥三	子四	丑五	寅六	卯七	辰八	巳九	午一	未二	申三	酉四	戌五	亥六	子七	丑八	寅九	卯一	辰二	巳三	午四	
7月	未六	未五	申六	酉七	戌八	亥九	子九	丑八	寅七	卯六	辰五	巳四	午三	未二	申一	酉九	戌八	亥七	子六	丑五	寅四	卯三	辰二	巳一	午九	未八	申七	酉六	戌五	亥四	子三	丑二
8月	申五	寅一	卯九	辰八	巳七	午六	未五	申四	酉三	戌二	亥一	子九	丑八	寅七	卯六	辰五	巳四	午三	未二	申一	酉九	戌八	亥七	子六	丑五	寅四	卯三	辰二	巳一	午九	未八	申七
9月	酉四	酉六	戌五	亥四	子三	丑二	寅一	卯九	辰八	巳七	午六	未五	申四	酉三	戌二	亥一	子九	丑八	寅七	卯六	辰五	巳四	午三	未二	申一	酉九	戌八	亥七	子六	丑五	寅四	
10月	戌三	卯三	辰二	巳一	午九	未八	申七	酉六	戌五	亥四	子三	丑二	寅一	卯九	辰八	巳七	午六	未五	申四	酉三	戌二	亥一	子九	丑八	寅七	卯六	辰五	巳四	午三	未二	申一	酉九
11月	亥二	戌八	亥七	子六	丑五	寅四	卯三	辰二	巳一	午九	未八	申七	酉六	戌五	亥四	子三	丑二	寅一	卯九	辰八	巳七	午六	未五	申四	酉三	戌二	亥一	子九	丑八	寅七	卯六	
12月	子一	辰五	巳四	午三	未二	申一	酉九	戌八	亥七	子六	丑五	寅四	卯三	辰二	巳一	午九	未八	申七	酉六	戌五	亥四	子三	丑二	寅一	卯九	辰八	巳七	午六	未五	申四	酉三	戌二
翌1	丑九	亥一	子一	丑二	寅三	卯四	辰五	巳六	午七	未八	申九	酉一	戌二	亥三	子四	丑五	寅六	卯七	辰八	巳九	午一	未二	申三	酉四	戌五	亥六	子七	丑八	寅九	卯一	辰二	巳三

1978年（午四）

月/日		1日	2日	3日	4日	5日	6日	7日	8日	9日	10日	11日	12日	13日	14日	15日	16日	17日	18日	19日	20日	21日	22日	23日	24日	25日	26日	27日	28日	29日	30日	31日
2月	寅八	午四	未五	申六	酉七	戌八	亥九	子一	丑二	寅三	卯四	辰五	巳六	午七	未八	申九	酉一	戌二	亥三	子四	丑五	寅六	卯七	辰八	巳九	午一	未二	申三	酉四			
3月	卯七	戌五	亥六	子七	丑八	寅九	卯一	辰二	巳三	午四	未五	申六	酉七	戌八	亥九	子一	丑二	寅三	卯四	辰五	巳六	午七	未八	申九	酉一	戌二	亥三	子四	丑五	寅六	卯七	辰八
4月	辰六	巳九	午一	未二	申三	酉四	戌五	亥六	子七	丑八	寅九	卯一	辰二	巳三	午四	未五	申六	酉七	戌八	亥九	子一	丑二	寅三	卯四	辰五	巳六	午七	未八	申九	酉一	戌二	
5月	巳五	亥三	子四	丑五	寅六	卯七	辰八	巳九	午一	未二	申三	酉四	戌五	亥六	子七	丑八	寅九	卯一	辰二	巳三	午四	未五	申六	酉七	戌八	亥九	子一	丑二	寅三	卯四	辰五	巳六
6月	午四	午七	未八	申九	酉一	戌二	亥三	子四	丑五	寅六	卯七	辰八	巳九	午一	未二	申三	酉四	戌五	亥六	子七	丑八	寅九	卯一	辰二	巳三	午四	未五	申六	酉七	戌八	亥九	
7月	未三	子九	丑八	寅七	卯六	辰五	巳四	午三	未二	申一	酉九	戌八	亥七	子六	丑五	寅四	卯三	辰二	巳一	午九	未八	申七	酉六	戌五	亥四	子三	丑二	寅一	卯九	辰八	巳七	午六
8月	申二	未五	申四	酉三	戌二	亥一	子九	丑八	寅七	卯六	辰五	巳四	午三	未二	申一	酉九	戌八	亥七	子六	丑五	寅四	卯三	辰二	巳一	午九	未八	申七	酉六	戌五	亥四	子三	丑二
9月	酉一	寅一	卯九	辰八	巳七	午六	未五	申四	酉三	戌二	亥一	子九	丑八	寅七	卯六	辰五	巳四	午三	未二	申一	酉九	戌八	亥七	子六	丑五	寅四	卯三	辰二	巳一	午九	未八	
10月	戌九	申七	酉六	戌五	亥四	子三	丑二	寅一	卯九	辰八	巳七	午六	未五	申四	酉三	戌二	亥一	子九	丑八	寅七	卯六	辰五	巳四	午三	未二	申一	酉九	戌八	亥七	子六	丑五	寅四
11月	亥八	卯三	辰二	巳一	午九	未八	申七	酉六	戌五	亥四	子三	丑二	寅一	卯九	辰八	巳七	午六	未五	申四	酉三	戌二	亥一	子九	丑八	寅七	卯六	辰五	巳四	午三	未二	申一	
12月	子七	酉九	戌八	亥七	子六	丑五	寅四	卯三	辰二	巳一	午九	未八	申七	酉六	戌五	亥四	子三	丑二	寅一	卯九	辰八	巳七	午六	未五	申四	酉三	戌二	亥一	子一	丑二	寅三	卯四
翌1	丑六	辰五	巳六	午七	未八	申九	酉一	戌二	亥三	子四	丑五	寅六	卯七	辰八	巳九	午一	未二	申三	酉四	戌五	亥六	子七	丑八	寅九	卯一	辰二	巳三	午四	未五	申六	酉七	戌八

1979年（未三）

月/日		1日	2日	3日	4日	5日	6日	7日	8日	9日	10日	11日	12日	13日	14日	15日	16日	17日	18日	19日	20日	21日	22日	23日	24日	25日	26日	27日	28日	29日	30日	31日
2月	寅五	亥九	子一	丑二	寅三	卯四	辰五	巳六	午七	未八	申九	酉一	戌二	亥三	子四	丑五	寅六	卯七	辰八	巳九	午一	未二	申三	酉四	戌五	亥六	子七	丑八	寅九			
3月	卯四	卯一	辰二	巳三	午四	未五	申六	酉七	戌八	亥九	子一	丑二	寅三	卯四	辰五	巳六	午七	未八	申九	酉一	戌二	亥三	子四	丑五	寅六	卯七	辰八	巳九	午一	未二	申三	酉四
4月	辰三	戌五	亥六	子七	丑八	寅九	卯一	辰二	巳三	午四	未五	申六	酉七	戌八	亥九	子一	丑二	寅三	卯四	辰五	巳六	午七	未八	申九	酉一	戌二	亥三	子四	丑五	寅六	卯七	
5月	巳二	辰八	巳九	午一	未二	申三	酉四	戌五	亥六	子七	丑八	寅九	卯一	辰二	巳三	午四	未五	申六	酉七	戌八	亥九	子一	丑二	寅三	卯四	辰五	巳六	午七	未八	申九	酉一	戌二
6月	午一	亥三	子四	丑五	寅六	卯七	辰八	巳九	午一	未二	申三	酉四	戌五	亥六	子七	丑八	寅九	卯一	辰二	巳三	午四	未五	申六	酉七	戌八	亥九	子九	丑八	寅七	卯六	辰五	
7月	未九	巳四	午三	未二	申一	酉九	戌八	亥七	子六	丑五	寅四	卯三	辰二	巳一	午九	未八	申七	酉六	戌五	亥四	子三	丑二	寅一	卯九	辰八	巳七	午六	未五	申四	酉三	戌二	亥一
8月	申八	子九	丑八	寅七	卯六	辰五	巳四	午三	未二	申一	酉九	戌八	亥七	子六	丑五	寅四	卯三	辰二	巳一	午九	未八	申七	酉六	戌五	亥四	子三	丑二	寅一	卯九	辰八	巳七	午六
9月	酉七	未五	申四	酉三	戌二	亥一	子九	丑八	寅七	卯六	辰五	巳四	午三	未二	申一	酉九	戌八	亥七	子六	丑五	寅四	卯三	辰二	巳一	午九	未八	申七	酉六	戌五	亥四	子三	
10月	戌六	丑二	寅一	卯九	辰八	巳七	午六	未五	申四	酉三	戌二	亥一	子九	丑八	寅七	卯六	辰五	巳四	午三	未二	申一	酉九	戌八	亥七	子六	丑五	寅四	卯三	辰二	巳一	午九	未八
11月	亥五	申七	酉六	戌五	亥四	子三	丑二	寅一	卯九	辰八	巳七	午六	未五	申四	酉三	戌二	亥一	子九	丑八	寅七	卯六	辰五	巳四	午三	未二	申一	酉九	戌八	亥七	子六	丑五	
12月	子四	寅四	卯三	辰二	巳一	午九	未八	申七	酉六	戌五	亥四	子三	丑二	寅一	卯九	辰八	巳七	午六	未五	申四	酉三	戌二	亥一	子一	丑二	寅三	卯四	辰五	巳六	午七	未八	申九
翌1	丑三	酉一	戌二	亥三	子四	丑五	寅六	卯七	辰八	巳九	午一	未二	申三	酉四	戌五	亥六	子七	丑八	寅九	卯一	辰二	巳三	午四	未五	申六	酉七	戌八	亥九	子一	丑二	寅三	卯四

1980年（申二）

月/日		1日	2日	3日	4日	5日	6日	7日	8日	9日	10日	11日	12日	13日	14日	15日	16日	17日	18日	19日	20日	21日	22日	23日	24日	25日	26日	27日	28日	29日	30日	31日
2月	寅二	辰五	巳六	午七	未八	申九	酉一	戌二	亥三	子四	丑五	寅六	卯七	辰八	巳九	午一	未二	申三	酉四	戌五	亥六	子七	丑八	寅九	卯一	辰二	巳三	午四	未五	申六		
3月	卯一	酉七	戌八	亥九	子一	丑二	寅三	卯四	辰五	巳六	午七	未八	申九	酉一	戌二	亥三	子四	丑五	寅六	卯七	辰八	巳九	午一	未二	申三	酉四	戌五	亥六	子七	丑八	寅九	卯一
4月	辰九	辰二	巳三	午四	未五	申六	酉七	戌八	亥九	子一	丑二	寅三	卯四	辰五	巳六	午七	未八	申九	酉一	戌二	亥三	子四	丑五	寅六	卯七	辰八	巳九	午一	未二	申三	酉四	
5月	巳八	戌五	亥六	子七	丑八	寅九	卯一	辰二	巳三	午四	未五	申六	酉七	戌八	亥九	子一	丑二	寅三	卯四	辰五	巳六	午七	未八	申九	酉一	戌二	亥三	子四	丑五	寅六	卯七	辰八
6月	午七	巳九	午一	未二	申三	酉四	戌五	亥六	子七	丑八	寅九	卯一	辰二	巳三	午四	未五	申六	酉七	戌八	亥九	子九	丑八	寅七	卯六	辰五	巳四	午三	未二	申一	酉九	戌八	
7月	未六	亥七	子六	丑五	寅四	卯三	辰二	巳一	午九	未八	申七	酉六	戌五	亥四	子三	丑二	寅一	卯九	辰八	巳七	午六	未五	申四	酉三	戌二	亥一	子九	丑八	寅七	卯六	辰五	巳四
8月	申五	午三	未二	申一	酉九	戌八	亥七	子六	丑五	寅四	卯三	辰二	巳一	午九	未八	申七	酉六	戌五	亥四	子三	丑二	寅一	卯九	辰八	巳七	午六	未五	申四	酉三	戌二	亥一	子九
9月	酉四	丑八	寅七	卯六	辰五	巳四	午三	未二	申一	酉九	戌八	亥七	子六	丑五	寅四	卯三	辰二	巳一	午九	未八	申七	酉六	戌五	亥四	子三	丑二	寅一	卯九	辰八	巳七	午六	
10月	戌三	未五	申四	酉三	戌二	亥一	子九	丑八	寅七	卯六	辰五	巳四	午三	未二	申一	酉九	戌八	亥七	子六	丑五	寅四	卯三	辰二	巳一	午九	未八	申七	酉六	戌五	亥四	子三	丑二
11月	亥二	寅一	卯九	辰八	巳七	午六	未五	申四	酉三	戌二	亥一	子九	丑八	寅七	卯六	辰五	巳四	午三	未二	申一	酉九	戌八	亥七	子六	丑五	寅四	卯三	辰二	巳一	午九	未八	
12月	子一	申七	酉六	戌五	亥四	子三	丑二	寅一	卯九	辰八	巳七	午六	未五	申四	酉三	戌二	亥一	子一	丑二	寅三	卯四	辰五	巳六	午七	未八	申九	酉一	戌二	亥三	子四	丑五	寅六
翌1	丑九	卯七	辰八	巳九	午一	未二	申三	酉四	戌五	亥六	子七	丑八	寅九	卯一	辰二	巳三	午四	未五	申六	酉七	戌八	亥九	子一	丑二	寅三	卯四	辰五	巳六	午七	未八	申九	酉一

1981年（酉一）

月/日		1日	2日	3日	4日	5日	6日	7日	8日	9日	10日	11日	12日	13日	14日	15日	16日	17日	18日	19日	20日	21日	22日	23日	24日	25日	26日	27日	28日	29日	30日	31日
2月	寅八	戌二	亥三	子四	丑五	寅六	卯七	辰八	巳九	午一	未二	申三	酉四	戌五	亥六	子七	丑八	寅九	卯一	辰二	巳三	午四	未五	申六	酉七	戌八	亥九	子一	丑二			
3月	卯七	寅三	卯四	辰五	巳六	午七	未八	申九	酉一	戌二	亥三	子四	丑五	寅六	卯七	辰八	巳九	午一	未二	申三	酉四	戌五	亥六	子七	丑八	寅九	卯一	辰二	巳三	午四	未五	申六
4月	辰六	酉七	戌八	亥九	子一	丑二	寅三	卯四	辰五	巳六	午七	未八	申九	酉一	戌二	亥三	子四	丑五	寅六	卯七	辰八	巳九	午一	未二	申三	酉四	戌五	亥六	子七	丑八	寅九	
5月	巳五	卯一	辰二	巳三	午四	未五	申六	酉七	戌八	亥九	子一	丑二	寅三	卯四	辰五	巳六	午七	未八	申九	酉一	戌二	亥三	子四	丑五	寅六	卯七	辰八	巳九	午一	未二	申三	酉四
6月	午四	戌五	亥六	子七	丑八	寅九	卯一	辰二	巳三	午四	未五	申六	酉七	戌八	亥九	子九	丑八	寅七	卯六	辰五	巳四	午三	未二	申一	酉九	戌八	亥七	子六	丑五	寅四	卯三	
7月	未三	辰二	巳一	午九	未八	申七	酉六	戌五	亥四	子三	丑二	寅一	卯九	辰八	巳七	午六	未五	申四	酉三	戌二	亥一	子九	丑八	寅七	卯六	辰五	巳四	午三	未二	申一	酉九	戌八
8月	申二	亥七	子六	丑五	寅四	卯三	辰二	巳一	午九	未八	申七	酉六	戌五	亥四	子三	丑二	寅一	卯九	辰八	巳七	午六	未五	申四	酉三	戌二	亥一	子九	丑八	寅七	卯六	辰五	巳四
9月	酉一	午三	未二	申一	酉九	戌八	亥七	子六	丑五	寅四	卯三	辰二	巳一	午九	未八	申七	酉六	戌五	亥四	子三	丑二	寅一	卯九	辰八	巳七	午六	未五	申四	酉三	戌二	亥一	
10月	戌九	子九	丑八	寅七	卯六	辰五	巳四	午三	未二	申一	酉九	戌八	亥七	子六	丑五	寅四	卯三	辰二	巳一	午九	未八	申七	酉六	戌五	亥四	子三	丑二	寅一	卯九	辰八	巳七	午六
11月	亥八	未五	申四	酉三	戌二	亥一	子九	丑八	寅七	卯六	辰五	巳四	午三	未二	申一	酉九	戌八	亥七	子六	丑五	寅四	卯三	辰二	巳一	午九	未八	申七	酉六	戌五	亥四	子三	
12月	子七	丑二	寅一	卯九	辰八	巳七	午六	未五	申四	酉三	戌二	亥一	子一	丑二	寅三	卯四	辰五	巳六	午七	未八	申九	酉一	戌二	亥三	子四	丑五	寅六	卯七	辰八	巳九	午一	未二
翌1	丑六	申三	酉四	戌五	亥六	子七	丑八	寅九	卯一	辰二	巳三	午四	未五	申六	酉七	戌八	亥九	子一	丑二	寅三	卯四	辰五	巳六	午七	未八	申九	酉一	戌二	亥三	子四	丑五	寅六

1982年（戌九）

月/日		1日	2日	3日	4日	5日	6日	7日	8日	9日	10日	11日	12日	13日	14日	15日	16日	17日	18日	19日	20日	21日	22日	23日	24日	25日	26日	27日	28日	29日	30日	31日
2月	寅五	卯七	辰八	巳九	午一	未二	申三	酉四	戌五	亥六	子七	丑八	寅九	卯一	辰二	巳三	午四	未五	申六	酉七	戌八	亥九	子一	丑二	寅三	卯四	辰五	巳六	午七			
3月	卯四	未八	申九	酉一	戌二	亥三	子四	丑五	寅六	卯七	辰八	巳九	午一	未二	申三	酉四	戌五	亥六	子七	丑八	寅九	卯一	辰二	巳三	午四	未五	申六	酉七	戌八	亥九	子一	丑二
4月	辰三	寅三	卯四	辰五	巳六	午七	未八	申九	酉一	戌二	亥三	子四	丑五	寅六	卯七	辰八	巳九	午一	未二	申三	酉四	戌五	亥六	子七	丑八	寅九	卯一	辰二	巳三	午四	未五	
5月	巳二	申六	酉七	戌八	亥九	子一	丑二	寅三	卯四	辰五	巳六	午七	未八	申九	酉一	戌二	亥三	子四	丑五	寅六	卯七	辰八	巳九	午一	未二	申三	酉四	戌五	亥六	子七	丑八	寅九
6月	午一	卯一	辰二	巳三	午四	未五	申六	酉七	戌八	亥九	子九	丑八	寅七	卯六	辰五	巳四	午三	未二	申一	酉九	戌八	亥七	子六	丑五	寅四	卯三	辰二	巳一	午九	未八	申七	
7月	未九	酉六	戌五	亥四	子三	丑二	寅一	卯九	辰八	巳七	午六	未五	申四	酉三	戌二	亥一	子九	丑八	寅七	卯六	辰五	巳四	午三	未二	申一	酉九	戌八	亥七	子六	丑五	寅四	卯三
8月	申八	辰二	巳一	午九	未八	申七	酉六	戌五	亥四	子三	丑二	寅一	卯九	辰八	巳七	午六	未五	申四	酉三	戌二	亥一	子九	丑八	寅七	卯六	辰五	巳四	午三	未二	申一	酉九	戌八
9月	酉七	亥七	子六	丑五	寅四	卯三	辰二	巳一	午九	未八	申七	酉六	戌五	亥四	子三	丑二	寅一	卯九	辰八	巳七	午六	未五	申四	酉三	戌二	亥一	子九	丑八	寅七	卯六	辰五	
10月	戌六	巳四	午三	未二	申一	酉九	戌八	亥七	子六	丑五	寅四	卯三	辰二	巳一	午九	未八	申七	酉六	戌五	亥四	子三	丑二	寅一	卯九	辰八	巳七	午六	未五	申四	酉三	戌二	亥一
11月	亥五	子九	丑八	寅七	卯六	辰五	巳四	午三	未二	申一	酉九	戌八	亥七	子六	丑五	寅四	卯三	辰二	巳一	午九	未八	申七	酉六	戌五	亥四	子三	丑二	寅一	卯九	辰八	巳七	
12月	子四	午六	未五	申四	酉三	戌二	亥一	子一	丑二	寅三	卯四	辰五	巳六	午七	未八	申九	酉一	戌二	亥三	子四	丑五	寅六	卯七	辰八	巳九	午一	未二	申三	酉四	戌五	亥六	子七
翌1	丑三	丑八	寅九	卯一	辰二	巳三	午四	未五	申六	酉七	戌八	亥九	子一	丑二	寅三	卯四	辰五	巳六	午七	未八	申九	酉一	戌二	亥三	子四	丑五	寅六	卯七	辰八	巳九	午一	未二

1983年（亥八）

月/日		1日	2日	3日	4日	5日	6日	7日	8日	9日	10日	11日	12日	13日	14日	15日	16日	17日	18日	19日	20日	21日	22日	23日	24日	25日	26日	27日	28日	29日	30日	31日
2月	寅二	申三	酉四	戌五	亥六	子七	丑八	寅九	卯一	辰二	巳三	午四	未五	申六	酉七	戌八	亥九	子一	丑二	寅三	卯四	辰五	巳六	午七	未八	申九	酉一	戌二	亥三			
3月	卯一	子四	丑五	寅六	卯七	辰八	巳九	午一	未二	申三	酉四	戌五	亥六	子七	丑八	寅九	卯一	辰二	巳三	午四	未五	申六	酉七	戌八	亥九	子一	丑二	寅三	卯四	辰五	巳六	午七
4月	辰九	未八	申九	酉一	戌二	亥三	子四	丑五	寅六	卯七	辰八	巳九	午一	未二	申三	酉四	戌五	亥六	子七	丑八	寅九	卯一	辰二	巳三	午四	未五	申六	酉七	戌八	亥九	子一	
5月	巳八	丑二	寅三	卯四	辰五	巳六	午七	未八	申九	酉一	戌二	亥三	子四	丑五	寅六	卯七	辰八	巳九	午一	未二	申三	酉四	戌五	亥六	子七	丑八	寅九	卯一	辰二	巳三	午四	未五
6月	午七	申六	酉七	戌八	亥九	子九	丑八	寅七	卯六	辰五	巳四	午三	未二	申一	酉九	戌八	亥七	子六	丑五	寅四	卯三	辰二	巳一	午九	未八	申七	酉六	戌五	亥四	子三	丑二	
7月	未六	寅一	卯九	辰八	巳七	午六	未五	申四	酉三	戌二	亥一	子九	丑八	寅七	卯六	辰五	巳四	午三	未二	申一	酉九	戌八	亥七	子六	丑五	寅四	卯三	辰二	巳一	午九	未八	申七
8月	申五	酉六	戌五	亥四	子三	丑二	寅一	卯九	辰八	巳七	午六	未五	申四	酉三	戌二	亥一	子九	丑八	寅七	卯六	辰五	巳四	午三	未二	申一	酉九	戌八	亥七	子六	丑五	寅四	卯三
9月	酉四	辰二	巳一	午九	未八	申七	酉六	戌五	亥四	子三	丑二	寅一	卯九	辰八	巳七	午六	未五	申四	酉三	戌二	亥一	子九	丑八	寅七	卯六	辰五	巳四	午三	未二	申一	酉九	
10月	戌三	戌八	亥七	子六	丑五	寅四	卯三	辰二	巳一	午九	未八	申七	酉六	戌五	亥四	子三	丑二	寅一	卯九	辰八	巳七	午六	未五	申四	酉三	戌二	亥一	子九	丑八	寅七	卯六	辰五
11月	亥二	巳四	午三	未二	申一	酉九	戌八	亥七	子六	丑五	寅四	卯三	辰二	巳一	午九	未八	申七	酉六	戌五	亥四	子三	丑二	寅一	卯九	辰八	巳七	午六	未五	申四	酉三	戌二	
12月	子一	亥一	子一	丑二	寅三	卯四	辰五	巳六	午七	未八	申九	酉一	戌二	亥三	子四	丑五	寅六	卯七	辰八	巳九	午一	未二	申三	酉四	戌五	亥六	子七	丑八	寅九	卯一	辰二	巳三
翌1	丑九	午四	未五	申六	酉七	戌八	亥九	子一	丑二	寅三	卯四	辰五	巳六	午七	未八	申九	酉一	戌二	亥三	子四	丑五	寅六	卯七	辰八	巳九	午一	未二	申三	酉四	戌五	亥六	子七

1984年（子七）

月/日		1日	2日	3日	4日	5日	6日	7日	8日	9日	10日	11日	12日	13日	14日	15日	16日	17日	18日	19日	20日	21日	22日	23日	24日	25日	26日	27日	28日	29日	30日	31日
2月	寅八	丑八	寅九	卯一	辰二	巳三	午四	未五	申六	酉七	戌八	亥九	子一	丑二	寅三	卯四	辰五	巳六	午七	未八	申九	酉一	戌二	亥三	子四	丑五	寅六	卯七	辰八	巳九		
3月	卯七	午一	未二	申三	酉四	戌五	亥六	子七	丑八	寅九	卯一	辰二	巳三	午四	未五	申六	酉七	戌八	亥九	子一	丑二	寅三	卯四	辰五	巳六	午七	未八	申九	酉一	戌二	亥三	子四
4月	辰六	丑五	寅六	卯七	辰八	巳九	午一	未二	申三	酉四	戌五	亥六	子七	丑八	寅九	卯一	辰二	巳三	午四	未五	申六	酉七	戌八	亥九	子一	丑二	寅三	卯四	辰五	巳六	午七	
5月	巳五	未八	申九	酉一	戌二	亥三	子四	丑五	寅六	卯七	辰八	巳九	午一	未二	申三	酉四	戌五	亥六	子七	丑八	寅九	卯一	辰二	巳三	午四	未五	申六	酉七	戌八	亥九	子九	丑八
6月	午四	寅七	卯六	辰五	巳四	午三	未二	申一	酉九	戌八	亥七	子六	丑五	寅四	卯三	辰二	巳一	午九	未八	申七	酉六	戌五	亥四	子三	丑二	寅一	卯九	辰八	巳七	午六	未五	
7月	未三	申四	酉三	戌二	亥一	子九	丑八	寅七	卯六	辰五	巳四	午三	未二	申一	酉九	戌八	亥七	子六	丑五	寅四	卯三	辰二	巳一	午九	未八	申七	酉六	戌五	亥四	子三	丑二	寅一
8月	申二	卯九	辰八	巳七	午六	未五	申四	酉三	戌二	亥一	子九	丑八	寅七	卯六	辰五	巳四	午三	未二	申一	酉九	戌八	亥七	子六	丑五	寅四	卯三	辰二	巳一	午九	未八	申七	酉六
9月	酉一	戌五	亥四	子三	丑二	寅一	卯九	辰八	巳七	午六	未五	申四	酉三	戌二	亥一	子九	丑八	寅七	卯六	辰五	巳四	午三	未二	申一	酉九	戌八	亥七	子六	丑五	寅四	卯三	
10月	戌九	辰二	巳一	午九	未八	申七	酉六	戌五	亥四	子三	丑二	寅一	卯九	辰八	巳七	午六	未五	申四	酉三	戌二	亥一	子九	丑八	寅七	卯六	辰五	巳四	午三	未二	申一	酉九	戌八
11月	亥八	亥七	子六	丑五	寅四	卯三	辰二	巳一	午九	未八	申七	酉六	戌五	亥四	子三	丑二	寅一	卯九	辰八	巳七	午六	未五	申四	酉三	戌二	亥一	子一	丑二	寅三	卯四	辰五	
12月	子七	巳六	午七	未八	申九	酉一	戌二	亥三	子四	丑五	寅六	卯七	辰八	巳九	午一	未二	申三	酉四	戌五	亥六	子七	丑八	寅九	卯一	辰二	巳三	午四	未五	申六	酉七	戌八	亥九
翌1	丑六	子一	丑二	寅三	卯四	辰五	巳六	午七	未八	申九	酉一	戌二	亥三	子四	丑五	寅六	卯七	辰八	巳九	午一	未二	申三	酉四	戌五	亥六	子七	丑八	寅九	卯一	辰二	巳三	午四

1985年（丑六）

月/日		1日	2日	3日	4日	5日	6日	7日	8日	9日	10日	11日	12日	13日	14日	15日	16日	17日	18日	19日	20日	21日	22日	23日	24日	25日	26日	27日	28日	29日	30日	31日
2月	寅五	未五	申六	酉七	戌八	亥九	子一	丑二	寅三	卯四	辰五	巳六	午七	未八	申九	酉一	戌二	亥三	子四	丑五	寅六	卯七	辰八	巳九	午一	未二	申三	酉四	戌五			
3月	卯四	亥六	子七	丑八	寅九	卯一	辰二	巳三	午四	未五	申六	酉七	戌八	亥九	子一	丑二	寅三	卯四	辰五	巳六	午七	未八	申九	酉一	戌二	亥三	子四	丑五	寅六	卯七	辰八	巳九
4月	辰三	午一	未二	申三	酉四	戌五	亥六	子七	丑八	寅九	卯一	辰二	巳三	午四	未五	申六	酉七	戌八	亥九	子一	丑二	寅三	卯四	辰五	巳六	午七	未八	申九	酉一	戌二	亥三	
5月	巳二	子四	丑五	寅六	卯七	辰八	巳九	午一	未二	申三	酉四	戌五	亥六	子七	丑八	寅九	卯一	辰二	巳三	午四	未五	申六	酉七	戌八	亥九	子九	丑八	寅七	卯六	辰五	巳四	午三
6月	午一	未二	申一	酉九	戌八	亥七	子六	丑五	寅四	卯三	辰二	巳一	午九	未八	申七	酉六	戌五	亥四	子三	丑二	寅一	卯九	辰八	巳七	午六	未五	申四	酉三	戌二	亥一	子九	
7月	未九	丑八	寅七	卯六	辰五	巳四	午三	未二	申一	酉九	戌八	亥七	子六	丑五	寅四	卯三	辰二	巳一	午九	未八	申七	酉六	戌五	亥四	子三	丑二	寅一	卯九	辰八	巳七	午六	未五
8月	申八	申四	酉三	戌二	亥一	子九	丑八	寅七	卯六	辰五	巳四	午三	未二	申一	酉九	戌八	亥七	子六	丑五	寅四	卯三	辰二	巳一	午九	未八	申七	酉六	戌五	亥四	子三	丑二	寅一
9月	酉七	卯九	辰八	巳七	午六	未五	申四	酉三	戌二	亥一	子九	丑八	寅七	卯六	辰五	巳四	午三	未二	申一	酉九	戌八	亥七	子六	丑五	寅四	卯三	辰二	巳一	午九	未八	申七	
10月	戌六	酉六	戌五	亥四	子三	丑二	寅一	卯九	辰八	巳七	午六	未五	申四	酉三	戌二	亥一	子九	丑八	寅七	卯六	辰五	巳四	午三	未二	申一	酉九	戌八	亥七	子六	丑五	寅四	卯三
11月	亥五	辰二	巳一	午九	未八	申七	酉六	戌五	亥四	子三	丑二	寅一	卯九	辰八	巳七	午六	未五	申四	酉三	戌二	亥一	子九	丑八	寅七	卯六	辰五	巳四	午三	未二	申一	酉九	
12月	子四	戌八	亥七	子六	丑五	寅四	卯三	辰二	巳一	午九	未八	申七	酉六	戌五	亥四	子三	丑二	寅一	卯九	辰八	巳七	午七	未八	申九	酉一	戌二	亥三	子四	丑五	寅六	卯七	辰八
翌1	丑三	巳九	午一	未二	申三	酉四	戌五	亥六	子七	丑八	寅九	卯一	辰二	巳三	午四	未五	申六	酉七	戌八	亥九	子一	丑二	寅三	卯四	辰五	巳六	午七	未八	申九	酉一	戌二	亥三

1986年（寅五）

月/日		1日	2日	3日	4日	5日	6日	7日	8日	9日	10日	11日	12日	13日	14日	15日	16日	17日	18日	19日	20日	21日	22日	23日	24日	25日	26日	27日	28日	29日	30日	31日
2月	寅二	子四	丑五	寅六	卯七	辰八	巳九	午一	未二	申三	酉四	戌五	亥六	子七	丑八	寅九	卯一	辰二	巳三	午四	未五	申六	酉七	戌八	亥九	子一	丑二	寅三	卯四			
3月	卯一	辰五	巳六	午七	未八	申九	酉一	戌二	亥三	子四	丑五	寅六	卯七	辰八	巳九	午一	未二	申三	酉四	戌五	亥六	子七	丑八	寅九	卯一	辰二	巳三	午四	未五	申六	酉七	戌八
4月	辰九	亥九	子一	丑二	寅三	卯四	辰五	巳六	午七	未八	申九	酉一	戌二	亥三	子四	丑五	寅六	卯七	辰八	巳九	午一	未二	申三	酉四	戌五	亥六	子七	丑八	寅九	卯一	辰二	
5月	巳八	巳三	午四	未五	申六	酉七	戌八	亥九	子一	丑二	寅三	卯四	辰五	巳六	午七	未八	申九	酉一	戌二	亥三	子四	丑五	寅六	卯七	辰八	巳九	午一	未二	申三	酉四	戌五	亥六
6月	午七	子七	丑八	寅九	卯一	辰二	巳三	午四	未五	申六	酉七	戌八	亥九	子一	丑二	寅三	卯四	辰五	巳六	午七	未八	申九	酉一	戌二	亥三	子四	丑五	寅六	卯七	辰八	巳九	
7月	未六	午一	未二	申三	酉四	戌五	亥六	子七	丑八	寅九	卯一	辰二	巳三	午四	未五	申六	酉七	戌八	亥九	子九	丑八	寅七	卯六	辰五	巳四	午三	未二	申一	酉九	戌八	亥七	子六
8月	申五	丑五	寅四	卯三	辰二	巳一	午九	未八	申七	酉六	戌五	亥四	子三	丑二	寅一	卯九	辰八	巳七	午六	未五	申四	酉三	戌二	亥一	子九	丑八	寅七	卯六	辰五	巳四	午三	未二
9月	酉四	申一	酉九	戌八	亥七	子六	丑五	寅四	卯三	辰二	巳一	午九	未八	申七	酉六	戌五	亥四	子三	丑二	寅一	卯九	辰八	巳七	午六	未五	申四	酉三	戌二	亥一	子九	丑八	
10月	戌三	寅七	卯六	辰五	巳四	午三	未二	申一	酉九	戌八	亥七	子六	丑五	寅四	卯三	辰二	巳一	午九	未八	申七	酉六	戌五	亥四	子三	丑二	寅一	卯九	辰八	巳七	午六	未五	申四
11月	亥二	酉三	戌二	亥一	子九	丑八	寅七	卯六	辰五	巳四	午三	未二	申一	酉九	戌八	亥七	子六	丑五	寅四	卯三	辰二	巳一	午九	未八	申七	酉六	戌五	亥四	子三	丑二	寅一	
12月	子一	卯九	辰八	巳七	午六	未五	申四	酉三	戌二	亥一	子九	丑八	寅七	卯六	辰五	巳四	午三	未二	申一	酉九	戌八	亥七	子六	丑五	寅四	卯三	辰二	巳一	午九	未八	申七	酉六
翌1	丑九	戌五	亥四	子三	丑二	寅一	卯九	辰八	巳七	午六	未五	申四	酉三	戌二	亥一	子一	丑二	寅三	卯四	辰五	巳六	午七	未八	申九	酉一	戌二	亥三	子四	丑五	寅六	卯七	辰八

1987年（卯四）

月/日		1日	2日	3日	4日	5日	6日	7日	8日	9日	10日	11日	12日	13日	14日	15日	16日	17日	18日	19日	20日	21日	22日	23日	24日	25日	26日	27日	28日	29日	30日	31日
2月	寅八	巳九	午一	未二	申三	酉四	戌五	亥六	子七	丑八	寅九	卯一	辰二	巳三	午四	未五	申六	酉七	戌八	亥九	子一	丑二	寅三	卯四	辰五	巳六	午七	未八	申九			
3月	卯七	酉一	戌二	亥三	子四	丑五	寅六	卯七	辰八	巳九	午一	未二	申三	酉四	戌五	亥六	子七	丑八	寅九	卯一	辰二	巳三	午四	未五	申六	酉七	戌八	亥九	子一	丑二	寅三	卯四
4月	辰六	辰五	巳六	午七	未八	申九	酉一	戌二	亥三	子四	丑五	寅六	卯七	辰八	巳九	午一	未二	申三	酉四	戌五	亥六	子七	丑八	寅九	卯一	辰二	巳三	午四	未五	申六	酉七	
5月	巳五	戌八	亥九	子一	丑二	寅三	卯四	辰五	巳六	午七	未八	申九	酉一	戌二	亥三	子四	丑五	寅六	卯七	辰八	巳九	午一	未二	申三	酉四	戌五	亥六	子七	丑八	寅九	卯一	辰二
6月	午四	巳三	午四	未五	申六	酉七	戌八	亥九	子一	丑二	寅三	卯四	辰五	巳六	午七	未八	申九	酉一	戌二	亥三	子四	丑五	寅六	卯七	辰八	巳九	午一	未二	申三	酉四	戌五	
7月	未三	亥六	子七	丑八	寅九	卯一	辰二	巳三	午四	未五	申六	酉七	戌八	亥九	子九	丑八	寅七	卯六	辰五	巳四	午三	未二	申一	酉九	戌八	亥七	子六	丑五	寅四	卯三	辰二	巳一
8月	申二	午九	未八	申七	酉六	戌五	亥四	子三	丑二	寅一	卯九	辰八	巳七	午六	未五	申四	酉三	戌二	亥一	子九	丑八	寅七	卯六	辰五	巳四	午三	未二	申一	酉九	戌八	亥七	子六
9月	酉一	丑五	寅四	卯三	辰二	巳一	午九	未八	申七	酉六	戌五	亥四	子三	丑二	寅一	卯九	辰八	巳七	午六	未五	申四	酉三	戌二	亥一	子九	丑八	寅七	卯六	辰五	巳四	午三	
10月	戌九	未二	申一	酉九	戌八	亥七	子六	丑五	寅四	卯三	辰二	巳一	午九	未八	申七	酉六	戌五	亥四	子三	丑二	寅一	卯九	辰八	巳七	午六	未五	申四	酉三	戌二	亥一	子九	丑八
11月	亥八	寅七	卯六	辰五	巳四	午三	未二	申一	酉九	戌八	亥七	子六	丑五	寅四	卯三	辰二	巳一	午九	未八	申七	酉六	戌五	亥四	子三	丑二	寅一	卯九	辰八	巳七	午六	未五	
12月	子七	申四	酉三	戌二	亥一	子九	丑八	寅七	卯六	辰五	巳四	午三	未二	申一	酉九	戌八	亥七	子六	丑五	寅四	卯三	辰二	巳一	午九	未八	申七	酉六	戌五	亥四	子三	丑二	寅一
翌1	丑六	卯九	辰八	巳七	午六	未五	申四	酉三	戌二	亥一	子一	丑二	寅三	卯四	辰五	巳六	午七	未八	申九	酉一	戌二	亥三	子四	丑五	寅六	卯七	辰八	巳九	午一	未二	申三	酉四

1988年（辰三）

月/日		1日	2日	3日	4日	5日	6日	7日	8日	9日	10日	11日	12日	13日	14日	15日	16日	17日	18日	19日	20日	21日	22日	23日	24日	25日	26日	27日	28日	29日	30日	31日
2月	寅五	戌五	亥六	子七	丑八	寅九	卯一	辰二	巳三	午四	未五	申六	酉七	戌八	亥九	子一	丑二	寅三	卯四	辰五	巳六	午七	未八	申九	酉一	戌二	亥三	子四	丑五	寅六		
3月	卯四	卯七	辰八	巳九	午一	未二	申三	酉四	戌五	亥六	子七	丑八	寅九	卯一	辰二	巳三	午四	未五	申六	酉七	戌八	亥九	子一	丑二	寅三	卯四	辰五	巳六	午七	未八	申九	酉一
4月	辰三	戌二	亥三	子四	丑五	寅六	卯七	辰八	巳九	午一	未二	申三	酉四	戌五	亥六	子七	丑八	寅九	卯一	辰二	巳三	午四	未五	申六	酉七	戌八	亥九	子一	丑二	寅三	卯四	
5月	巳二	辰五	巳六	午七	未八	申九	酉一	戌二	亥三	子四	丑五	寅六	卯七	辰八	巳九	午一	未二	申三	酉四	戌五	亥六	子七	丑八	寅九	卯一	辰二	巳三	午四	未五	申六	酉七	戌八
6月	午一	亥九	子一	丑二	寅三	卯四	辰五	巳六	午七	未八	申九	酉一	戌二	亥三	子四	丑五	寅六	卯七	辰八	巳九	午一	未二	申三	酉四	戌五	亥六	子七	丑八	寅九	卯一	辰二	
7月	未九	巳三	午四	未五	申六	酉七	戌八	亥九	子九	丑八	寅七	卯六	辰五	巳四	午三	未二	申一	酉九	戌八	亥七	子六	丑五	寅四	卯三	辰二	巳一	午九	未八	申七	酉六	戌五	亥四
8月	申八	子三	丑二	寅一	卯九	辰八	巳七	午六	未五	申四	酉三	戌二	亥一	子九	丑八	寅七	卯六	辰五	巳四	午三	未二	申一	酉九	戌八	亥七	子六	丑五	寅四	卯三	辰二	巳一	午九
9月	酉七	未八	申七	酉六	戌五	亥四	子三	丑二	寅一	卯九	辰八	巳七	午六	未五	申四	酉三	戌二	亥一	子九	丑八	寅七	卯六	辰五	巳四	午三	未二	申一	酉九	戌八	亥七	子六	
10月	戌六	丑五	寅四	卯三	辰二	巳一	午九	未八	申七	酉六	戌五	亥四	子三	丑二	寅一	卯九	辰八	巳七	午六	未五	申四	酉三	戌二	亥一	子九	丑八	寅七	卯六	辰五	巳四	午三	未二
11月	亥五	申一	酉九	戌八	亥七	子六	丑五	寅四	卯三	辰二	巳一	午九	未八	申七	酉六	戌五	亥四	子三	丑二	寅一	卯九	辰八	巳七	午六	未五	申四	酉三	戌二	亥一	子九	丑八	
12月	子四	寅七	卯六	辰五	巳四	午三	未二	申一	酉九	戌八	亥七	子六	丑五	寅四	卯三	辰二	巳一	午九	未八	申七	酉六	戌五	亥四	子三	丑二	寅一	卯九	辰八	巳七	午六	未五	申四
翌1	丑三	酉三	戌二	亥一	子一	丑二	寅三	卯四	辰五	巳六	午七	未八	申九	酉一	戌二	亥三	子四	丑五	寅六	卯七	辰八	巳九	午一	未二	申三	酉四	戌五	亥六	子七	丑八	寅九	卯一

1989年（巳二）

月/日		1日	2日	3日	4日	5日	6日	7日	8日	9日	10日	11日	12日	13日	14日	15日	16日	17日	18日	19日	20日	21日	22日	23日	24日	25日	26日	27日	28日	29日	30日	31日
2月	寅二	辰二	巳三	午四	未五	申六	酉七	戌八	亥九	子一	丑二	寅三	卯四	辰五	巳六	午七	未八	申九	酉一	戌二	亥三	子四	丑五	寅六	卯七	辰八	巳九	午一	未二			
3月	卯一	申三	酉四	戌五	亥六	子七	丑八	寅九	卯一	辰二	巳三	午四	未五	申六	酉七	戌八	亥九	子一	丑二	寅三	卯四	辰五	巳六	午七	未八	申九	酉一	戌二	亥三	子四	丑五	寅六
4月	辰九	卯七	辰八	巳九	午一	未二	申三	酉四	戌五	亥六	子七	丑八	寅九	卯一	辰二	巳三	午四	未五	申六	酉七	戌八	亥九	子一	丑二	寅三	卯四	辰五	巳六	午七	未八	申九	
5月	巳八	酉一	戌二	亥三	子四	丑五	寅六	卯七	辰八	巳九	午一	未二	申三	酉四	戌五	亥六	子七	丑八	寅九	卯一	辰二	巳三	午四	未五	申六	酉七	戌八	亥九	子一	丑二	寅三	卯四
6月	午七	辰五	巳六	午七	未八	申九	酉一	戌二	亥三	子四	丑五	寅六	卯七	辰八	巳九	午一	未二	申三	酉四	戌五	亥六	子七	丑八	寅九	卯一	辰二	巳三	午四	未五	申六	酉七	
7月	未六	戌八	亥九	子九	丑八	寅七	卯六	辰五	巳四	午三	未二	申一	酉九	戌八	亥七	子六	丑五	寅四	卯三	辰二	巳一	午九	未八	申七	酉六	戌五	亥四	子三	丑二	寅一	卯九	辰八
8月	申五	巳七	午六	未五	申四	酉三	戌二	亥一	子九	丑八	寅七	卯六	辰五	巳四	午三	未二	申一	酉九	戌八	亥七	子六	丑五	寅四	卯三	辰二	巳一	午九	未八	申七	酉六	戌五	亥四
9月	酉四	子三	丑二	寅一	卯九	辰八	巳七	午六	未五	申四	酉三	戌二	亥一	子九	丑八	寅七	卯六	辰五	巳四	午三	未二	申一	酉九	戌八	亥七	子六	丑五	寅四	卯三	辰二	巳一	
10月	戌三	午九	未八	申七	酉六	戌五	亥四	子三	丑二	寅一	卯九	辰八	巳七	午六	未五	申四	酉三	戌二	亥一	子九	丑八	寅七	卯六	辰五	巳四	午三	未二	申一	酉九	戌八	亥七	子六
11月	亥二	丑五	寅四	卯三	辰二	巳一	午九	未八	申七	酉六	戌五	亥四	子三	丑二	寅一	卯九	辰八	巳七	午六	未五	申四	酉三	戌二	亥一	子九	丑八	寅七	卯六	辰五	巳四	午三	
12月	子一	未二	申一	酉九	戌八	亥七	子六	丑五	寅四	卯三	辰二	巳一	午九	未八	申七	酉六	戌五	亥四	子三	丑二	寅一	卯九	辰八	巳七	午六	未五	申四	酉三	戌二	亥一	子一	丑二
翌1	丑九	寅三	卯四	辰五	巳六	午七	未八	申九	酉一	戌二	亥三	子四	丑五	寅六	卯七	辰八	巳九	午一	未二	申三	酉四	戌五	亥六	子七	丑八	寅九	卯一	辰二	巳三	午四	未五	申六

1990年（午一）

月/日		1日	2日	3日	4日	5日	6日	7日	8日	9日	10日	11日	12日	13日	14日	15日	16日	17日	18日	19日	20日	21日	22日	23日	24日	25日	26日	27日	28日	29日	30日	31日
2月	寅八	酉七	戌八	亥九	子一	丑二	寅三	卯四	辰五	巳六	午七	未八	申九	酉一	戌二	亥三	子四	丑五	寅六	卯七	辰八	巳九	午一	未二	申三	酉四	戌五	亥六	子七			
3月	卯七	丑八	寅九	卯一	辰二	巳三	午四	未五	申六	酉七	戌八	亥九	子一	丑二	寅三	卯四	辰五	巳六	午七	未八	申九	酉一	戌二	亥三	子四	丑五	寅六	卯七	辰八	巳九	午一	未二
4月	辰六	申三	酉四	戌五	亥六	子七	丑八	寅九	卯一	辰二	巳三	午四	未五	申六	酉七	戌八	亥九	子一	丑二	寅三	卯四	辰五	巳六	午七	未八	申九	酉一	戌二	亥三	子四	丑五	
5月	巳五	寅六	卯七	辰八	巳九	午一	未二	申三	酉四	戌王	亥六	子七	丑八	寅九	卯一	辰二	巳三	午四	未五	申六	酉七	戌八	亥九	子一	丑二	寅三	卯四	辰五	巳六	午七	未八	申九
6月	午四	酉一	戌二	亥三	子四	丑五	寅六	卯七	辰八	巳九	午一	未二	申三	酉四	戌五	亥六	子七	丑八	寅九	卯一	辰二	巳三	午四	未五	申六	酉七	戌八	亥九	子九	丑八	寅七	
7月	未三	卯六	辰五	巳四	午三	未二	申一	酉九	戌八	亥七	子六	丑五	寅四	卯三	辰二	巳一	午九	未八	申七	酉六	戌五	亥四	子三	丑二	寅一	卯九	辰八	巳七	午六	未五	申四	酉三
8月	申二	戌二	亥一	子九	丑八	寅七	卯六	辰五	巳四	午三	未二	申一	酉九	戌八	亥七	子六	丑五	寅四	卯三	辰二	巳一	午九	未八	申七	酉六	戌五	亥四	子三	丑二	寅一	卯九	辰八
9月	酉一	巳七	午六	未五	申四	酉三	戌二	亥一	子九	丑八	寅七	卯六	辰五	巳四	午三	未二	申一	酉九	戌八	亥七	子六	丑五	寅四	卯三	辰二	巳一	午九	未八	申七	酉六	戌五	
10月	戌九	亥四	子三	丑二	寅一	卯九	辰八	巳七	午六	夫五	申四	酉三	戌二	亥一	子九	丑八	寅七	卯六	辰五	巳四	午三	未二	申一	酉九	戌八	亥七	子六	丑五	寅四	卯三	辰二	巳一
11月	亥八	午九	未八	申七	酉六	戌五	亥四	子三	丑二	寅一	卯九	辰八	巳七	午六	未五	申四	酉三	戌二	亥一	子九	丑八	寅七	卯六	辰五	巳四	午三	未二	申一	酉九	戌八	亥七	
12月	子七	子六	丑五	寅四	卯三	辰二	巳一	午九	未八	申七	酉六	戌五	亥四	子三	丑二	寅一	卯九	辰八	巳七	午六	未五	申四	酉三	戌二	亥一	子一	丑二	寅三	卯四	辰五	巳六	午七
翌1	丑六	未八	申九	酉一	戌二	亥三	子四	丑五	寅六	卯七	辰八	巳九	午一	未二	申三	酉四	戌五	亥六	子七	丑八	寅九	卯一	辰二	巳三	午四	未五	申六	酉七	戌八	亥九	子一	丑二

1991年（未九）

月/日		1日	2日	3日	4日	5日	6日	7日	8日	9日	10日	11日	12日	13日	14日	15日	16日	17日	18日	19日	20日	21日	22日	23日	24日	25日	26日	27日	28日	29日	30日	31日
2月	寅五	寅三	卯四	辰五	巳六	午七	未八	申九	酉一	戌二	亥三	子四	丑五	寅六	卯七	辰八	巳九	午一	未二	申三	酉四	戌五	亥六	子七	丑八	寅九	卯一	辰二	巳三			
3月	卯四	午四	未五	申六	酉七	戌八	亥九	子一	丑二	寅三	卯四	辰五	巳六	午七	未八	申九	酉一	戌二	亥三	子四	丑五	寅六	卯七	辰八	巳九	午一	未二	申三	酉四	戌五	亥六	子七
4月	辰三	丑八	寅九	卯一	辰二	巳三	午四	未五	申六	酉七	戌八	亥九	子一	丑二	寅三	卯四	辰五	巳六	午七	未八	申九	酉一	戌二	亥三	子四	丑五	寅六	卯七	辰八	巳九	午一	
5月	巳二	未二	申三	酉四	戌五	亥六	子七	丑八	寅九	卯一	辰二	巳三	午四	未五	申六	酉七	戌八	亥九	子一	丑二	寅三	卯四	辰五	巳六	午七	未八	申九	酉一	戌二	亥三	子四	丑五
6月	午一	寅六	卯七	辰八	巳九	午一	未二	申三	酉四	戌五	亥六	子七	丑八	寅九	卯一	辰二	巳三	午四	未五	申六	酉七	戌八	亥九	子九	丑八	寅七	卯六	辰五	巳四	午三	未二	
7月	未九	申一	酉九	戌八	亥七	子六	丑五	寅四	卯三	辰二	巳一	午九	未八	申七	酉六	戌五	亥四	子三	丑二	寅一	卯九	辰八	巳七	午六	未五	申四	酉三	戌二	亥一	子九	丑八	寅七
8月	申八	卯六	辰五	巳四	午三	未二	申一	酉九	戌八	亥七	子六	丑五	寅四	卯三	辰二	巳一	午九	未八	申七	酉六	戌五	亥四	子三	丑二	寅一	卯九	辰八	巳七	午六	未五	申四	酉三
9月	酉七	戌二	亥一	子九	丑八	寅七	卯六	辰五	巳四	午三	未二	申一	酉九	戌八	亥七	子六	丑五	寅四	卯三	辰二	巳一	午九	未八	申七	酉六	戌五	亥四	子三	丑二	寅一	卯九	
10月	戌六	辰八	巳七	午六	未五	申四	酉三	戌二	亥一	子九	丑八	寅七	卯六	辰五	巳四	午三	未二	申一	酉九	戌八	亥七	子六	丑五	寅四	卯三	辰二	巳一	午九	未八	申七	酉六	戌五
11月	亥五	亥四	子三	丑二	寅一	卯九	辰八	巳七	午六	未五	申四	酉三	戌二	亥一	子九	丑八	寅七	卯六	辰五	巳四	午三	未二	申一	酉九	戌八	亥七	子六	丑五	寅四	卯三	辰二	
12月	子四	巳一	午九	未八	申七	酉六	戌五	亥四	子三	丑二	寅一	卯九	辰八	巳七	午六	未五	申四	酉三	戌二	亥一	子一	丑二	寅三	卯四	辰五	巳六	午七	未八	申九	酉一	戌二	亥三
翌1	丑三	子四	丑五	寅六	卯七	辰八	巳九	午一	未二	申三	酉四	戌五	亥六	子七	丑八	寅九	卯一	辰二	巳三	午四	未五	申六	酉七	戌八	亥九	子一	丑二	寅三	卯四	辰五	巳六	午七

1992年（申八）

月/日		1日	2日	3日	4日	5日	6日	7日	8日	9日	10日	11日	12日	13日	14日	15日	16日	17日	18日	19日	20日	21日	22日	23日	24日	25日	26日	27日	28日	29日	30日	31日
2月	寅二	未八	申九	酉一	戌二	亥三	子四	丑五	寅六	卯七	辰八	巳九	午一	未二	申三	酉四	戌五	亥六	子七	丑八	寅九	卯一	辰二	巳三	午四	未五	申六	酉七	戌八	亥九		
3月	卯一	子一	丑二	寅三	卯四	辰五	巳六	午七	未八	申九	酉一	戌二	亥三	子四	丑五	寅六	卯七	辰八	巳九	午一	未二	申三	酉四	戌五	亥六	子七	丑八	寅九	卯一	辰二	巳三	午四
4月	辰九	未五	申六	酉七	戌八	亥九	子一	丑二	寅三	卯四	辰五	巳六	午七	未八	申九	酉一	戌二	亥三	子四	丑五	寅六	卯七	辰八	巳九	午一	未二	申三	酉四	戌五	亥六	子七	
5月	巳八	丑八	寅九	卯一	辰二	巳三	午四	未五	申六	酉七	戌八	亥九	子一	丑二	寅三	卯四	辰五	巳六	午七	未八	申九	酉一	戌二	亥三	子四	丑五	寅六	卯七	辰八	巳九	午一	未二
6月	午七	申三	酉四	戌五	亥六	子七	丑八	寅九	卯一	辰二	巳三	午四	未五	申六	酉七	戌八	亥九	子九	丑八	寅七	卯六	辰五	巳四	午三	未二	申一	酉九	戌八	亥七	子六	丑五	
7月	未六	寅四	卯三	辰二	巳一	午九	未八	申七	酉六	戌五	亥四	子三	丑二	寅一	卯九	辰八	巳七	午六	未五	申四	酉三	戌二	亥一	子九	丑八	寅七	卯六	辰五	巳四	午三	未二	申一
8月	申五	酉九	戌八	亥七	子六	丑五	寅四	卯三	辰二	巳一	午九	未八	申七	酉六	戌五	亥四	子三	丑二	寅一	卯九	辰八	巳七	午六	未五	申四	酉三	戌二	亥一	子九	丑八	寅七	卯六
9月	酉四	辰五	巳四	午三	未二	申一	酉九	戌八	亥七	子六	丑五	寅四	卯三	辰二	巳一	午九	未八	申七	酉六	戌五	亥四	子三	丑二	寅一	卯九	辰八	巳七	午六	未五	申四	酉三	
10月	戌三	戌二	亥一	子九	丑八	寅七	卯六	辰五	巳四	午三	未二	申一	酉九	戌八	亥七	子六	丑五	寅四	卯三	辰二	巳一	午九	未八	申七	酉六	戌五	亥四	子三	丑二	寅一	卯九	辰八
11月	亥二	巳七	午六	未五	申四	酉三	戌二	亥一	子九	丑八	寅七	卯六	辰五	巳四	午三	未二	申一	酉九	戌八	亥七	子六	丑五	寅四	卯三	辰二	巳一	午九	未八	申七	酉六	戌五	
12月	子一	亥四	子三	丑二	寅一	卯九	辰八	巳七	午六	未五	申四	酉三	戌二	亥一	子一	丑二	寅三	卯四	辰五	巳六	午七	未八	申九	酉一	戌二	亥三	子四	丑五	寅六	卯七	辰八	巳九
翌1	丑九	午一	未二	申三	酉四	戌五	亥六	子七	丑八	寅九	卯一	辰二	巳三	午四	未五	申六	酉七	戌八	亥九	子一	丑二	寅三	卯四	辰五	巳六	午七	未八	申九	酉一	戌二	亥三	子四

1993年（酉七）

月/日		1日	2日	3日	4日	5日	6日	7日	8日	9日	10日	11日	12日	13日	14日	15日	16日	17日	18日	19日	20日	21日	22日	23日	24日	25日	26日	27日	28日	29日	30日	31日
2月	寅八	丑五	寅六	卯七	辰八	巳九	午一	未二	申三	酉四	戌五	亥六	子七	丑八	寅九	卯一	辰二	巳三	午四	未五	申六	酉七	戌八	亥九	子一	丑二	寅三	卯四	辰五			
3月	卯七	巳六	午七	未八	申九	酉一	戌二	亥三	子四	丑五	寅六	卯七	辰八	巳九	午一	未二	申三	酉四	戌五	亥六	子七	丑八	寅九	卯一	辰二	巳三	午四	未五	申六	酉七	戌八	亥九
4月	辰六	子一	丑二	寅三	卯四	辰五	巳六	午七	未八	申九	酉一	戌二	亥三	子四	丑五	寅六	卯七	辰八	巳九	午一	未二	申三	酉四	戌五	亥六	子七	丑八	寅九	卯一	辰二	巳三	
5月	巳五	午四	未五	申六	酉七	戌八	亥九	子一	丑二	寅三	卯四	辰五	巳六	午七	未八	申九	酉一	戌二	亥三	子四	丑五	寅六	卯七	辰八	巳九	午一	未二	申三	酉四	戌五	亥六	子七
6月	午四	丑八	寅九	卯一	辰二	巳三	午四	未五	申六	酉七	戌八	亥九	子九	丑八	寅七	卯六	辰五	巳四	午三	未二	申一	酉九	戌八	亥七	子六	丑五	寅四	卯三	辰二	巳一	午九	
7月	未三	未八	申七	酉六	戌五	亥四	子三	丑二	寅一	卯九	辰八	巳七	午六	未五	申四	酉三	戌二	亥一	子九	丑八	寅七	卯六	辰五	巳四	午三	未二	申一	酉九	戌八	亥七	子六	丑五
8月	申二	寅四	卯三	辰二	巳一	午九	未八	申七	酉六	戌五	亥四	子三	丑二	寅一	卯九	辰八	巳七	午六	未五	申四	酉三	戌二	亥一	子九	丑八	寅七	卯六	辰五	巳四	午三	未二	申一
9月	酉一	酉九	戌八	亥七	子六	丑五	寅四	卯三	辰二	巳一	午九	未八	申七	酉六	戌五	亥四	子三	丑二	寅一	卯九	辰八	巳七	午六	未五	申四	酉三	戌二	亥一	子九	丑八	寅七	
10月	戌九	卯六	辰五	巳四	午三	未二	申一	酉九	戌八	亥七	子六	丑五	寅四	卯三	辰二	巳一	午九	未八	申七	酉六	戌五	亥四	子三	丑二	寅一	卯九	辰八	巳七	午六	未五	申四	酉三
11月	亥八	戌二	亥一	子九	丑八	寅七	卯六	辰五	巳四	午三	未二	申一	酉九	戌八	亥七	子六	丑五	寅四	卯三	辰二	巳一	午九	未八	申七	酉六	戌五	亥四	子三	丑二	寅一	卯九	
12月	子七	辰八	巳七	午六	未五	申四	酉三	戌二	亥一	子一	丑二	寅三	卯四	辰五	巳六	午七	未八	申九	酉一	戌二	亥三	子四	丑五	寅六	卯七	辰八	巳九	午一	未二	申三	酉四	戌五
翌1	丑六	亥六	子七	丑八	寅九	卯一	辰二	巳三	午四	未五	申六	酉七	戌八	亥九	子一	丑二	寅三	卯四	辰五	巳六	午七	未八	申九	酉一	戌二	亥三	子四	丑五	寅六	卯七	辰八	巳九

1994年（戌六）

月/日		1日	2日	3日	4日	5日	6日	7日	8日	9日	10日	11日	12日	13日	14日	15日	16日	17日	18日	19日	20日	21日	22日	23日	24日	25日	26日	27日	28日	29日	30日	31日
2月	寅五	午一	未二	申三	酉四	戌五	亥六	子七	丑八	寅九	卯一	辰二	巳三	午四	未五	申六	酉七	戌八	亥九	子一	丑二	寅三	卯四	辰五	巳六	午七	未八	申九	酉一			
3月	卯四	戌二	亥三	子四	丑五	寅六	卯七	辰八	巳九	午一	未二	申三	酉四	戌五	亥六	子七	丑八	寅九	卯一	辰二	巳三	午四	未五	申六	酉七	戌八	亥九	子一	丑二	寅三	卯四	辰五
4月	辰三	巳六	午七	未八	申九	酉一	戌二	亥三	子四	丑五	寅六	卯七	辰八	巳九	午一	未二	申三	酉四	戌五	亥六	子七	丑八	寅九	卯一	辰二	巳三	午四	未五	申六	酉七	戌八	
5月	巳二	亥九	子一	丑二	寅三	卯四	辰五	巳六	午七	未八	申九	酉一	戌二	亥三	子四	丑五	寅六	卯七	辰八	巳九	午一	未二	申三	酉四	戌五	亥六	子七	丑八	寅九	卯一	辰二	巳三
6月	午一	午四	未五	申六	酉七	戌八	亥九	子九	丑八	寅七	卯六	辰五	巳四	午三	未二	申一	酉九	戌八	亥七	子六	丑五	寅四	卯三	辰二	巳一	午九	未八	申七	酉六	戌五	亥四	
7月	未九	子三	丑二	寅一	卯九	辰八	巳七	午六	未五	申四	酉三	戌二	亥一	子九	丑八	寅七	卯六	辰五	巳四	午三	未二	申一	酉九	戌八	亥七	子六	丑五	寅四	卯三	辰二	巳一	午九
8月	申八	未八	申七	酉六	戌五	亥四	子三	丑二	寅一	卯九	辰八	巳七	午六	未五	申四	酉三	戌二	亥一	子九	丑八	寅七	卯六	辰五	巳四	午三	未二	申一	酉九	戌八	亥七	子六	丑五
9月	酉七	寅四	卯三	辰二	巳一	午九	未八	申七	酉六	戌五	亥四	子三	丑二	寅一	卯九	辰八	巳七	午六	未五	申四	酉三	戌二	亥一	子九	丑八	寅七	卯六	辰五	巳四	午三	未二	
10月	戌六	申一	酉九	戌八	亥七	子六	丑五	寅四	卯三	辰二	巳一	午九	未八	申七	酉六	戌五	亥四	子三	丑二	寅一	卯九	辰八	巳七	午六	未五	申四	酉三	戌二	亥一	子九	丑八	寅七
11月	亥五	卯六	辰五	巳四	午三	未二	申一	酉九	戌八	亥七	子六	丑五	寅四	卯三	辰二	巳一	午九	未八	申七	酉六	戌五	亥四	子三	丑二	寅一	卯九	辰八	巳七	午六	未五	申四	
12月	子四	酉三	戌二	亥一	子一	丑二	寅三	卯四	辰五	巳六	午七	未八	申九	酉一	戌二	亥三	子四	丑五	寅六	卯七	辰八	巳九	午一	未二	申三	酉四	戌五	亥六	子七	丑八	寅九	卯一
翌1	丑三	辰二	巳三	午四	未五	申六	酉七	戌八	亥九	子一	丑二	寅三	卯四	辰五	巳六	午七	未八	申九	酉一	戌二	亥三	子四	丑五	寅六	卯七	辰八	巳九	午一	未二	申三	酉四	戌五

1995年（亥五）

月/日		1日	2日	3日	4日	5日	6日	7日	8日	9日	10日	11日	12日	13日	14日	15日	16日	17日	18日	19日	20日	21日	22日	23日	24日	25日	26日	27日	28日	29日	30日	31日
2月	寅二	亥六	子七	丑八	寅九	卯一	辰二	巳三	午四	未五	申六	酉七	戌八	亥九	子一	丑二	寅三	卯四	辰五	巳六	午七	未八	申九	酉一	戌二	亥三	子四	丑五	寅六			
3月	卯一	卯七	辰八	巳九	午一	未二	申三	酉四	戌五	亥六	子七	丑八	寅九	卯一	辰二	巳三	午四	未五	申六	酉七	戌八	亥九	子一	丑二	寅三	卯四	辰五	巳六	午七	未八	申九	酉一
4月	辰九	戌二	亥三	子四	丑五	寅六	卯七	辰八	巳九	午一	未二	申三	酉四	戌五	亥六	子七	丑八	寅九	卯一	辰二	巳三	午四	未五	申六	酉七	戌八	亥九	子一	丑二	寅三	卯四	
5月	巳八	辰五	巳六	午七	未八	申九	酉一	戌二	亥三	子四	丑五	寅六	卯七	辰八	巳九	午一	未二	申三	酉四	戌五	亥六	子七	丑八	寅九	卯一	辰二	巳三	午四	未五	申六	酉七	戌八
6月	午七	亥九	子九	丑八	寅七	卯六	辰五	巳四	午三	未二	申一	酉九	戌八	亥七	子六	丑五	寅四	卯三	辰二	巳一	午九	未八	申七	酉六	戌五	亥四	子三	丑二	寅一	卯九	辰八	
7月	未六	巳七	午六	未五	申四	酉三	戌二	亥一	子九	丑八	寅七	卯六	辰五	巳四	午三	未二	申一	酉九	戌八	亥七	子六	丑五	寅四	卯三	辰二	巳一	午九	未八	申七	酉六	戌五	亥四
8月	申五	子三	丑二	寅一	卯九	辰八	巳七	午六	未五	申四	酉三	戌二	亥一	子九	丑八	寅七	卯六	辰五	巳四	午三	未二	申一	酉九	戌八	亥七	子六	丑五	寅四	卯三	辰二	巳一	午九
9月	酉四	未八	申七	酉六	戌五	亥四	子三	丑二	寅一	卯九	辰八	巳七	午六	未五	申四	酉三	戌二	亥一	子九	丑八	寅七	卯六	辰五	巳四	午三	未二	申一	酉九	戌八	亥七	子六	
10月	戌三	丑五	寅四	卯三	辰二	巳一	午九	未八	申七	酉六	戌五	亥四	子三	丑二	寅一	卯九	辰八	巳七	午六	未五	申四	酉三	戌二	亥一	子九	丑八	寅七	卯六	辰五	巳四	午三	未二
11月	亥二	申一	酉九	戌八	亥七	子六	丑五	寅四	卯三	辰二	巳一	午九	未八	申七	酉六	戌五	亥四	子三	丑二	寅一	卯九	辰八	巳七	午六	未五	申四	酉三	戌二	亥一	子一	丑二	
12月	子一	寅三	卯四	辰五	巳六	午七	未八	申九	酉一	戌二	亥三	子四	丑五	寅六	卯七	辰八	巳九	午一	未二	申三	酉四	戌五	亥六	子七	丑八	寅九	卯一	辰二	巳三	午四	未五	申六
翌1	丑九	酉七	戌八	亥九	子一	丑二	寅三	卯四	辰五	巳六	午七	未八	申九	酉一	戌二	亥三	子四	丑五	寅六	卯七	辰八	巳九	午一	未二	申三	酉四	戌五	亥六	子七	丑八	寅九	卯一

1996年（子四）

月/日		1日	2日	3日	4日	5日	6日	7日	8日	9日	10日	11日	12日	13日	14日	15日	16日	17日	18日	19日	20日	21日	22日	23日	24日	25日	26日	27日	28日	29日	30日	31日
2月	寅八	辰二	巳三	午四	未五	申六	酉七	戌八	亥九	子一	丑二	寅三	卯四	辰五	巳六	午七	未八	申九	酉一	戌二	亥三	子四	丑五	寅六	卯七	辰八	巳九	午一	未二	申三		
3月	卯七	酉四	戌五	亥六	子七	丑八	寅九	卯一	辰二	巳三	午四	未五	申六	酉七	戌八	亥九	子一	丑二	寅三	卯四	辰五	巳六	午七	未八	申九	酉一	戌二	亥三	子四	丑五	寅六	卯七
4月	辰六	辰八	巳九	午一	未二	申三	酉四	戌五	亥六	子七	丑八	寅九	卯一	辰二	巳三	午四	未五	申六	酉七	戌八	亥九	子一	丑二	寅三	卯四	辰五	巳六	午七	未八	申九	酉一	
5月	巳五	戌二	亥三	子四	丑五	寅六	卯七	辰八	巳九	午一	未二	申三	酉四	戌五	亥六	子七	丑八	寅九	卯一	辰二	巳三	午四	未五	申六	酉七	戌八	亥九	子九	丑八	寅七	卯六	辰五
6月	午四	巳四	午三	未二	申一	酉九	戌八	亥七	子六	丑五	寅四	卯三	辰二	巳一	午九	未八	申七	酉六	戌五	亥四	子三	丑二	寅一	卯九	辰八	巳七	午六	未五	申四	酉三	戌二	
7月	未三	亥一	子九	丑八	寅七	卯六	辰五	巳四	午三	未二	申一	酉九	戌八	亥七	子六	丑五	寅四	卯三	辰二	巳一	午九	未八	申七	酉六	戌五	亥四	子三	丑二	寅一	卯九	辰八	巳七
8月	申二	午六	未五	申四	酉三	戌二	亥一	子九	丑八	寅七	卯六	辰五	巳四	午三	未二	申一	酉九	戌八	亥七	子六	丑五	寅四	卯三	辰二	巳一	午九	未八	申七	酉六	戌五	亥四	子三
9月	酉一	丑二	寅一	卯九	辰八	巳七	午六	未五	申四	酉三	戌二	亥一	子九	丑八	寅七	卯六	辰五	巳四	午三	未二	申一	酉九	戌八	亥七	子六	丑五	寅四	卯三	辰二	巳一	午九	
10月	戌九	未八	申七	酉六	戌五	亥四	子三	丑二	寅一	卯九	辰八	巳七	午六	未五	申四	酉三	戌二	亥一	子九	丑八	寅七	卯六	辰五	巳四	午三	未二	申一	酉九	戌八	亥七	子六	丑五
11月	亥八	寅四	卯三	辰二	巳一	午九	未八	申七	酉六	戌五	亥四	子三	丑二	寅一	卯九	辰八	巳七	午六	未五	申四	酉三	戌二	亥一	子一	丑二	寅三	卯四	辰五	巳六	午七	未八	
12月	子七	申九	酉一	戌二	亥三	子四	丑五	寅六	卯七	辰八	巳九	午一	未二	申三	酉四	戌五	亥六	子七	丑八	寅九	卯一	辰二	巳三	午四	未五	申六	酉七	戌八	亥九	子一	丑二	寅三
翌1	丑六	卯四	辰五	巳六	午七	未八	申九	酉一	戌二	亥三	子四	丑五	寅六	卯七	辰八	巳九	午一	未二	申三	酉四	戌五	亥六	子七	丑八	寅九	卯一	辰二	巳三	午四	未五	申六	酉七

1997年（丑三）

月/日		1日	2日	3日	4日	5日	6日	7日	8日	9日	10日	11日	12日	13日	14日	15日	16日	17日	18日	19日	20日	21日	22日	23日	24日	25日	26日	27日	28日	29日	30日	31日
2月	寅五	戌八	亥九	子一	丑二	寅三	卯四	辰五	巳六	午七	未八	申九	酉一	戌二	亥三	子四	丑五	寅六	卯七	辰八	巳九	午一	未二	申三	酉四	戌五	亥六	子七	丑八			
3月	卯四	寅九	卯一	辰二	巳三	午四	未五	申六	酉七	戌八	亥九	子一	丑二	寅三	卯四	辰五	巳六	午七	未八	申九	酉一	戌二	亥三	子四	丑五	寅六	卯七	辰八	巳九	午一	未二	申三
4月	辰三	酉四	戌五	亥六	子七	丑八	寅九	卯一	辰二	巳三	午四	未五	申六	酉七	戌八	亥九	子一	丑二	寅三	卯四	辰五	巳六	午七	未八	申九	酉一	戌二	亥三	子四	丑五	寅六	
5月	巳二	卯七	辰八	巳九	午一	未二	申三	酉四	戌五	亥六	子七	丑八	寅九	卯一	辰二	巳三	午四	未五	申六	酉七	戌八	亥九	子一	丑二	寅三	卯四	辰五	巳六	午七	未八	申九	酉一
6月	午一	戌二	亥三	子四	丑五	寅六	卯七	辰八	巳九	午一	未二	申三	酉四	戌五	亥六	子七	丑八	寅九	卯一	辰二	巳三	午三	未二	申一	酉九	戌八	亥七	子六	丑五	寅四	卯三	
7月	未九	辰二	巳一	午九	未八	申七	酉六	戌五	亥四	子三	丑二	寅一	卯九	辰八	巳七	午六	未五	申四	酉三	戌二	亥一	子九	丑八	寅七	卯六	辰五	巳四	午三	未二	申一	酉九	戌八
8月	申八	亥七	子六	丑五	寅四	卯三	辰二	巳一	午九	未八	申七	酉六	戌五	亥四	子三	丑二	寅一	卯九	辰八	巳七	午六	未五	申四	酉三	戌二	亥一	子九	丑八	寅七	卯六	辰五	巳四
9月	酉七	午三	未二	申一	酉九	戌八	亥七	子六	丑五	寅四	卯三	辰二	巳一	午九	未八	申七	酉六	戌五	亥四	子三	丑二	寅一	卯九	辰八	巳七	午六	未五	申四	酉三	戌二	亥一	
10月	戌六	子九	丑八	寅七	卯六	辰五	巳四	午三	未二	申一	酉九	戌八	亥七	子六	丑五	寅四	卯三	辰二	巳一	午九	未八	申七	酉六	戌五	亥四	子三	丑二	寅一	卯九	辰八	巳七	午六
11月	亥五	未五	申四	酉三	戌二	亥一	子九	丑八	寅七	卯六	辰五	巳四	午三	未二	申一	酉九	戌八	亥七	子六	丑五	寅四	卯三	辰二	巳一	午九	未八	申七	酉六	戌五	亥四	子三	
12月	子四	丑二	寅一	卯九	辰八	巳七	午六	未五	申四	酉三	戌二	亥一	子九	丑八	寅七	卯六	辰五	巳四	午三	未二	申一	酉九	戌八	亥七	子六	丑五	寅四	卯三	辰二	巳一	午九	未八
翌1	丑三	申七	酉六	戌五	亥四	子三	丑二	寅一	卯九	辰八	巳七	午六	未五	申四	酉三	戌二	亥一	子一	丑二	寅三	卯四	辰五	巳六	午七	未八	申九	酉一	戌二	亥三	子四	丑五	寅六

1998年（寅二）

月/日		1日	2日	3日	4日	5日	6日	7日	8日	9日	10日	11日	12日	13日	14日	15日	16日	17日	18日	19日	20日	21日	22日	23日	24日	25日	26日	27日	28日	29日	30日	31日
2月	寅二	卯七	辰八	巳九	午一	未二	申三	酉四	戌五	亥六	子七	丑八	寅九	卯一	辰二	巳三	午四	未五	申六	酉七	戌八	亥九	子一	丑二	寅三	卯四	辰五	巳六	午七			
3月	卯一	未八	申九	酉一	戌二	亥三	子四	丑五	寅六	卯七	辰八	巳九	午一	未二	申三	酉四	戌五	亥六	子七	丑八	寅九	卯一	辰二	巳三	午四	未五	申六	酉七	戌八	亥九	子一	丑二
4月	辰九	寅三	卯四	辰五	巳六	午七	未八	申九	酉一	戌二	亥三	子四	丑五	寅六	卯七	辰八	巳九	午一	未二	申三	酉四	戌五	亥六	子七	丑八	寅九	卯一	辰二	巳三	午四	未五	
5月	巳八	申六	酉七	戌八	亥九	子一	丑二	寅三	卯四	辰五	巳六	午七	未八	申九	酉一	戌二	亥三	子四	丑五	寅六	卯七	辰八	巳九	午一	未二	申三	酉四	戌五	亥六	子七	丑八	寅九
6月	午七	卯一	辰二	巳三	午四	未五	申六	酉七	戌八	亥九	子一	丑二	寅三	卯四	辰五	巳六	午七	未八	申九	酉一	戌二	亥三	子四	丑五	寅六	卯七	辰八	巳九	午一	未二	申三	
7月	未六	酉四	戌五	亥六	子七	丑八	寅九	卯一	辰二	巳三	午四	未五	申六	酉七	戌八	亥九	子九	丑八	寅七	卯六	辰五	巳四	午三	未二	申一	酉九	戌八	亥七	子六	丑五	寅四	卯三
8月	申五	辰二	巳一	午九	未八	申七	酉六	戌五	亥四	子三	丑二	寅一	卯九	辰八	巳七	午六	未五	申四	酉三	戌二	亥一	子九	丑八	寅七	卯六	辰五	巳四	午三	未二	申一	酉九	戌八
9月	酉四	亥七	子六	丑五	寅四	卯三	辰二	巳一	午九	未八	申七	酉六	戌五	亥四	子三	丑二	寅一	卯九	辰八	巳七	午六	未五	申四	酉三	戌二	亥一	子九	丑八	寅七	卯六	辰五	
10月	戌三	巳四	午三	未二	申一	酉九	戌八	亥七	子六	丑五	寅四	卯三	辰二	巳一	午九	未八	申七	酉六	戌五	亥四	子三	丑二	寅一	卯九	辰八	巳七	午六	未五	申四	酉三	戌二	亥一
11月	亥二	子九	丑八	寅七	卯六	辰五	巳四	午三	未二	申一	酉九	戌八	亥七	子六	丑五	寅四	卯三	辰二	巳一	午九	未八	申七	酉六	戌五	亥四	子三	丑二	寅一	卯九	辰八	巳七	
12月	子一	午六	未五	申四	酉三	戌二	亥一	子九	丑八	寅七	卯六	辰五	巳四	午三	未二	申一	酉九	戌八	亥七	子六	丑五	寅四	卯三	辰二	巳一	午九	未八	申七	酉六	戌五	亥四	子三
翌1	丑九	丑二	寅一	卯九	辰八	巳七	午六	未五	申四	酉三	戌二	亥一	子一	丑二	寅三	卯四	辰五	巳六	午七	未八	申九	酉一	戌二	亥三	子四	丑五	寅六	卯七	辰八	巳九	午一	未二

1999年（卯一）

月/日		1日	2日	3日	4日	5日	6日	7日	8日	9日	10日	11日	12日	13日	14日	15日	16日	17日	18日	19日	20日	21日	22日	23日	24日	25日	26日	27日	28日	29日	30日	31日
2月	寅八	申三	酉四	戌五	亥六	子七	丑八	寅九	卯一	辰二	巳三	午四	未五	申六	酉七	戌八	亥九	子一	丑二	寅三	卯四	辰五	巳六	午七	未八	申九	酉一	戌二	亥三			
3月	卯七	子四	丑五	寅六	卯七	辰八	巳九	午一	未二	申三	酉四	戌五	亥六	子七	丑八	寅九	卯一	辰二	巳三	午四	未五	申六	酉七	戌八	亥九	子一	丑二	寅三	卯四	辰五	巳六	午七
4月	辰六	未八	申九	酉一	戌二	亥三	子四	丑五	寅六	卯七	辰八	巳九	午一	未二	申三	酉四	戌五	亥六	子七	丑八	寅九	卯一	辰二	巳三	午四	未五	申六	酉七	戌八	亥九	子一	
5月	巳五	丑二	寅三	卯四	辰五	巳六	午七	未八	申九	酉一	戌二	亥三	子四	丑五	寅六	卯七	辰八	巳九	午一	未二	申三	酉四	戌五	亥六	子七	丑八	寅九	卯一	辰二	巳三	午四	未五
6月	午四	申六	酉七	戌八	亥九	子一	丑二	寅三	卯四	辰五	巳六	午七	未八	申九	酉一	戌二	亥三	子四	丑五	寅六	卯七	辰八	巳九	午一	未二	申三	酉四	戌五	亥六	子七	丑八	
7月	未三	寅九	卯一	辰二	巳三	午四	未五	申六	酉七	戌八	亥九	子九	丑八	寅七	卯六	辰五	巳四	午三	未二	申一	酉九	戌八	亥七	子六	丑五	寅四	卯三	辰二	巳一	午九	未八	申七
8月	申二	酉六	戌五	亥四	子三	丑二	寅一	卯九	辰八	巳七	午六	未五	申四	酉三	戌二	亥一	子九	丑八	寅七	卯六	辰五	巳四	午三	未二	申一	酉九	戌八	亥七	子六	丑五	寅四	卯三
9月	酉一	辰二	巳一	午九	未八	申七	酉六	戌五	亥四	子三	丑二	寅一	卯九	辰八	巳七	午六	未五	申四	酉三	戌二	亥一	子九	丑八	寅七	卯六	辰五	巳四	午三	未二	申一	酉九	
10月	戌九	戌八	亥七	子六	丑五	寅四	卯三	辰二	巳一	午九	未八	申七	酉六	戌五	亥四	子三	丑二	寅一	卯九	辰八	巳七	午六	未五	申四	酉三	戌二	亥一	子九	丑八	寅七	卯六	辰五
11月	亥八	巳四	午三	未二	申一	酉九	戌八	亥七	子六	丑五	寅四	卯三	辰二	巳一	午九	未八	申七	酉六	戌五	亥四	子三	丑二	寅一	卯九	辰八	巳七	午六	未五	申四	酉三	戌二	
12月	子七	亥一	子九	丑八	寅七	卯六	辰五	巳四	午三	未二	申一	酉九	戌八	亥七	子六	丑五	寅四	卯三	辰二	巳一	午九	未八	申七	酉六	戌五	亥四	子三	丑二	寅一	卯九	辰八	巳七
翌1	丑六	午六	未五	申四	酉三	戌二	亥一	子一	丑二	寅三	卯四	辰五	巳六	午七	未八	申九	酉一	戌二	亥三	子四	丑五	寅六	卯七	辰八	巳九	午一	未二	申三	酉四	戌五	亥六	子七

2000年（辰九）

月/日		1日	2日	3日	4日	5日	6日	7日	8日	9日	10日	11日	12日	13日	14日	15日	16日	17日	18日	19日	20日	21日	22日	23日	24日	25日	26日	27日	28日	29日	30日	31日
2月	寅五	丑八	寅九	卯一	辰二	巳三	午四	未五	申六	酉七	戌八	亥九	子一	丑二	寅三	卯四	辰五	巳六	午七	未八	申九	酉一	戌二	亥三	子四	丑五	寅六	卯七	辰八	巳九		
3月	卯四	午一	未二	申三	酉四	戌五	亥六	子七	丑八	寅九	卯一	辰二	巳三	午四	未五	申六	酉七	戌八	亥九	子一	丑二	寅三	卯四	辰五	巳六	午七	未八	申九	酉一	戌二	亥三	子四
4月	辰三	丑五	寅六	卯七	辰八	巳九	午一	未二	申三	酉四	戌五	亥六	子七	丑八	寅九	卯一	辰二	巳三	午四	未五	申六	酉七	戌八	亥九	子一	丑二	寅三	卯四	辰五	巳六	午七	
5月	巳二	未八	申九	酉一	戌二	亥三	子四	丑五	寅六	卯七	辰八	巳九	午一	未二	申三	酉四	戌五	亥六	子七	丑八	寅九	卯一	辰二	巳三	午四	未五	申六	酉七	戌八	亥九	子一	丑二
6月	午一	寅三	卯四	辰五	巳六	午七	未八	申九	酉一	戌二	亥三	子四	丑五	寅六	卯七	辰八	巳九	午一	未二	申三	酉四	戌五	亥六	子七	丑八	寅九	卯一	辰二	巳三	午四	未五	
7月	未九	申六	酉七	戌八	亥九	子九	丑八	寅七	卯六	辰五	巳四	午三	未二	申一	酉九	戌八	亥七	子六	丑五	寅四	卯三	辰二	巳一	午九	未八	申七	酉六	戌五	亥四	子三	丑二	寅一
8月	申八	卯九	辰八	巳七	午六	未五	申四	酉三	戌二	亥一	子九	丑八	寅七	卯六	辰五	巳四	午三	未二	申一	酉九	戌八	亥七	子六	丑五	寅四	卯三	辰二	巳一	午九	未八	申七	酉六
9月	酉七	戌五	亥四	子三	丑二	寅一	卯九	辰八	巳七	午六	未五	申四	酉三	戌二	亥一	子九	丑八	寅七	卯六	辰五	巳四	午三	未二	申一	酉九	戌八	亥七	子六	丑五	寅四	卯三	
10月	戌六	辰二	巳一	午九	未八	申七	酉六	戌五	亥四	子三	丑二	寅一	卯九	辰八	巳七	午六	未五	申四	酉三	戌二	亥一	子九	丑八	寅七	卯六	辰五	巳四	午三	未二	申一	酉九	戌八
11月	亥五	亥七	子六	丑五	寅四	卯三	辰二	巳一	午九	未八	申七	酉六	戌五	亥四	子三	丑二	寅一	卯九	辰八	巳七	午六	未五	申四	酉三	戌二	亥一	子九	丑八	寅七	卯六	辰五	
12月	子四	巳四	午三	未二	申一	酉九	戌八	亥七	子六	丑五	寅四	卯三	辰二	巳一	午九	未八	申七	酉六	戌五	亥四	子三	丑二	寅一	卯九	辰八	巳七	午六	未五	申四	酉三	戌二	亥一
翌1	丑三	子一	丑二	寅三	卯四	辰五	巳六	午七	未八	申九	酉一	戌二	亥三	子四	丑五	寅六	卯七	辰八	巳九	午一	未二	申三	酉四	戌五	亥六	子七	丑八	寅九	卯一	辰二	巳三	午四

2001年（巳八）

月/日		1日	2日	3日	4日	5日	6日	7日	8日	9日	10日	11日	12日	13日	14日	15日	16日	17日	18日	19日	20日	21日	22日	23日	24日	25日	26日	27日	28日	29日	30日	31日
2月	寅二	未五	申六	酉七	戌八	亥九	子一	丑二	寅三	卯四	辰五	巳六	午七	未八	申九	酉一	戌二	亥三	子四	丑五	寅六	卯七	辰八	巳九	午一	未二	申三	酉四	戌五			
3月	卯一	亥六	子七	丑八	寅九	卯一	辰二	巳三	午四	未五	申六	酉七	戌八	亥九	子一	丑二	寅三	卯四	辰五	巳六	午七	未八	申九	酉一	戌二	亥三	子四	丑五	寅六	卯七	辰八	巳九
4月	辰九	午一	未二	申三	酉四	戌五	亥六	子七	丑八	寅九	卯一	辰二	巳三	午四	未五	申六	酉七	戌八	亥九	子一	丑二	寅三	卯四	辰五	巳六	午七	未八	申九	酉一	戌二	亥三	
5月	巳八	子四	丑五	寅六	卯七	辰八	巳九	午一	未二	申三	酉四	戌五	亥六	子七	丑八	寅九	卯一	辰二	巳三	午四	未五	申六	酉七	戌八	亥九	子一	丑二	寅三	卯四	辰五	巳六	午七
6月	午七	未八	申九	酉一	戌二	亥三	子四	丑五	寅六	卯七	辰八	巳九	午一	未二	申三	酉四	戌五	亥六	子七	丑八	寅九	卯一	辰二	巳三	午四	未五	申六	酉七	戌八	亥九	子九	
7月	未六	丑八	寅七	卯六	辰五	巳四	午三	未二	申一	酉九	戌八	亥七	子六	丑五	寅四	卯三	辰二	巳一	午九	未八	申七	酉六	戌五	亥四	子三	丑二	寅一	卯九	辰八	巳七	午六	未五
8月	申五	申四	酉三	戌二	亥一	子九	丑八	寅七	卯六	辰五	巳四	午三	未二	申一	酉九	戌八	亥七	子六	丑五	寅四	卯三	辰二	巳一	午九	未八	申七	酉六	戌五	亥四	子三	丑二	寅一
9月	酉四	卯九	辰八	巳七	午六	未五	申四	酉三	戌二	亥一	子九	丑八	寅七	卯六	辰五	巳四	午三	未二	申一	酉九	戌八	亥七	子六	丑五	寅四	卯三	辰二	巳一	午九	未八	申七	
10月	戌三	酉六	戌五	亥四	子三	丑二	寅一	卯九	辰八	巳七	午六	未五	申四	酉三	戌二	亥一	子九	丑八	寅七	卯六	辰五	巳四	午三	未二	申一	酉九	戌八	亥七	子六	丑五	寅四	卯三
11月	亥二	辰二	巳一	午九	未八	申七	酉六	戌五	亥四	子三	丑二	寅一	卯九	辰八	巳七	午六	未五	申四	酉三	戌二	亥一	子九	丑八	寅七	卯六	辰五	巳四	午三	未二	申一	酉九	
12月	子一	戌八	亥七	子六	丑五	寅四	卯三	辰二	巳一	午九	未八	申七	酉六	戌五	亥四	子三	丑二	寅一	卯九	辰八	巳七	午六	未五	申四	酉三	戌二	亥一	子一	丑二	寅三	卯四	辰五
翌1	丑九	巳六	午七	未八	申九	酉一	戌二	亥三	子四	丑五	寅六	卯七	辰八	巳九	午一	未二	申三	酉四	戌五	亥六	子七	丑八	寅九	卯一	辰二	巳三	午四	未五	申六	酉七	戌八	亥九

2002年（午七）

月/日		1日	2日	3日	4日	5日	6日	7日	8日	9日	10日	11日	12日	13日	14日	15日	16日	17日	18日	19日	20日	21日	22日	23日	24日	25日	26日	27日	28日	29日	30日	31日
2月	寅八	子一	丑二	寅三	卯四	辰五	巳六	午七	未八	申九	酉一	戌二	亥三	子四	丑五	寅六	卯七	辰八	巳九	午一	未二	申三	酉四	戌五	亥六	子七	丑八	寅九	卯一			
3月	卯七	辰二	巳三	午四	未五	申六	酉七	戌八	亥九	子一	丑二	寅三	卯四	辰五	巳六	午七	未八	申九	酉一	戌二	亥三	子四	丑五	寅六	卯七	辰八	巳九	午一	未二	申三	酉四	戌五
4月	辰六	亥六	子七	丑八	寅九	卯一	辰二	巳三	午四	未五	申六	酉七	戌八	亥九	子一	丑二	寅三	卯四	辰五	巳六	午七	未八	申九	酉一	戌二	亥三	子四	丑五	寅六	卯七	辰八	
5月	巳五	巳九	午一	未二	申三	酉四	戌五	亥六	子七	丑八	寅九	卯一	辰二	巳三	午四	未五	申六	酉七	戌八	亥九	子一	丑二	寅三	卯四	辰五	巳六	午七	未八	申九	酉一	戌二	亥三
6月	午四	子四	丑五	寅六	卯七	辰八	巳九	午一	未二	申三	酉四	戌五	亥六	子七	丑八	寅九	卯一	辰二	巳三	午四	未五	申六	酉七	戌八	亥九	子九	丑八	寅七	卯六	辰五	巳四	
7月	未三	午三	未二	申一	酉九	戌八	亥七	子六	丑五	寅四	卯三	辰二	巳一	午九	未八	申七	酉六	戌五	亥四	子三	丑二	寅一	卯九	辰八	巳七	午六	未五	申四	酉三	戌二	亥一	子九
8月	申二	丑八	寅七	卯六	辰五	巳四	午三	未二	申一	酉九	戌八	亥七	子六	丑五	寅四	卯三	辰二	巳一	午九	未八	申七	酉六	戌五	亥四	子三	丑二	寅一	卯九	辰八	巳七	午六	未五
9月	酉一	申四	酉三	戌二	亥一	子九	丑八	寅七	卯六	辰五	巳四	午三	未二	申一	酉九	戌八	亥七	子六	丑五	寅四	卯三	辰二	巳一	午九	未八	申七	酉六	戌五	亥四	子三	丑二	
10月	戌九	寅一	卯九	辰八	巳七	午六	未五	申四	酉三	戌二	亥一	子九	丑八	寅七	卯六	辰五	巳四	午三	未二	申一	酉九	戌八	亥七	子六	丑五	寅四	卯三	辰二	巳一	午九	未八	申七
11月	亥八	酉六	戌五	亥四	子三	丑二	寅一	卯九	辰八	巳七	午六	未五	申四	酉三	戌二	亥一	子九	丑八	寅七	卯六	辰五	巳四	午三	未二	申一	酉九	戌八	亥七	子六	丑五	寅四	
12月	子七	卯三	辰二	巳一	午九	未八	申七	酉六	戌五	亥四	子三	丑二	寅一	卯九	辰八	巳七	午六	未五	申四	酉三	戌二	亥一	子一	丑二	寅三	卯四	辰五	巳六	午七	未八	申九	酉一
翌1	丑六	戌二	亥三	子四	丑五	寅六	卯七	辰八	巳九	午一	未二	申三	酉四	戌五	亥六	子七	丑八	寅九	卯一	辰二	巳三	午四	未五	申六	酉七	戌八	亥九	子一	丑二	寅三	卯四	辰五

2003年（未六）

月/日		1日	2日	3日	4日	5日	6日	7日	8日	9日	10日	11日	12日	13日	14日	15日	16日	17日	18日	19日	20日	21日	22日	23日	24日	25日	26日	27日	28日	29日	30日	31日
2月	寅五	巳六	午七	未八	申九	酉一	戌二	亥三	子四	丑五	寅六	卯七	辰八	巳九	午一	未二	申三	酉四	戌五	亥六	子七	丑八	寅九	卯一	辰二	巳三	午四	未五	申六			
3月	卯四	酉七	戌八	亥九	子一	丑二	寅三	卯四	辰五	巳六	午七	未八	申九	酉一	戌二	亥三	子四	丑五	寅六	卯七	辰八	巳九	午一	未二	申三	酉四	戌五	亥六	子七	丑八	寅九	卯一
4月	辰三	辰二	巳三	午四	未五	申六	酉七	戌八	亥九	子一	丑二	寅三	卯四	辰五	巳六	午七	未八	申九	酉一	戌二	亥三	子四	丑五	寅六	卯七	辰八	巳九	午一	未二	申三	酉四	
5月	巳二	戌五	亥六	子七	丑八	寅九	卯一	辰二	巳三	午四	未五	申六	酉七	戌八	亥九	子一	丑二	寅三	卯四	辰五	巳六	午七	未八	申九	酉一	戌二	亥三	子四	丑五	寅六	卯七	辰八
6月	午一	巳九	午一	未二	申三	酉四	戌五	亥六	子七	丑八	寅九	卯一	辰二	巳三	午四	未五	申六	酉七	戌八	亥九	子九	丑八	寅七	卯六	辰五	巳四	午三	未二	申一	酉九	戌八	
7月	未九	亥七	子六	丑五	寅四	卯三	辰二	巳一	午九	未八	申七	酉六	戌五	亥四	子三	丑二	寅一	卯九	辰八	巳七	午六	未五	申四	酉三	戌二	亥一	子九	丑八	寅七	卯六	辰五	巳四
8月	申八	午三	未二	申一	酉九	戌八	亥七	子六	丑五	寅四	卯三	辰二	巳一	午九	未八	申七	酉六	戌五	亥四	子三	丑二	寅一	卯九	辰八	巳七	午六	未五	申四	酉三	戌二	亥一	子九
9月	酉七	丑八	寅七	卯六	辰五	巳四	午三	未二	申一	酉九	戌八	亥七	子六	丑五	寅四	卯三	辰二	巳一	午九	未八	申七	酉六	戌五	亥四	子三	丑二	寅一	卯九	辰八	巳七	午六	
10月	戌六	未五	申四	酉三	戌二	亥一	子九	丑八	寅七	卯六	辰五	巳四	午三	未二	申一	酉九	戌八	亥七	子六	丑五	寅四	卯三	辰二	巳一	午九	未八	申七	酉六	戌五	亥四	子三	丑二
11月	亥五	寅一	卯九	辰八	巳七	午六	未五	申四	酉三	戌二	亥一	子九	丑八	寅七	卯六	辰五	巳四	午三	未二	申一	酉九	戌八	亥七	子六	丑五	寅四	卯三	辰二	巳一	午九	未八	
12月	子四	申七	酉六	戌五	亥四	子三	丑二	寅一	卯九	辰八	巳七	午六	未五	申四	酉三	戌二	亥一	子一	丑二	寅三	卯四	辰五	巳六	午七	未八	申九	酉一	戌二	亥三	子四	丑五	寅六
翌1	丑三	卯七	辰八	巳九	午一	未二	申三	酉四	戌五	亥六	子七	丑八	寅九	卯一	辰二	巳三	午四	未五	申六	酉七	戌八	亥九	子一	丑二	寅三	卯四	辰五	巳六	午七	未八	申九	酉一

2004年（申五）

月/日		1日	2日	3日	4日	5日	6日	7日	8日	9日	10日	11日	12日	13日	14日	15日	16日	17日	18日	19日	20日	21日	22日	23日	24日	25日	26日	27日	28日	29日	30日	31日
2月	寅二	戌二	亥三	子四	丑五	寅六	卯七	辰八	巳九	午一	未二	申三	酉四	戌五	亥六	子七	丑八	寅九	卯一	辰二	巳三	午四	未五	申六	酉七	戌八	亥九	子一	丑二	寅三		
3月	卯一	卯四	辰五	巳六	午七	未八	申九	酉一	戌二	亥三	子四	丑五	寅六	卯七	辰八	巳九	午一	未二	申三	酉四	戌五	亥六	子七	丑八	寅九	卯一	辰二	巳三	午四	未五	申六	酉七
4月	辰九	戌八	亥九	子一	丑二	寅三	卯四	辰五	巳六	午七	未八	申九	酉一	戌二	亥三	子四	丑五	寅六	卯七	辰八	巳九	午一	未二	申三	酉四	戌五	亥六	子七	丑八	寅九	卯一	
5月	巳八	辰二	巳三	午四	未五	申六	酉七	戌八	亥九	子一	丑二	寅三	卯四	辰五	巳六	午七	未八	申九	酉一	戌二	亥三	子四	丑五	寅六	卯七	辰八	巳九	午一	未二	申三	酉四	戌五
6月	午七	亥六	子七	丑八	寅九	卯一	辰二	巳三	午四	未五	申六	酉七	戌八	亥九	子九	丑八	寅七	卯六	辰五	巳四	午三	未二	申一	酉九	戌八	亥七	子六	丑五	寅四	卯三	辰二	
7月	未六	巳一	午九	未八	申七	酉六	戌五	亥四	子三	丑二	寅一	卯九	辰八	巳七	午六	未五	申四	酉三	戌二	亥一	子九	丑八	寅七	卯六	辰五	巳四	午三	未二	申一	酉九	戌八	亥七
8月	申五	子六	丑五	寅四	卯三	辰二	巳一	午九	未八	申七	酉六	戌五	亥四	子三	丑二	寅一	卯九	辰八	巳七	午六	未五	申四	酉三	戌二	亥一	子九	丑八	寅七	卯六	辰五	巳四	午三
9月	酉四	未二	申一	酉九	戌八	亥七	子六	丑五	寅四	卯三	辰二	巳一	午九	未八	申七	酉六	戌五	亥四	子三	丑二	寅一	卯九	辰八	巳七	午六	未五	申四	酉三	戌二	亥一	子九	
10月	戌三	丑八	寅七	卯六	辰五	巳四	午三	未二	申一	酉九	戌八	亥七	子六	丑五	寅四	卯三	辰二	巳一	午九	未八	申七	酉六	戌五	亥四	子三	丑二	寅一	卯九	辰八	巳七	午六	未五
11月	亥二	申四	酉三	戌二	亥一	子九	丑八	寅七	卯六	辰五	巳四	午三	未二	申一	酉九	戌八	亥七	子六	丑五	寅四	卯三	辰二	巳一	午九	未八	申七	酉六	戌五	亥四	子三	丑二	
12月	子一	寅一	卯九	辰八	巳七	午六	未五	申四	酉三	戌二	亥一	子一	丑二	寅三	卯四	辰五	巳六	午七	未八	申九	酉一	戌二	亥三	子四	丑五	寅六	卯七	辰八	巳九	午一	未二	申三
翌1	丑九	酉四	戌五	亥六	子七	丑八	寅九	卯一	辰二	巳三	午四	未五	申六	酉七	戌八	亥九	子一	丑二	寅三	卯四	辰五	巳六	午七	未八	申九	酉一	戌二	亥三	子四	丑五	寅六	卯七

2005年（酉四）

月/日		1日	2日	3日	4日	5日	6日	7日	8日	9日	10日	11日	12日	13日	14日	15日	16日	17日	18日	19日	20日	21日	22日	23日	24日	25日	26日	27日	28日	29日	30日	31日
2月	寅八	辰八	巳九	午一	未二	申三	酉四	戌五	亥六	子七	丑八	寅九	卯一	辰二	巳三	午四	未五	申六	酉七	戌八	亥九	子一	丑二	寅三	卯四	辰五	巳六	午七	未八			
3月	卯七	申九	酉一	戌二	亥三	子四	丑五	寅六	卯七	辰八	巳九	午一	未二	申三	酉四	戌五	亥六	子七	丑八	寅九	卯一	辰二	巳三	午四	未五	申六	酉七	戌八	亥九	子一	丑二	寅三
4月	辰六	卯四	辰五	巳六	午七	未八	申九	酉一	戌二	亥三	子四	丑五	寅六	卯七	辰八	巳九	午一	未二	申三	酉四	戌五	亥六	子七	丑八	寅九	卯一	辰二	巳三	午四	未五	申六	
5月	巳五	酉七	戌八	亥九	子一	丑二	寅三	卯四	辰五	巳六	午七	未八	申九	酉一	戌二	亥三	子四	丑五	寅六	卯七	辰八	巳九	午一	未二	申三	酉四	戌五	亥六	子七	丑八	寅九	卯一
6月	午四	辰二	巳三	午四	未五	申六	酉七	戌八	亥九	子九	丑八	寅七	卯六	辰五	巳四	午三	未二	申一	酉九	戌八	亥七	子六	丑五	寅四	卯三	辰二	巳一	午九	未八	申七	酉六	
7月	未三	戌五	亥四	子三	丑二	寅一	卯九	辰八	巳七	午六	未五	申四	酉三	戌二	亥一	子九	丑八	寅七	卯六	辰五	巳四	午三	未二	申一	酉九	戌八	亥七	子六	丑五	寅四	卯三	辰二
8月	申二	巳一	午九	未八	申七	酉六	戌五	亥四	子三	丑二	寅一	卯九	辰八	巳七	午六	未五	申四	酉三	戌二	亥一	子九	丑八	寅七	卯六	辰五	巳四	午三	未二	申一	酉九	戌八	亥七
9月	酉一	子六	丑五	寅四	卯三	辰二	巳一	午九	未八	申七	酉六	戌五	亥四	子三	丑二	寅一	卯九	辰八	巳七	午六	未五	申四	酉三	戌二	亥一	子九	丑八	寅七	卯六	辰五	巳四	
10月	戌九	午三	未二	申一	酉九	戌八	亥七	子六	丑五	寅四	卯三	辰二	巳一	午九	未八	申七	酉六	戌五	亥四	子三	丑二	寅一	卯九	辰八	巳七	午六	未五	申四	酉三	戌二	亥一	子九
11月	亥八	丑八	寅七	卯六	辰五	巳四	午三	未二	申一	酉九	戌八	亥七	子六	丑五	寅四	卯三	辰二	巳一	午九	未八	申七	酉六	戌五	亥四	子三	丑二	寅一	卯九	辰八	巳七	午六	
12月	子七	未五	申四	酉三	戌二	亥一	子一	丑二	寅三	卯四	辰五	巳六	午七	未八	申九	酉一	戌二	亥三	子四	丑五	寅六	卯七	辰八	巳九	午一	未二	申三	酉四	戌五	亥六	子七	丑八
翌1	丑六	寅九	卯一	辰二	巳三	午四	未五	申六	酉七	戌八	亥九	子一	丑二	寅三	卯四	辰五	巳六	午七	未八	申九	酉一	戌二	亥三	子四	丑五	寅六	卯七	辰八	巳九	午一	未二	申三

2006年（戌三）

月/日		1日	2日	3日	4日	5日	6日	7日	8日	9日	10日	11日	12日	13日	14日	15日	16日	17日	18日	19日	20日	21日	22日	23日	24日	25日	26日	27日	28日	29日	30日	31日
2月	寅五	酉四	戌五	亥六	子七	丑八	寅九	卯一	辰二	巳三	午四	未五	申六	酉七	戌八	亥九	子一	丑二	寅三	卯四	辰五	巳六	午七	未八	申九	酉一	戌二	亥三	子四			
3月	卯四	丑五	寅六	卯七	辰八	巳九	午一	未二	申三	酉四	戌五	亥六	子七	丑八	寅九	卯一	辰二	巳三	午四	未五	申六	酉七	戌八	亥九	子一	丑二	寅三	卯四	辰五	巳六	午七	未八
4月	辰三	申九	酉一	戌二	亥三	子四	丑五	寅六	卯七	辰八	巳九	午一	未二	申三	酉四	戌五	亥六	子七	丑八	寅九	卯一	辰二	巳三	午四	未五	申六	酉七	戌八	亥九	子一	丑二	
5月	巳二	寅三	卯四	辰五	巳六	午七	未八	申九	酉一	戌二	亥三	子四	丑五	寅六	卯七	辰八	巳九	午一	未二	申三	酉四	戌五	亥六	子七	丑八	寅九	卯一	辰二	巳三	午四	未五	申六
6月	午一	酉七	戌八	亥九	子九	丑八	寅七	卯六	辰五	巳四	午三	未二	申一	酉九	戌八	亥七	子六	丑五	寅四	卯三	辰二	巳一	午九	未八	申七	酉六	戌五	亥四	子三	丑二	寅一	
7月	未九	卯九	辰八	巳七	午六	未五	申四	酉三	戌二	亥一	子九	丑八	寅七	卯六	辰五	巳四	午三	未二	申一	酉九	戌八	亥七	子六	丑五	寅四	卯三	辰二	巳一	午九	未八	申七	酉六
8月	申八	戌五	亥四	子三	丑二	寅一	卯九	辰八	巳七	午六	未五	申四	酉三	戌二	亥一	子九	丑八	寅七	卯六	辰五	巳四	午三	未二	申一	酉九	戌八	亥七	子六	丑五	寅四	卯三	辰二
9月	酉七	巳一	午九	未八	申七	酉六	戌五	亥四	子三	丑二	寅一	卯九	辰八	巳七	午六	未五	申四	酉三	戌二	亥一	子九	丑八	寅七	卯六	辰五	巳四	午三	未二	申一	酉九	戌八	
10月	戌六	亥七	子六	丑五	寅四	卯三	辰二	巳一	午九	未八	申七	酉六	戌五	亥四	子三	丑二	寅一	卯九	辰八	巳七	午六	未五	申四	酉三	戌二	亥一	子九	丑八	寅七	卯六	辰五	巳四
11月	亥五	午三	未二	申一	酉九	戌八	亥七	子六	丑五	寅四	卯三	辰二	巳一	午九	未八	申七	酉六	戌五	亥四	子三	丑二	寅一	卯九	辰八	巳七	午六	未五	申四	酉三	戌二	亥一	
12月	子四	子一	丑二	寅三	卯四	辰五	巳六	午七	未八	申九	酉一	戌二	亥三	子四	丑五	寅六	卯七	辰八	巳九	午一	未二	申三	酉四	戌五	亥六	子七	丑八	寅九	卯一	辰二	巳三	午四
翌1	丑三	未五	申六	酉七	戌八	亥九	子一	丑二	寅三	卯四	辰五	巳六	午七	未八	申九	酉一	戌二	亥三	子四	丑五	寅六	卯七	辰八	巳九	午一	未二	申三	酉四	戌五	亥六	子七	丑八

2007年（亥二）

月/日		1日	2日	3日	4日	5日	6日	7日	8日	9日	10日	11日	12日	13日	14日	15日	16日	17日	18日	19日	20日	21日	22日	23日	24日	25日	26日	27日	28日	29日	30日	31日
2月	寅二	寅九	卯一	辰二	巳三	午四	未五	申六	酉七	戌八	亥九	子一	丑二	寅三	卯四	辰五	巳六	午七	未八	申九	酉一	戌二	亥三	子四	丑五	寅六	卯七	辰八	巳九			
3月	卯一	午一	未二	申三	酉四	戌五	亥六	子七	丑八	寅九	卯一	辰二	巳三	午四	未五	申六	酉七	戌八	亥九	子一	丑二	寅三	卯四	辰五	巳六	午七	未八	申九	酉一	戌二	亥三	子四
4月	辰九	丑五	寅六	卯七	辰八	巳九	午一	未二	申三	酉四	戌五	亥六	子七	丑八	寅九	卯一	辰二	巳三	午四	未五	申六	酉七	戌八	亥九	子一	丑二	寅三	卯四	辰五	巳六	午七	
5月	巳八	未八	申九	酉一	戌二	亥三	子四	丑五	寅六	卯七	辰八	巳九	午一	未二	申三	酉四	戌五	亥六	子七	丑八	寅九	卯一	辰二	巳三	午四	未五	申六	酉七	戌八	亥九	子九	丑八
6月	午七	寅七	卯六	辰五	巳四	午三	未二	申一	酉九	戌八	亥七	子六	丑五	寅四	卯三	辰二	巳一	午九	未八	申七	酉六	戌五	亥四	子三	丑二	寅一	卯九	辰八	巳七	午六	未五	
7月	未六	申四	酉三	戌二	亥一	子九	丑八	寅七	卯六	辰五	巳四	午三	未二	申一	酉九	戌八	亥七	子六	丑五	寅四	卯三	辰二	巳一	午九	未八	申七	酉六	戌五	亥四	子三	丑二	寅一
8月	申五	卯九	辰八	巳七	午六	未五	申四	酉三	戌二	亥一	子九	丑八	寅七	卯六	辰五	巳四	午三	未二	申一	酉九	戌八	亥七	子六	丑五	寅四	卯三	辰二	巳一	午九	未八	申七	酉六
9月	酉四	戌五	亥四	子三	丑二	寅一	卯九	辰八	巳七	午六	未五	申四	酉三	戌二	亥一	子九	丑八	寅七	卯六	辰五	巳四	午三	未二	申一	酉九	戌八	亥七	子六	丑五	寅四	卯三	
10月	戌三	辰二	巳一	午九	未八	申七	酉六	戌五	亥四	子三	丑二	寅一	卯九	辰八	巳七	午六	未五	申四	酉三	戌二	亥一	子九	丑八	寅七	卯六	辰五	巳四	午三	未二	申一	酉九	戌八
11月	亥二	亥七	子六	丑五	寅四	卯三	辰二	巳一	午九	未八	申七	酉六	戌五	亥四	子三	丑二	寅一	卯九	辰八	巳七	午六	未五	申四	酉三	戌二	亥一	子一	丑二	寅三	卯四	辰五	
12月	子一	巳六	午七	未八	申九	酉一	戌二	亥三	子四	丑五	寅六	卯七	辰八	巳九	午一	未二	申三	酉四	戌五	亥六	子七	丑八	寅九	卯一	辰二	巳三	午四	未五	申六	酉七	戌八	亥九
翌1	丑九	子一	丑二	寅三	卯四	辰五	巳六	午七	未八	申九	酉一	戌二	亥三	子四	丑五	寅六	卯七	辰八	巳九	午一	未二	申三	酉四	戌五	亥六	子七	丑八	寅九	卯一	辰二	巳三	午四

2008年（子一）

月/日		1日	2日	3日	4日	5日	6日	7日	8日	9日	10日	11日	12日	13日	14日	15日	16日	17日	18日	19日	20日	21日	22日	23日	24日	25日	26日	27日	28日	29日	30日	31日
2月	寅八	未五	申六	酉七	戌八	亥九	子一	丑二	寅三	卯四	辰五	巳六	午七	未八	申九	酉一	戌二	亥三	子四	丑五	寅六	卯七	辰八	巳九	午一	未二	申三	酉四	戌五	亥六		
3月	卯七	子七	丑八	寅九	卯一	辰二	巳三	午四	未五	申六	酉七	戌八	亥九	子一	丑二	寅三	卯四	辰五	巳六	午七	未八	申九	酉一	戌二	亥三	子四	丑五	寅六	卯七	辰八	巳九	午一
4月	辰六	未二	申三	酉四	戌五	亥六	子七	丑八	寅九	卯一	辰二	巳三	午四	未五	申六	酉七	戌八	亥九	子一	丑二	寅三	卯四	辰五	巳六	午七	未八	申九	酉一	戌二	亥三	子四	
5月	巳五	丑五	寅六	卯七	辰八	巳九	午一	未二	申三	酉四	戌五	亥六	子七	丑八	寅九	卯一	辰二	巳三	午四	未五	申六	酉七	戌八	亥九	子九	丑八	寅七	卯六	辰五	巳四	午三	未二
6月	午四	申一	酉九	戌八	亥七	子六	丑五	寅四	卯三	辰二	巳一	午九	未八	申七	酉六	戌五	亥四	子三	丑二	寅一	卯九	辰八	巳七	午六	未五	申四	酉三	戌二	亥一	子九	丑八	
7月	未三	寅七	卯六	辰五	巳四	午三	未二	申一	酉九	戌八	亥七	子六	丑五	寅四	卯三	辰二	巳一	午九	未八	申七	酉六	戌五	亥四	子三	丑二	寅一	卯九	辰八	巳七	午六	未五	申四
8月	申二	酉三	戌二	亥一	子九	丑八	寅七	卯六	辰五	巳四	午三	未二	申一	酉九	戌八	亥七	子六	丑五	寅四	卯三	辰二	巳一	午九	未八	申七	酉六	戌五	亥四	子三	丑二	寅一	卯九
9月	酉一	辰八	巳七	午六	未五	申四	酉三	戌二	亥一	子九	丑八	寅七	卯六	辰五	巳四	午三	未二	申一	酉九	戌八	亥七	子六	丑五	寅四	卯三	辰二	巳一	午九	未八	申七	酉六	
10月	戌九	戌五	亥四	子三	丑二	寅一	卯九	辰八	巳七	午六	未五	申四	酉三	戌二	亥一	子九	丑八	寅七	卯六	辰五	巳四	午三	未二	申一	酉九	戌八	亥七	子六	丑五	寅四	卯三	辰二
11月	亥八	巳一	午九	未八	申七	酉六	戌五	亥四	子三	丑二	寅一	卯九	辰八	巳七	午六	未五	申四	酉三	戌二	亥一	子九	丑八	寅七	卯六	辰五	巳四	午三	未二	申一	酉九	戌八	
12月	子七	亥七	子六	丑五	寅四	卯三	辰二	巳一	午九	未八	申七	酉六	戌五	亥四	子三	丑二	寅一	卯九	辰八	巳七	午七	未八	申九	酉一	戌二	亥三	子四	丑五	寅六	卯七	辰八	巳九
翌1	丑六	午一	未二	申三	酉四	戌五	亥六	子七	丑八	寅九	卯一	辰二	巳三	午四	未五	申六	酉七	戌八	亥九	子一	丑二	寅三	卯四	辰五	巳六	午七	未八	申九	酉一	戌二	亥三	子四

2009年（丑九）

月/日		1日	2日	3日	4日	5日	6日	7日	8日	9日	10日	11日	12日	13日	14日	15日	16日	17日	18日	19日	20日	21日	22日	23日	24日	25日	26日	27日	28日	29日	30日	31日
2月	寅五	丑五	寅六	卯七	辰八	巳九	午一	未二	申三	酉四	戌五	亥六	子七	丑八	寅九	卯一	辰二	巳三	午四	未五	申六	酉七	戌八	亥九	子一	丑二	寅三	卯四	辰五			
3月	卯四	巳六	午七	未八	申九	酉一	戌二	亥三	子四	丑五	寅六	卯七	辰八	巳九	午一	未二	申三	酉四	戌五	亥六	子七	丑八	寅九	卯一	辰二	巳三	午四	未五	申六	酉七	戌八	亥九
4月	辰三	子一	丑二	寅三	卯四	辰五	巳六	午七	未八	申九	酉一	戌二	亥三	子四	丑五	寅六	卯七	辰八	巳九	午一	未二	申三	酉四	戌五	亥六	子七	丑八	寅九	卯一	辰二	巳三	
5月	巳二	午四	未五	申六	酉七	戌八	亥九	子一	丑二	寅三	卯四	辰五	巳六	午七	未八	申九	酉一	戌二	亥三	子四	丑五	寅六	卯七	辰八	巳九	午一	未二	申三	酉四	戌五	亥六	子七
6月	午一	丑八	寅九	卯一	辰二	巳三	午四	未五	申六	酉七	戌八	亥九	子一	丑二	寅三	卯四	辰五	巳六	午七	未八	申九	酉一	戌二	亥三	子四	丑五	寅六	卯七	辰八	巳九	午一	
7月	未九	未二	申三	酉四	戌五	亥六	子七	丑八	寅九	卯一	辰二	巳三	午四	未五	申六	酉七	戌八	亥九	子九	丑八	寅七	卯六	辰五	巳四	午三	未二	申一	酉九	戌八	亥七	子六	丑五
8月	申八	寅四	卯三	辰二	巳一	午九	未八	申七	酉六	戌五	亥四	子三	丑二	寅一	卯九	辰八	巳七	午六	未五	申四	酉三	戌二	亥一	子九	丑八	寅七	卯六	辰五	巳四	午三	未二	申一
9月	酉七	酉九	戌八	亥七	子六	丑五	寅四	卯三	辰二	巳一	午九	未八	申七	酉六	戌五	亥四	子三	丑二	寅一	卯九	辰八	巳七	午六	未五	申四	酉三	戌二	亥一	子九	丑八	寅七	
10月	戌六	卯六	辰五	巳四	午三	未二	申一	酉九	戌八	亥七	子六	丑五	寅四	卯三	辰二	巳一	午九	未八	申七	酉六	戌五	亥四	子三	丑二	寅一	卯九	辰八	巳七	午六	未五	申四	酉三
11月	亥五	戌二	亥一	子九	丑八	寅七	卯六	辰五	巳四	午三	未二	申一	酉九	戌八	亥七	子六	丑五	寅四	卯三	辰二	巳一	午九	未八	申七	酉六	戌五	亥四	子三	丑二	寅一	卯九	
12月	子四	辰八	巳七	午六	未五	申四	酉三	戌二	亥一	子九	丑八	寅七	卯六	辰五	巳四	午三	未二	申一	酉九	戌八	亥七	子六	丑五	寅四	卯三	辰二	巳一	午九	未八	申七	酉六	戌五
翌1	丑三	亥四	子三	丑二	寅一	卯九	辰八	巳七	午六	未五	申四	酉三	戌二	亥一	子一	丑二	寅三	卯四	辰五	巳六	午七	未八	申九	酉一	戌二	亥三	子四	丑五	寅六	卯七	辰八	巳九

2010年（寅八）

月/日		1日	2日	3日	4日	5日	6日	7日	8日	9日	10日	11日	12日	13日	14日	15日	16日	17日	18日	19日	20日	21日	22日	23日	24日	25日	26日	27日	28日	29日	30日	31日
2月	寅二	午一	未二	申三	酉四	戌五	亥六	子七	丑八	寅九	卯一	辰二	巳三	午四	未五	申六	酉七	戌八	亥九	子一	丑二	寅三	卯四	辰五	巳六	午七	未八	申九	酉一			
3月	卯一	戌二	亥三	子四	丑五	寅六	卯七	辰八	巳九	午一	未二	申三	酉四	戌五	亥六	子七	丑八	寅九	卯一	辰二	巳三	午四	未五	申六	酉七	戌八	亥九	子一	丑二	寅三	卯四	辰五
4月	辰九	巳六	午七	未八	申九	酉一	戌二	亥三	子四	丑五	寅六	卯七	辰八	巳九	午一	未二	申三	酉四	戌五	亥六	子七	丑八	寅九	卯一	辰二	巳三	午四	未五	申六	酉七	戌八	
5月	巳八	亥九	子一	丑二	寅三	卯四	辰五	巳六	午七	未八	申九	酉一	戌二	亥三	子四	丑五	寅六	卯七	辰八	巳九	午一	未二	申三	酉四	戌五	亥六	子七	丑八	寅九	卯一	辰二	巳三
6月	午七	午四	未五	申六	酉七	戌八	亥九	子一	丑二	寅三	卯四	辰五	巳六	午七	未八	申九	酉一	戌二	亥三	子四	丑五	寅六	卯七	辰八	巳九	午一	未二	申三	酉四	戌五	亥六	
7月	未六	子七	丑八	寅九	卯一	辰二	巳三	午四	未五	申六	酉七	戌八	亥九	子九	丑八	寅七	卯六	辰五	巳四	午三	未二	申一	酉九	戌八	亥七	子六	丑五	寅四	卯三	辰二	巳一	午九
8月	申五	未八	申七	酉六	戌五	亥四	子三	丑二	寅一	卯九	辰八	巳七	午六	未五	申四	酉三	戌二	亥一	子九	丑八	寅七	卯六	辰五	巳四	午三	未二	申一	酉九	戌八	亥七	子六	丑五
9月	酉四	寅四	卯三	辰二	巳一	午九	未八	申七	酉六	戌五	亥四	子三	丑二	寅一	卯九	辰八	巳七	午六	未五	申四	酉三	戌二	亥一	子九	丑八	寅七	卯六	辰五	巳四	午三	未二	
10月	戌三	申一	酉九	戌八	亥七	子六	丑五	寅四	卯三	辰二	巳一	午九	未八	申七	酉六	戌五	亥四	子三	丑二	寅一	卯九	辰八	巳七	午六	未五	申四	酉三	戌二	亥一	子九	丑八	寅七
11月	亥二	卯六	辰五	巳四	午三	未二	申一	酉九	戌八	亥七	子六	丑五	寅四	卯三	辰二	巳一	午九	未八	申七	酉六	戌五	亥四	子三	丑二	寅一	卯九	辰八	巳七	午六	未五	申四	
12月	子一	酉三	戌二	亥一	子九	丑八	寅七	卯六	辰五	巳四	午三	未二	申一	酉九	戌八	亥七	子六	丑五	寅四	卯三	辰二	巳一	午九	未八	申七	酉六	戌五	亥四	子三	丑二	寅一	卯九
翌1	丑九	辰八	巳七	午六	未五	申四	酉三	戌二	亥一	子一	丑二	寅三	卯四	辰五	巳六	午七	未八	申九	酉一	戌二	亥三	子四	丑五	寅六	卯七	辰八	巳九	午一	未二	申三	酉四	戌五

2011年（卯七）

月/日		1日	2日	3日	4日	5日	6日	7日	8日	9日	10日	11日	12日	13日	14日	15日	16日	17日	18日	19日	20日	21日	22日	23日	24日	25日	26日	27日	28日	29日	30日	31日
2月	寅八	亥六	子七	丑八	寅九	卯一	辰二	巳三	午四	未五	申六	酉七	戌八	亥九	子一	丑二	寅三	卯四	辰五	巳六	午七	未八	申九	酉一	戌二	亥三	子四	丑五	寅六			
3月	卯七	卯七	辰八	巳九	午一	未二	申三	酉四	戌五	亥六	子七	丑八	寅九	卯一	辰二	巳三	午四	未五	申六	酉七	戌八	亥九	子一	丑二	寅三	卯四	辰五	巳六	午七	未八	申九	酉一
4月	辰六	戌二	亥三	子四	丑五	寅六	卯七	辰八	巳九	午一	未二	申三	酉四	戌五	亥六	子七	丑八	寅九	卯一	辰二	巳三	午四	未五	申六	酉七	戌八	亥九	子一	丑二	寅三	卯四	
5月	巳五	辰五	巳六	午七	未八	申九	酉一	戌二	亥三	子四	丑五	寅六	卯七	辰八	巳九	午一	未二	申三	酉四	戌五	亥六	子七	丑八	寅九	卯一	辰二	巳三	午四	未五	申六	酉七	戌八
6月	午四	亥九	子一	丑二	寅三	卯四	辰五	巳六	午七	未八	申九	酉一	戌二	亥三	子四	丑五	寅六	卯七	辰八	巳九	午一	未二	申三	酉四	戌五	亥六	子七	丑八	寅九	卯一	辰二	
7月	未三	巳三	午四	未五	申六	酉七	戌八	亥九	子九	丑八	寅七	卯六	辰五	巳四	午三	未二	申一	酉九	戌八	亥七	子六	丑五	寅四	卯三	辰二	巳一	午九	未八	申七	酉六	戌五	亥四
8月	申二	子三	丑二	寅一	卯九	辰八	巳七	午六	未五	申四	酉三	戌二	亥一	子九	丑八	寅七	卯六	辰五	巳四	午三	未二	申一	酉九	戌八	亥七	子六	丑五	寅四	卯三	辰二	巳一	午九
9月	酉一	未八	申七	酉六	戌五	亥四	子三	丑二	寅一	卯九	辰八	巳七	午六	未五	申四	酉三	戌二	亥一	子九	丑八	寅七	卯六	辰五	巳四	午三	未二	申一	酉九	戌八	亥七	子六	
10月	戌九	丑五	寅四	卯三	辰二	巳一	午九	未八	申七	酉六	戌五	亥四	子三	丑二	寅一	卯九	辰八	巳七	午六	未五	申四	酉三	戌二	亥一	子九	丑八	寅七	卯六	辰五	巳四	午三	未二
11月	亥八	申一	酉九	戌八	亥七	子六	丑五	寅四	卯三	辰二	巳一	午九	未八	申七	酉六	戌五	亥四	子三	丑二	寅一	卯九	辰八	巳七	午六	未五	申四	酉三	戌二	亥一	子九	丑八	
12月	子七	寅七	卯六	辰五	巳四	午三	未二	申一	酉九	戌八	亥七	子六	丑五	寅四	卯三	辰二	巳一	午九	未八	申七	酉六	戌五	亥四	子三	丑二	寅一	卯九	辰八	巳七	午六	未五	申四
翌1	丑六	酉三	戌二	亥一	子一	丑二	寅三	卯四	辰五	巳六	午七	未八	申九	酉一	戌二	亥三	子四	丑五	寅六	卯七	辰八	巳九	午一	未二	申三	酉四	戌五	亥六	子七	丑八	寅九	卯一

2012年（辰六）

月/日		1日	2日	3日	4日	5日	6日	7日	8日	9日	10日	11日	12日	13日	14日	15日	16日	17日	18日	19日	20日	21日	22日	23日	24日	25日	26日	27日	28日	29日	30日	31日
2月	寅五	辰二	巳三	午四	未五	申六	酉七	戌八	亥九	子一	丑二	寅三	卯四	辰五	巳六	午七	未八	申九	酉一	戌二	亥三	子四	丑五	寅六	卯七	辰八	巳九	午一	未二	申三		
3月	卯四	酉四	戌五	亥六	子七	丑八	寅九	卯一	辰二	巳三	午四	未五	申六	酉七	戌八	亥九	子一	丑二	寅三	卯四	辰五	巳六	午七	未八	申九	酉一	戌二	亥三	子四	丑五	寅六	卯七
4月	辰三	辰八	巳九	午一	未二	申三	酉四	戌五	亥六	子七	丑八	寅九	卯一	辰二	巳三	午四	未五	申六	酉七	戌八	亥九	子一	丑二	寅三	卯四	辰五	巳六	午七	未八	申九	酉一	
5月	巳二	戌二	亥三	子四	丑五	寅六	卯七	辰八	巳九	午一	未二	申三	酉四	戌五	亥六	子七	丑八	寅九	卯一	辰二	巳三	午四	未五	申六	酉七	戌八	亥九	子一	丑二	寅三	卯四	辰五
6月	午一	巳六	午七	未八	申九	酉一	戌二	亥三	子四	丑五	寅六	卯七	辰八	巳九	午一	未二	申三	酉四	戌五	亥六	子七	丑八	寅九	卯一	辰二	巳三	午四	未五	申六	酉七	戌八	
7月	未九	亥九	子九	丑八	寅七	卯六	辰五	巳四	午三	未二	申一	酉九	戌八	亥七	子六	丑五	寅四	卯三	辰二	巳一	午九	未八	申七	酉六	戌五	亥四	子三	丑二	寅一	卯九	辰八	巳七
8月	申八	午六	未五	申四	酉三	戌二	亥一	子九	丑八	寅七	卯六	辰五	巳四	午三	未二	申一	酉九	戌八	亥七	子六	丑五	寅四	卯三	辰二	巳一	午九	未八	申七	酉六	戌五	亥四	子三
9月	酉七	丑二	寅一	卯九	辰八	巳七	午六	未五	申四	酉三	戌二	亥一	子九	丑八	寅七	卯六	辰五	巳四	午三	未二	申一	酉九	戌八	亥七	子六	丑五	寅四	卯三	辰二	巳一	午九	
10月	戌六	未八	申七	酉六	戌五	亥四	子三	丑二	寅一	卯九	辰八	巳七	午六	未五	申四	酉三	戌二	亥一	子九	丑八	寅七	卯六	辰五	巳四	午三	未二	申一	酉九	戌八	亥七	子六	丑五
11月	亥五	寅四	卯三	辰二	巳一	午九	未八	申七	酉六	戌五	亥四	子三	丑二	寅一	卯九	辰八	巳七	午六	未五	申四	酉三	戌二	亥一	子九	丑八	寅七	卯六	辰五	巳四	午三	未二	
12月	子四	申一	酉九	戌八	亥七	子六	丑五	寅四	卯三	辰二	巳一	午九	未八	申七	酉六	戌五	亥四	子三	丑二	寅一	卯九	辰八	巳七	午六	未五	申四	酉三	戌二	亥一	子一	丑二	寅三
翌1	丑三	卯四	辰五	巳六	午七	未八	申九	酉一	戌二	亥三	子四	丑五	寅六	卯七	辰八	巳九	午一	未二	申三	酉四	戌五	亥六	子七	丑八	寅九	卯一	辰二	巳三	午四	未五	申六	酉七

2013年（巳五）

月/日		1日	2日	3日	4日	5日	6日	7日	8日	9日	10日	11日	12日	13日	14日	15日	16日	17日	18日	19日	20日	21日	22日	23日	24日	25日	26日	27日	28日	29日	30日	31日
2月	寅二	戌八	亥九	子一	丑二	寅三	卯四	辰五	巳六	午七	未八	申九	酉一	戌二	亥三	子四	丑五	寅六	卯七	辰八	巳九	午一	未二	申三	酉四	戌五	亥六	子七	丑八			
3月	卯一	寅九	卯一	辰二	巳三	午四	未五	申六	酉七	戌八	亥九	子一	丑二	寅三	卯四	辰五	巳六	午七	未八	申九	酉一	戌二	亥三	子四	丑五	寅六	卯七	辰八	巳九	午一	未二	申三
4月	辰九	酉四	戌五	亥六	子七	丑八	寅九	卯一	辰二	巳三	午四	未五	申六	酉七	戌八	亥九	子一	丑二	寅三	卯四	辰五	巳六	午七	未八	申九	酉一	戌二	亥三	子四	丑五	寅六	
5月	巳八	卯七	辰八	巳九	午一	未二	申三	酉四	戌五	亥六	子七	丑八	寅九	卯一	辰二	巳三	午四	未五	申六	酉七	戌八	亥九	子一	丑二	寅三	卯四	辰五	巳六	午七	未八	申九	酉一
6月	午七	戌二	亥三	子四	丑五	寅六	卯七	辰八	巳九	午一	未二	申三	酉四	戌五	亥六	子七	丑八	寅九	卯一	辰二	巳三	午四	未五	申六	酉七	戌八	亥九	子九	丑八	寅七	卯六	
7月	未六	辰五	巳四	午三	未二	申一	酉九	戌八	亥七	子六	丑五	寅四	卯三	辰二	巳一	午九	未八	申七	酉六	戌五	亥四	子三	丑二	寅一	卯九	辰八	巳七	午六	未五	申四	酉三	戌二
8月	申五	亥一	子九	丑八	寅七	卯六	辰五	巳四	午三	未二	申一	酉九	戌八	亥七	子六	丑五	寅四	卯三	辰二	巳一	午九	未八	申七	酉六	戌五	亥四	子三	丑二	寅一	卯九	辰八	巳七
9月	酉四	午六	未五	申四	酉三	戌二	亥一	子九	丑八	寅七	卯六	辰五	巳四	午三	未二	申一	酉九	戌八	亥七	子六	丑五	寅四	卯三	辰二	巳一	午九	未八	申七	酉六	戌五	亥四	
10月	戌三	子三	丑二	寅一	卯九	辰八	巳七	午六	未五	申四	酉三	戌二	亥一	子九	丑八	寅七	卯六	辰五	巳四	午三	未二	申一	酉九	戌八	亥七	子六	丑五	寅四	卯三	辰二	巳一	午九
11月	亥二	未八	申七	酉六	戌五	亥四	子三	丑二	寅一	卯九	辰八	巳七	午六	未五	申四	酉三	戌二	亥一	子九	丑八	寅七	卯六	辰五	巳四	午三	未二	申一	酉九	戌八	亥七	子六	
12月	子一	丑五	寅四	卯三	辰二	巳一	午九	未八	申七	酉六	戌五	亥四	子三	丑二	寅一	卯九	辰八	巳七	午六	未五	申四	酉三	戌二	亥一	子一	丑二	寅三	卯四	辰五	巳六	午七	未八
翌1	丑九	申九	酉一	戌二	亥三	子四	丑五	寅六	卯七	辰八	巳九	午一	未二	申三	酉四	戌五	亥六	子七	丑八	寅九	卯一	辰二	巳三	午四	未五	申六	酉七	戌八	亥九	子一	丑二	寅三

2014年（午四）

月/日		1日	2日	3日	4日	5日	6日	7日	8日	9日	10日	11日	12日	13日	14日	15日	16日	17日	18日	19日	20日	21日	22日	23日	24日	25日	26日	27日	28日	29日	30日	31日
2月	寅八	卯四	辰五	巳六	午七	未八	申九	酉一	戌二	亥三	子四	丑五	寅六	卯七	辰八	巳九	午一	未二	申三	酉四	戌五	亥六	子七	丑八	寅九	卯一	辰二	巳三	午四			
3月	卯七	未五	申六	酉七	戌八	亥九	子一	丑二	寅三	卯四	辰五	巳六	午七	未八	申九	酉一	戌二	亥三	子四	丑五	寅六	卯七	辰八	巳九	午一	未二	申三	酉四	戌五	亥六	子七	丑八
4月	辰六	寅九	卯一	辰二	巳三	午四	未五	申六	酉七	戌八	亥九	子一	丑二	寅三	卯四	辰五	巳六	午七	未八	申九	酉一	戌二	亥三	子四	丑五	寅六	卯七	辰八	巳九	午一	未二	
5月	巳五	申三	酉四	戌五	亥六	子七	丑八	寅九	卯一	辰二	巳三	午四	未五	申六	酉七	戌八	亥九	子一	丑二	寅三	卯四	辰五	巳六	午七	未八	申九	酉一	戌二	亥三	子四	丑五	寅六
6月	午四	卯七	辰八	巳九	午一	未二	申三	酉四	戌五	亥六	子七	丑八	寅九	卯一	辰二	巳三	午四	未五	申六	酉七	戌八	亥九	子九	丑八	寅七	卯六	辰五	巳四	午三	未二	申一	
7月	未三	酉九	戌八	亥七	子六	丑五	寅四	卯三	辰二	巳一	午九	未八	申七	酉六	戌五	亥四	子三	丑二	寅一	卯九	辰八	巳七	午六	未五	申四	酉三	戌二	亥一	子九	丑八	寅七	卯六
8月	申二	辰五	巳四	午三	未二	申一	酉九	戌八	亥七	子六	丑五	寅四	卯三	辰二	巳一	午九	未八	申七	酉六	戌五	亥四	子三	丑二	寅一	卯九	辰八	巳七	午六	未五	申四	酉三	戌二
9月	酉一	亥一	子九	丑八	寅七	卯六	辰五	巳四	午三	未二	申一	酉九	戌八	亥七	子六	丑五	寅四	卯三	辰二	巳一	午九	未八	申七	酉六	戌五	亥四	子三	丑二	寅一	卯九	辰八	
10月	戌九	巳七	午六	未五	申四	酉三	戌二	亥一	子九	丑八	寅七	卯六	辰五	巳四	午三	未二	申一	酉九	戌八	亥七	子六	丑五	寅四	卯三	辰二	巳一	午九	未八	申七	酉六	戌五	亥四
11月	亥八	子三	丑二	寅一	卯九	辰八	巳七	午六	未五	申四	酉三	戌二	亥一	子九	丑八	寅七	卯六	辰五	巳四	午三	未二	申一	酉九	戌八	亥七	子六	丑五	寅四	卯三	辰二	巳一	
12月	子七	午九	未八	申七	酉六	戌五	亥四	子三	丑二	寅一	卯九	辰八	巳七	午六	未五	申四	酉三	戌二	亥一	子一	丑二	寅三	卯四	辰五	巳六	午七	未八	申九	酉一	戌二	亥三	子四
翌1	丑六	丑五	寅六	卯七	辰八	巳九	午一	未二	申三	酉四	戌五	亥六	子七	丑八	寅九	卯一	辰二	巳三	午四	未五	申六	酉七	戌八	亥九	子一	丑二	寅三	卯四	辰五	巳六	午七	未八

2015年（未三）

月/日		1日	2日	3日	4日	5日	6日	7日	8日	9日	10日	11日	12日	13日	14日	15日	16日	17日	18日	19日	20日	21日	22日	23日	24日	25日	26日	27日	28日	29日	30日	31日
2月	寅五	申九	酉一	戌二	亥三	子四	丑五	寅六	卯七	辰八	巳九	午一	未二	申三	酉四	戌五	亥六	子七	丑八	寅九	卯一	辰二	巳三	午四	未五	申六	酉七	戌八	亥九			
3月	卯四	子一	丑二	寅三	卯四	辰五	巳六	午七	未八	申九	酉一	戌二	亥三	子四	丑五	寅六	卯七	辰八	巳九	午一	未二	申三	酉四	戌五	亥六	子七	丑八	寅九	卯一	辰二	巳三	午四
4月	辰三	未五	申六	酉七	戌八	亥九	子一	丑二	寅三	卯四	辰五	巳六	午七	未八	申九	酉一	戌二	亥三	子四	丑五	寅六	卯七	辰八	巳九	午一	未二	申三	酉四	戌五	亥六	子七	
5月	巳二	丑八	寅九	卯一	辰二	巳三	午四	未五	申六	酉七	戌八	亥九	子一	丑二	寅三	卯四	辰五	巳六	午七	未八	申九	酉一	戌二	亥三	子四	丑五	寅六	卯七	辰八	巳九	午一	未二
6月	午一	申三	酉四	戌五	亥六	子七	丑八	寅九	卯一	辰二	巳三	午四	未五	申六	酉七	戌八	亥九	子九	丑八	寅七	卯六	辰五	巳四	午三	未二	申一	酉九	戌八	亥七	子六	丑五	
7月	未九	寅四	卯三	辰二	巳一	午九	未八	申七	酉六	戌五	亥四	子三	丑二	寅一	卯九	辰八	巳七	午六	未五	申四	酉三	戌二	亥一	子九	丑八	寅七	卯六	辰五	巳四	午三	未二	申一
8月	申八	酉九	戌八	亥七	子六	丑五	寅四	卯三	辰二	巳一	午九	未八	申七	酉六	戌五	亥四	子三	丑二	寅一	卯九	辰八	巳七	午六	未五	申四	酉三	戌二	亥一	子九	丑八	寅七	卯六
9月	酉七	辰五	巳四	午三	未二	申一	酉九	戌八	亥七	子六	丑五	寅四	卯三	辰二	巳一	午九	未八	申七	酉六	戌五	亥四	子三	丑二	寅一	卯九	辰八	巳七	午六	未五	申四	酉三	
10月	戌六	戌二	亥一	子九	丑八	寅七	卯六	辰五	巳四	午三	未二	申一	酉九	戌八	亥七	子六	丑五	寅四	卯三	辰二	巳一	午九	未八	申七	酉六	戌五	亥四	子三	丑二	寅一	卯九	辰八
11月	亥五	巳七	午六	未五	申四	酉三	戌二	亥一	子九	丑八	寅七	卯六	辰五	巳四	午三	未二	申一	酉九	戌八	亥七	子六	丑五	寅四	卯三	辰二	巳一	午九	未八	申七	酉六	戌五	
12月	子四	亥四	子三	丑二	寅一	卯九	辰八	巳七	午六	未五	申四	酉三	戌二	亥一	子一	丑二	寅三	卯四	辰五	巳六	午七	未八	申九	酉一	戌二	亥三	子四	丑五	寅六	卯七	辰八	巳九
翌1	丑三	午一	未二	申三	酉四	戌五	亥六	子七	丑八	寅九	卯一	辰二	巳三	午四	未五	申六	酉七	戌八	亥九	子一	丑二	寅三	卯四	辰五	巳六	午七	未八	申九	酉一	戌二	亥三	子四

2016年（申二）

月/日		1日	2日	3日	4日	5日	6日	7日	8日	9日	10日	11日	12日	13日	14日	15日	16日	17日	18日	19日	20日	21日	22日	23日	24日	25日	26日	27日	28日	29日	30日	31日
2月	寅二	丑五	寅六	卯七	辰八	巳九	午一	未二	申三	酉四	戌五	亥六	子七	丑八	寅九	卯一	辰二	巳三	午四	未五	申六	酉七	戌八	亥九	子一	丑二	寅三	卯四	辰五	巳六		
3月	卯一	午七	未八	申九	酉一	戌二	亥三	子四	丑五	寅六	卯七	辰八	巳九	午一	未二	申三	酉四	戌五	亥六	子七	丑八	寅九	卯一	辰二	巳三	午四	未五	申六	酉七	戌八	亥九	子一
4月	辰九	丑二	寅三	卯四	辰五	巳六	午七	未八	申九	酉一	戌二	亥三	子四	丑五	寅六	卯七	辰八	巳九	午一	未二	申三	酉四	戌五	亥六	子七	丑八	寅九	卯一	辰二	巳三	午四	
5月	巳八	未五	申六	酉七	戌八	亥九	子一	丑二	寅三	卯四	辰五	巳六	午七	未八	申九	酉一	戌二	亥三	子四	丑五	寅六	卯七	辰八	巳九	午一	未二	申三	酉四	戌五	亥六	子七	丑八
6月	午七	寅九	卯一	辰二	巳三	午四	未五	申六	酉七	戌八	亥九	子九	丑八	寅七	卯六	辰五	巳四	午三	未二	申一	酉九	戌八	亥七	子六	丑五	寅四	卯三	辰二	巳一	午九	未八	
7月	未六	申七	酉六	戌五	亥四	子三	丑二	寅一	卯九	辰八	巳七	午六	未五	申四	酉三	戌二	亥一	子九	丑八	寅七	卯六	辰五	巳四	午三	未二	申一	酉九	戌八	亥七	子六	丑五	寅四
8月	申五	卯三	辰二	巳一	午九	未八	申七	酉六	戌五	亥四	子三	丑二	寅一	卯九	辰八	巳七	午六	未五	申四	酉三	戌二	亥一	子九	丑八	寅七	卯六	辰五	巳四	午三	未二	申一	酉九
9月	酉四	戌八	亥七	子六	丑五	寅四	卯三	辰二	巳一	午九	未八	申七	酉六	戌五	亥四	子三	丑二	寅一	卯九	辰八	巳七	午六	未五	申四	酉三	戌二	亥一	子九	丑八	寅七	卯六	
10月	戌三	辰五	巳四	午三	未二	申一	酉九	戌八	亥七	子六	丑五	寅四	卯三	辰二	巳一	午九	未八	申七	酉六	戌五	亥四	子三	丑二	寅一	卯九	辰八	巳七	午六	未五	申四	酉三	戌二
11月	亥二	亥一	子九	丑八	寅七	卯六	辰五	巳四	午三	未二	申一	酉九	戌八	亥七	子六	丑五	寅四	卯三	辰二	巳一	午九	未八	申七	酉六	戌五	亥四	子三	丑二	寅一	卯九	辰八	
12月	子一	巳七	午六	未五	申四	酉三	戌二	亥一	子一	丑二	寅三	卯四	辰五	巳六	午七	未八	申九	酉一	戌二	亥三	子四	丑五	寅六	卯七	辰八	巳九	午一	未二	申三	酉四	戌五	亥六
翌1	丑九	子七	丑八	寅九	卯一	辰二	巳三	午四	未五	申六	酉七	戌八	亥九	子一	丑二	寅三	卯四	辰五	巳六	午七	未八	申九	酉一	戌二	亥三	子四	丑五	寅六	卯七	辰八	巳九	午一

2017年（酉一）

月/日		1日	2日	3日	4日	5日	6日	7日	8日	9日	10日	11日	12日	13日	14日	15日	16日	17日	18日	19日	20日	21日	22日	23日	24日	25日	26日	27日	28日	29日	30日	31日
2月	寅八	未二	申三	酉四	戌五	亥六	子七	丑八	寅九	卯一	辰二	巳三	午四	未五	申六	酉七	戌八	亥九	子一	丑二	寅三	卯四	辰五	巳六	午七	未八	申九	酉一	戌二			
3月	卯七	亥三	子四	丑五	寅六	卯七	辰八	巳九	午一	未二	申三	酉四	戌五	亥六	子七	丑八	寅九	卯一	辰二	巳三	午四	未五	申六	酉七	戌八	亥九	子一	丑二	寅三	卯四	辰五	巳六
4月	辰六	午七	未八	申九	酉一	戌二	亥三	子四	丑五	寅六	卯七	辰八	巳九	午一	未二	申三	酉四	戌五	亥六	子七	丑八	寅九	卯一	辰二	巳三	午四	未五	申六	酉七	戌八	亥九	
5月	巳五	子一	丑二	寅三	卯四	辰五	巳六	午七	未八	申九	酉一	戌二	亥三	子四	丑五	寅六	卯七	辰八	巳九	午一	未二	申三	酉四	戌五	亥六	子七	丑八	寅九	卯一	辰二	巳三	午四
6月	午四	未五	申六	酉七	戌八	亥九	子九	丑八	寅七	卯六	辰五	巳四	午三	未二	申一	酉九	戌八	亥七	子六	丑五	寅四	卯三	辰二	巳一	午九	未八	申七	酉六	戌五	亥四	子三	
7月	未三	丑二	寅一	卯九	辰八	巳七	午六	未五	申四	酉三	戌二	亥一	子九	丑八	寅七	卯六	辰五	巳四	午三	未二	申一	酉九	戌八	亥七	子六	丑五	寅四	卯三	辰二	巳一	午九	未八
8月	申二	申七	酉六	戌五	亥四	子三	丑二	寅一	卯九	辰八	巳七	午六	未五	申四	酉三	戌二	亥一	子九	丑八	寅七	卯六	辰五	巳四	午三	未二	申一	酉九	戌八	亥七	子六	丑五	寅四
9月	酉一	卯三	辰二	巳一	午九	未八	申七	酉六	戌五	亥四	子三	丑二	寅一	卯九	辰八	巳七	午六	未五	申四	酉三	戌二	亥一	子九	丑八	寅七	卯六	辰五	巳四	午三	未二	申一	
10月	戌九	酉九	戌八	亥七	子六	丑五	寅四	卯三	辰二	巳一	午九	未八	申七	酉六	戌五	亥四	子三	丑二	寅一	卯九	辰八	巳七	午六	未五	申四	酉三	戌二	亥一	子九	丑八	寅七	卯六
11月	亥八	辰五	巳四	午三	未二	申一	酉九	戌八	亥七	子六	丑五	寅四	卯三	辰二	巳一	午九	未八	申七	酉六	戌五	亥四	子三	丑二	寅一	卯九	辰八	巳七	午六	未五	申四	酉三	
12月	子七	戌二	亥一	子一	丑二	寅三	卯四	辰五	巳六	午七	未八	申九	酉一	戌二	亥三	子四	丑五	寅六	卯七	辰八	巳九	午一	未二	申三	酉四	戌五	亥六	子七	丑八	寅九	卯一	辰二
翌1	丑六	巳三	午四	未五	申六	酉七	戌八	亥九	子一	丑二	寅三	卯四	辰五	巳六	午七	未八	申九	酉一	戌二	亥三	子四	丑五	寅六	卯七	辰八	巳九	午一	未二	申三	酉四	戌五	亥六

2018年（戌九）

月/日		1日	2日	3日	4日	5日	6日	7日	8日	9日	10日	11日	12日	13日	14日	15日	16日	17日	18日	19日	20日	21日	22日	23日	24日	25日	26日	27日	28日	29日	30日	31日
2月	寅五	子七	丑八	寅九	卯一	辰二	巳三	午四	未五	申六	酉七	戌八	亥九	子一	丑二	寅三	卯四	辰五	巳六	午七	未八	申九	酉一	戌二	亥三	子四	丑五	寅六	卯七			
3月	卯四	辰八	巳九	午一	未二	申三	酉四	戌五	亥六	子七	丑八	寅九	卯一	辰二	巳三	午四	未五	申六	酉七	戌八	亥九	子一	丑二	寅三	卯四	辰五	巳六	午七	未八	申九	酉一	戌二
4月	辰三	亥三	子四	丑五	寅六	卯七	辰八	巳九	午一	未二	申三	酉四	戌五	亥六	子七	丑八	寅九	卯一	辰二	巳三	午四	未五	申六	酉七	戌八	亥九	子一	丑二	寅三	卯四	辰五	
5月	巳二	巳六	午七	未八	申九	酉一	戌二	亥三	子四	丑五	寅六	卯七	辰八	巳九	午一	未二	申三	酉四	戌五	亥六	子七	丑八	寅九	卯一	辰二	巳三	午四	未五	申六	酉七	戌八	亥九
6月	午一	子九	丑八	寅七	卯六	辰五	巳四	午三	未二	申一	酉九	戌八	亥七	子六	丑五	寅四	卯三	辰二	巳一	午九	未八	申七	酉六	戌五	亥四	子三	丑二	寅一	卯九	辰八	巳七	
7月	未九	午六	未五	申四	酉三	戌二	亥一	子九	丑八	寅七	卯六	辰五	巳四	午三	未二	申一	酉九	戌八	亥七	子六	丑五	寅四	卯三	辰二	巳一	午九	未八	申七	酉六	戌五	亥四	子三
8月	申八	丑二	寅一	卯九	辰八	巳七	午六	未五	申四	酉三	戌二	亥一	子九	丑八	寅七	卯六	辰五	巳四	午三	未二	申一	酉九	戌八	亥七	子六	丑五	寅四	卯三	辰二	巳一	午九	未八
9月	酉七	申七	酉六	戌五	亥四	子三	丑二	寅一	卯九	辰八	巳七	午六	未五	申四	酉三	戌二	亥一	子九	丑八	寅七	卯六	辰五	巳四	午三	未二	申一	酉九	戌八	亥七	子六	丑五	
10月	戌六	寅四	卯三	辰二	巳一	午九	未八	申七	酉六	戌五	亥四	子三	丑二	寅一	卯九	辰八	巳七	午六	未五	申四	酉三	戌二	亥一	子九	丑八	寅七	卯六	辰五	巳四	午三	未二	申一
11月	亥五	酉九	戌八	亥七	子六	丑五	寅四	卯三	辰二	巳一	午九	未八	申七	酉六	戌五	亥四	子三	丑二	寅一	卯九	辰八	巳七	午六	未五	申四	酉三	戌二	亥一	子一	丑二	寅三	
12月	子四	卯四	辰五	巳六	午七	未八	申九	酉一	戌二	亥三	子四	丑五	寅六	卯七	辰八	巳九	午一	未二	申三	酉四	戌五	亥六	子七	丑八	寅九	卯一	辰二	巳三	午四	未五	申六	酉七
翌1	丑三	戌八	亥九	子一	丑二	寅三	卯四	辰五	巳六	午七	未八	申九	酉一	戌二	亥三	子四	丑五	寅六	卯七	辰八	巳九	午一	未二	申三	酉四	戌五	亥六	子七	丑八	寅九	卯一	辰二

2019年（亥八）

月/日		1日	2日	3日	4日	5日	6日	7日	8日	9日	10日	11日	12日	13日	14日	15日	16日	17日	18日	19日	20日	21日	22日	23日	24日	25日	26日	27日	28日	29日	30日	31日
2月	寅二	巳三	午四	未五	申六	酉七	戌八	亥九	子一	丑二	寅三	卯四	辰五	巳六	午七	未八	申九	酉一	戌二	亥三	子四	丑五	寅六	卯七	辰八	巳九	午一	未二	申三			
3月	卯一	酉四	戌五	亥六	子七	丑八	寅九	卯一	辰二	巳三	午四	未五	申六	酉七	戌八	亥九	子一	丑二	寅三	卯四	辰五	巳六	午七	未八	申九	酉一	戌二	亥三	子四	丑五	寅六	卯七
4月	辰九	辰八	巳九	午一	未二	申三	酉四	戌五	亥六	子七	丑八	寅九	卯一	辰二	巳三	午四	未五	申六	酉七	戌八	亥九	子一	丑二	寅三	卯四	辰五	巳六	午七	未八	申九	酉一	
5月	巳八	戌二	亥三	子四	丑五	寅六	卯七	辰八	巳九	午一	未二	申三	酉四	戌五	亥六	子七	丑八	寅九	卯一	辰二	巳三	午四	未五	申六	酉七	戌八	亥九	子九	丑八	寅七	卯六	辰五
6月	午七	巳四	午三	未二	申一	酉九	戌八	亥七	子六	丑五	寅四	卯三	辰二	巳一	午九	未八	申七	酉六	戌五	亥四	子三	丑二	寅一	卯九	辰八	巳七	午六	未五	申四	酉三	戌二	
7月	未六	亥一	子九	丑八	寅七	卯六	辰五	巳四	午三	未二	申一	酉九	戌八	亥七	子六	丑五	寅四	卯三	辰二	巳一	午九	未八	申七	酉六	戌五	亥四	子三	丑二	寅一	卯九	辰八	巳七
8月	申五	午六	未五	申四	酉三	戌二	亥一	子九	丑八	寅七	卯六	辰五	巳四	午三	未二	申一	酉九	戌八	亥七	子六	丑五	寅四	卯三	辰二	巳一	午九	未八	申七	酉六	戌五	亥四	子三
9月	酉四	丑二	寅一	卯九	辰八	巳七	午六	未五	申四	酉三	戌二	亥一	子九	丑八	寅七	卯六	辰五	巳四	午三	未二	申一	酉九	戌八	亥七	子六	丑五	寅四	卯三	辰二	巳一	午九	
10月	戌三	未八	申七	酉六	戌五	亥四	子三	丑二	寅一	卯九	辰八	巳七	午六	未五	申四	酉三	戌二	亥一	子九	丑八	寅七	卯六	辰五	巳四	午三	未二	申一	酉九	戌八	亥七	子六	丑五
11月	亥二	寅四	卯三	辰二	巳一	午九	未八	申七	酉六	戌五	亥四	子三	丑二	寅一	卯九	辰八	巳七	午六	未五	申四	酉三	戌二	亥一	子一	丑二	寅三	卯四	辰五	巳六	午七	未八	
12月	子一	申九	酉一	戌二	亥三	子四	丑五	寅六	卯七	辰八	巳九	午一	未二	申三	酉四	戌五	亥六	子七	丑八	寅九	卯一	辰二	巳三	午四	未五	申六	酉七	戌八	亥九	子一	丑二	寅三
翌1	丑九	卯四	辰五	巳六	午七	未八	申九	酉一	戌二	亥三	子四	丑五	寅六	卯七	辰八	巳九	午一	未二	申三	酉四	戌五	亥六	子七	丑八	寅九	卯一	辰二	巳三	午四	未五	申六	酉七

2020年（子七）

月/日		1日	2日	3日	4日	5日	6日	7日	8日	9日	10日	11日	12日	13日	14日	15日	16日	17日	18日	19日	20日	21日	22日	23日	24日	25日	26日	27日	28日	29日	30日	31日
2月	寅八	戌八	亥九	子一	丑二	寅三	卯四	辰五	巳六	午七	未八	申九	酉一	戌二	亥三	子四	丑五	寅六	卯七	辰八	巳九	午一	未二	申三	酉四	戌五	亥六	子七	丑八	寅九		
3月	卯七	卯一	辰二	巳三	午四	未五	申六	酉七	戌八	亥九	子一	丑二	寅三	卯四	辰五	巳六	午七	未八	申九	酉一	戌二	亥三	子四	丑五	寅六	卯七	辰八	巳九	午一	未二	申三	酉四
4月	辰六	戌五	亥六	子七	丑八	寅九	卯一	辰二	巳三	午四	未五	申六	酉七	戌八	亥九	子一	丑二	寅三	卯四	辰五	巳六	午七	未八	申九	酉一	戌二	亥三	子四	丑五	寅六	卯七	
5月	巳五	辰八	巳九	午一	未二	申三	酉四	戌五	亥六	子七	丑八	寅九	卯一	辰二	巳三	午四	未五	申六	酉七	戌八	亥九	子一	丑二	寅三	卯四	辰五	巳六	午七	未八	申九	酉一	戌二
6月	午四	亥三	子四	丑五	寅六	卯七	辰八	巳九	午一	未二	申三	酉四	戌五	亥六	子七	丑八	寅九	卯一	辰二	巳三	午三	未二	申一	酉九	戌八	亥七	子六	丑五	寅四	卯三	辰二	
7月	未三	巳一	午九	未八	申七	酉六	戌五	亥四	子三	丑二	寅一	卯九	辰八	巳七	午六	未五	申四	酉三	戌二	亥一	子九	丑八	寅七	卯六	辰五	巳四	午三	未二	申一	酉九	戌八	亥七
8月	申二	子六	丑五	寅四	卯三	辰二	巳一	午九	未八	申七	酉六	戌五	亥四	子三	丑二	寅一	卯九	辰八	巳七	午六	未五	申四	酉三	戌二	亥一	子九	丑八	寅七	卯六	辰五	巳四	午三
9月	酉一	未二	申一	酉九	戌八	亥七	子六	丑五	寅四	卯三	辰二	巳一	午九	未八	申七	酉六	戌五	亥四	子三	丑二	寅一	卯九	辰八	巳七	午六	未五	申四	酉三	戌二	亥一	子九	
10月	戌九	丑八	寅七	卯六	辰五	巳四	午三	未二	申一	酉九	戌八	亥七	子六	丑五	寅四	卯三	辰二	巳一	午九	未八	申七	酉六	戌五	亥四	子三	丑二	寅一	卯九	辰八	巳七	午六	未五
11月	亥八	申四	酉三	戌二	亥一	子九	丑八	寅七	卯六	辰五	巳四	午三	未二	申一	酉九	戌八	亥七	子六	丑五	寅四	卯三	辰二	巳一	午九	未八	申七	酉六	戌五	亥四	子三	丑二	
12月	子七	寅一	卯九	辰八	巳七	午六	未五	申四	酉三	戌二	亥一	子九	丑八	寅七	卯六	辰五	巳四	午三	未二	申一	酉九	戌八	亥七	子六	丑五	寅四	卯三	辰二	巳一	午九	未八	申七
翌1	丑六	酉六	戌五	亥四	子三	丑二	寅一	卯九	辰八	巳七	午六	未五	申四	酉三	戌二	亥一	子一	丑二	寅三	卯四	辰五	巳六	午七	未八	申九	酉一	戌二	亥三	子四	丑五	寅六	卯七

十二神獣を調べるための計算表（1926～1977）

年／月	1	2	3	4	5	6	7	8	9	10	11	12
1926	26	57	25	56	26	57	27	58	29	59	30	0
1927	31	2	30	1	31	2	32	3	34	4	35	5
1928	36	7	36	7	37	8	38	9	40	10	41	11
1929	42	13	41	12	42	13	43	14	45	15	46	16
1930	47	18	46	17	47	18	48	19	50	20	51	21
1931	52	23	51	22	52	23	53	24	55	25	56	26
1932	57	28	57	28	58	29	59	30	1	31	2	32
1933	3	34	2	33	3	34	4	35	6	36	7	37
1934	8	39	7	38	8	39	9	40	11	41	12	42
1935	13	44	12	43	13	44	14	45	16	46	17	47
1936	18	49	18	49	19	50	20	51	22	52	23	53
1937	24	55	23	54	24	55	25	56	27	57	28	58
1938	29	0	28	59	29	0	30	1	32	2	33	3
1939	34	5	33	4	34	5	35	6	37	7	38	8
1940	39	10	39	10	40	11	41	12	43	13	44	14
1941	45	16	44	15	45	16	46	17	48	18	49	19
1942	50	21	49	20	50	21	51	22	53	23	54	24
1943	55	26	54	25	55	26	56	27	58	28	59	29
1944	0	31	0	31	1	32	2	33	4	34	5	35
1945	6	37	5	36	6	37	7	38	9	39	10	40
1946	11	42	10	41	11	42	12	43	14	44	15	45
1947	16	47	15	46	16	47	17	48	19	49	20	50
1948	21	52	21	52	22	53	23	54	25	55	26	56
1949	27	58	26	57	27	58	28	59	30	0	31	1
1950	32	3	31	2	32	3	33	4	35	5	36	6
1951	37	8	36	7	37	8	38	9	40	10	41	11
1952	42	13	42	13	43	14	44	15	46	16	47	17
1953	48	19	47	18	48	19	49	20	51	21	52	22
1954	53	24	52	23	53	24	54	25	56	26	57	27
1955	58	29	57	28	58	29	59	30	1	31	2	32
1956	3	34	3	34	4	35	5	36	7	37	8	38
1957	9	40	8	39	9	40	10	41	12	42	13	43
1958	14	45	13	44	14	45	15	46	17	47	18	48
1959	19	50	18	49	19	50	20	51	22	52	23	53
1960	24	55	24	55	25	56	26	57	28	58	29	59
1961	30	1	29	0	30	1	31	2	33	3	34	4
1962	35	6	34	5	35	6	36	7	38	8	39	9
1963	40	11	39	10	40	11	41	12	43	13	44	14
1964	45	16	45	16	46	17	47	18	49	19	50	20
1965	51	22	50	21	51	22	52	23	54	24	55	25
1966	56	27	55	26	56	27	57	28	59	29	0	30
1967	1	32	0	31	1	32	2	33	4	34	5	35
1968	6	37	6	37	7	38	8	39	10	40	11	41
1969	12	43	11	42	12	43	13	44	15	45	16	46
1970	17	48	16	47	17	48	18	49	20	50	21	51
1971	22	53	21	52	22	53	23	54	25	55	26	56
1972	27	58	27	58	28	59	29	0	31	1	32	2
1973	33	4	32	3	33	4	34	5	36	6	37	7
1974	38	9	37	8	38	9	39	10	41	11	42	12
1975	43	14	42	13	43	14	44	15	46	16	47	17
1976	48	19	48	19	49	20	50	21	52	22	53	23
1977	54	25	53	24	54	25	55	26	57	27	58	28

十二神獣を調べるための計算表（1978～2029）

年／月	1	2	3	4	5	6	7	8	9	10	11	12
1978	59	30	58	29	59	30	0	31	2	32	3	33
1979	4	35	3	34	4	35	5	36	7	37	8	38
1980	9	40	9	40	10	41	11	42	13	43	14	44
1981	15	46	14	45	15	46	16	47	18	48	19	49
1982	20	51	19	50	20	51	21	52	23	53	24	54
1983	25	56	24	55	25	56	26	57	28	58	29	59
1984	30	1	30	1	31	2	32	3	34	4	35	5
1985	36	7	35	6	36	7	37	8	39	9	40	10
1986	41	12	40	11	41	12	42	13	44	14	45	15
1987	46	17	45	16	46	17	47	18	49	19	50	20
1988	51	22	51	22	52	23	53	24	55	25	56	26
1989	57	28	56	27	57	28	58	29	0	30	1	31
1990	2	33	1	32	2	33	3	34	5	35	6	36
1991	7	38	6	37	7	38	8	39	10	40	11	41
1992	12	43	12	43	13	44	14	45	16	46	17	47
1993	18	49	17	48	18	49	19	50	21	51	22	52
1994	23	54	22	53	23	54	24	55	26	56	27	57
1995	28	59	27	58	28	59	29	0	31	1	32	2
1996	33	4	33	4	34	4	35	6	37	7	38	8
1997	39	10	38	9	39	10	40	11	42	12	43	13
1998	44	15	43	14	44	15	45	16	47	17	48	18
1999	49	20	48	19	49	20	50	21	52	22	53	23
2000	54	25	54	25	55	26	56	27	58	28	59	29
2001	0	31	59	30	0	31	1	32	3	33	4	34
2002	5	36	4	35	5	36	6	37	8	38	9	39
2003	10	41	9	40	10	41	11	42	13	43	14	44
2004	15	46	15	46	16	46	17	48	19	49	20	50
2005	21	52	20	51	21	52	22	53	24	54	25	55
2006	26	57	25	56	26	57	27	58	29	59	30	0
2007	31	2	30	1	31	2	32	3	34	4	35	5
2008	36	7	36	7	37	8	38	9	40	10	41	11
2009	42	13	41	12	42	13	43	14	45	15	46	16
2010	47	18	46	17	47	18	48	19	50	20	51	21
2011	52	23	51	22	52	23	53	24	55	25	56	26
2012	57	28	57	28	58	29	59	30	1	31	2	32
2013	3	34	2	33	3	34	4	35	6	36	7	37
2014	8	39	7	38	8	39	9	40	11	41	12	42
2015	13	44	12	43	13	44	14	45	16	46	17	47
2016	18	49	18	49	19	50	20	41	22	52	23	5
2017	24	55	23	54	24	55	25	56	27	57	28	58
2018	29	60	28	59	29	60	30	1	32	2	33	3
2019	34	5	33	4	34	5	35	6	37	7	38	8
2020	39	10	39	10	40	11	41	12	43	13	44	14
2021	45	16	44	15	45	16	46	17	48	18	49	19
2022	50	21	49	20	50	21	51	22	53	23	54	24
2023	55	26	54	25	55	26	56	27	58	28	59	29
2024	0	31	0	31	1	32	2	33	4	34	5	35
2025	6	37	5	36	6	37	7	38	9	40	10	40
2026	12	43	11	42	12	43	13	44	15	45	16	46
2027	17	48	16	47	17	48	18	49	20	50	21	51
2028	22	53	22	53	23	54	24	55	26	56	27	57
2029	28	59	27	58	28	59	29	60	31	1	32	2

十二神獣対応表

③の数字	生年の末尾	十二神獣	6区分
1〜10	偶数	黄龍	土
	奇数	応龍	
11〜20	偶数	白虎	金
	奇数	麒麟	
21〜30	偶数	朱雀	火
	奇数	鳳凰	
31〜40	偶数	獅子	天
	奇数	天馬	
41〜50	偶数	青龍	木
	奇数	蒼龍	
51〜60	偶数	玄武	水
	奇数	霊亀	

十二支の相性

十二支	よい	よくない
子	辰・申	午
丑	巳・酉	未
寅	午・戌	申
卯	未・亥	酉
辰	申・子	戌
巳	酉・丑	亥
午	戌・寅	子
未	亥・卯	丑
申	子・辰	寅
酉	丑・巳	卯
戌	寅・午	辰
亥	卯・未	巳

九星盤

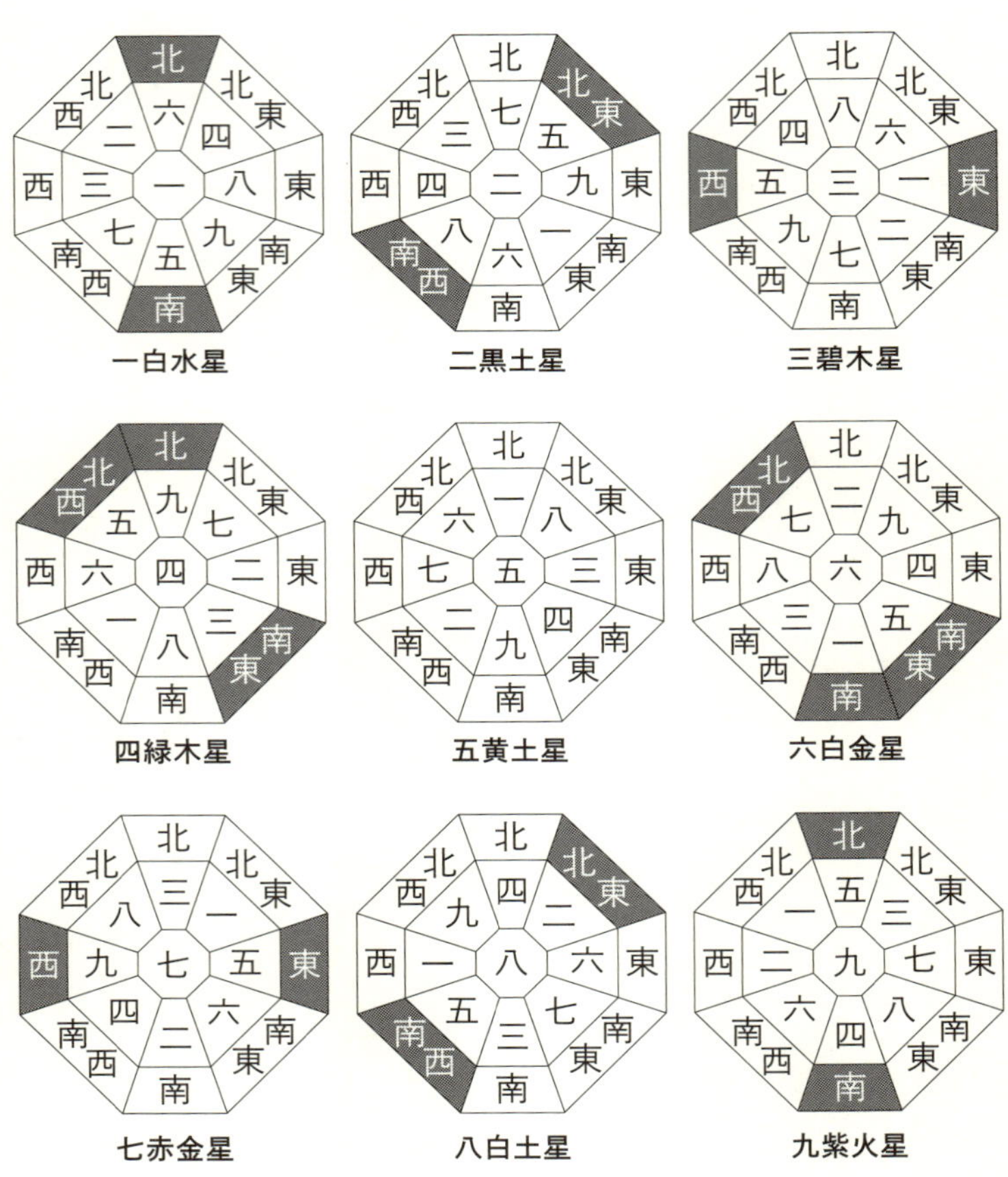

一白水星　二黒土星　三碧木星

四緑木星　五黄土星　六白金星

七赤金星　八白土星　九紫火星

マイデータ記入表

生年月日	年　　　月　　　日

十二神獣	属性：　　　（　　）

	生年	生月	生日
十二支			
九星			

相性のよい十二支	
相性のよくない十二支	

相性のよい九星	
相性のよくない九星	

メモ欄

方位・九星記入表

あなたの九星［　　　］　　調和する九星［　　　　　　　　］

九星盤	（中央）	北	北東	東	南東	南	南西	西	北西
年	（　　）								
月	（　　）								
日	（　　）								

あなたの九星［　　　］　　調和する九星［　　　　　　　　］

九星盤	（中央）	北	北東	東	南東	南	南西	西	北西
年	（　　）								
月	（　　）								
日	（　　）								

あなたの九星［　　　］　　調和する九星［　　　　　　　　］

九星盤	（中央）	北	北東	東	南東	南	南西	西	北西
年	（　　）								
月	（　　）								
日	（　　）								

あなたの九星［　　　］　　調和する九星［　　　　　　　　］

九星盤	（中央）	北	北東	東	南東	南	南西	西	北西
年	（　　）								
月	（　　）								
日	（　　）								

あなたの九星［　　　］　　調和する九星［　　　　　　　　］

九星盤	（中央）	北	北東	東	南東	南	南西	西	北西
年	（　　）								
月	（　　）								
日	（　　）								

※上記の表はダウンロードできます。詳しくは巻末をご覧ください。

方位盤

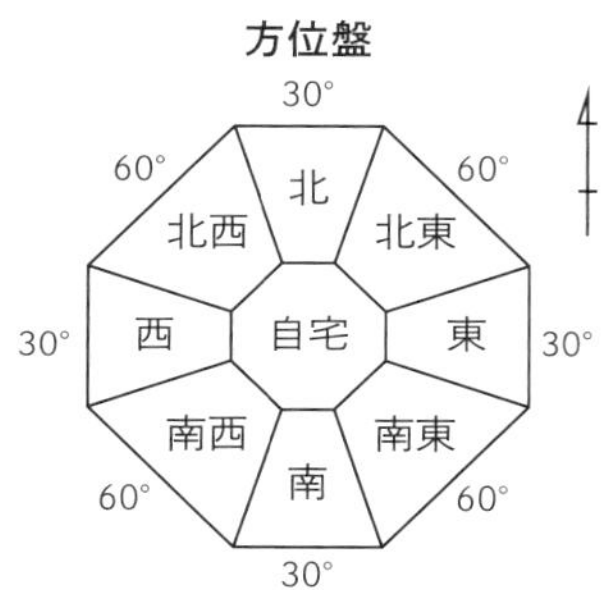

※方位盤はダウンロードできます。詳しくは巻末をご覧ください。

八方位の意味

北	神仏の加護、決断力、真剣さ、名誉、威厳	男性的な気をつくる
北東	旅行運、地道さ、勤勉さ	
東	情報運、仕事運	（中庸）
南東	恋愛運、結婚運、人間関係	女性的な気をつくる
南	ひらめき、人間関係、リラックス	
南西	秘密の人間関係、遊び、仕上げ	
西	金銭、財産	（中庸）
北西	名声、名誉、威厳	男性的な気をつくる

九星別相性一覧表（方位）

九星	調和する九星
一白水星	三碧・四緑・六白・七赤
二黒土星	六白・七赤・八白・九紫
三碧木星	一白・四緑・九紫
四緑木星	一白・三碧・九紫
五黄土星	二黒・六白・七赤・八白・九紫
六白金星	一白・二黒・七赤・八白
七赤金星	一白・二黒・六白・八白
八白土星	二黒・六白・七赤・九紫
九紫火星	二黒・三碧・四緑・八白

※五黄がある方位は無条件に五黄殺という凶方位になる。

【著者プロフィール】
唱田士始矢（うただ・としや）
開運コンサルタント
東京生まれ。高校受験に失敗して高校には進学せずアルバイトを転々とする。アルバイト中に占いを勉強しながら派遣のプログラマーに。2008年、リストラされた直後、totoBig6億円に当選。その後も、ラスベガスで大勝したり、購入した株が50倍になるなど、6億円は目減りしていない。プログラマーだった経歴を活かし、占いは膨大なデータベースに基づいた統計学であるとして、たんなる奇跡ではなく、データベースをもとに正しい行動を行うことで開運することを提唱している。現在は、開運のためのコンサルタントとして、個人事業主や経営者、コンサルタント、占い師などを相手にコンサルティングを行い、金運向上や仕事運の向上、玉の輿などを実現させている。クライアントはすべてクチコミや紹介によるもの。占い師を「占い士」という士業にすべく、活動している。
朝の情報番組を皮切りにMBS「メッセンジャーの○○は大丈夫なのか？」をはじめ、フジテレビ、日本テレビ、テレビ東京、読売テレビ、関西テレビなどテレビ出演多数。

〈6ミリオネアのブログ〉http://ameblo.jp/6millioner

カバーデザイン／井上新八
本文デザイン／平塚兼右、平塚恵美、鈴木みの理（PiDEZA Inc.）
図版作成／鈴木みの理（PiDEZA Inc.）
本文DTP／山口良二、鈴木みの理（PiDEZA Inc.）

スゴ運。

2017年5月26日　　初版発行
2017年6月19日　　3刷発行

著　者　唱田　士始矢
発行者　太田　宏
発行所　フォレスト出版株式会社
〒162-0824 東京都新宿区揚場町2-18　白宝ビル5F
電話　03-5229-5750（営業）
　　　03-5229-5757（編集）
URL　http://www.forestpub.co.jp

印刷・製本　中央精版印刷株式会社

ISBN978-4-89451-758-5　Printed in Japan

FREE!

『スゴ運。リストラされて全財産4419円だった僕が宝くじで6億円当てたスゴい方法』

購入者限定！ 無料プレゼント

1 あの国民的ヒーローも!? 占いを活用している有名人裏話 音声ファイル

世界的メジャーリーガーはじめ、"占い"を活用して成功を収めている著名人の裏話を唱田氏がこっそり明かします。

2 賞金総額2人合わせて10億円以上！ ミリオネア対談 音声ファイル

宝くじ界の生きるレジェンド・上坂元祐氏に唱田氏が直撃インタビューを決行。高額当選の秘密に迫る秘蔵音声です。

3 必要なだけダウンロード！「方位・九星記入表」 PDF

第5章でご紹介した「吉方位」を特定するときに使用します。好きなだけダウンロードできますので、ぜひご活用ください。

4 いつでも方位が確認できる！「方位盤」 PDF

確実に運気をアップするために、ダウンロードした方位盤を地図にあて、方位を確認してください。

今回のプレゼントは本書をご購入いただいた方、限定の特典です。

この無料プレゼントを入手するにはコチラへアクセスしてください

http://frstp.jp/sugo

※特典は、ウェブサイト上で公開するものであり、冊子やCD・DVDなどをお送りするものではありません。

※上記無料プレゼントのご提供は予告なく終了となる場合がございます。あらかじめご了承ください。